Geografia i Història

ESO

3

Vicens Vives

Autors:

Cristina Gatell Arimont (Coordinació)
Catedràtica de Secundària de Geografia i Història

Rafael de Miguel González
Professor de Didàctica de la Geografia
President d'EUROGEO

Jesús Domínguez Castillo
Catedràtic de Secundària de Geografia i Història

Geles Fernández Santafé
Professora de Secundària de Geografia i Història

Mireia Garcia González
Professora de Secundària de Geografia i Història

Carlos González Martínez
Professor de Secundària de Geografia i Història

María Sebastián López
Professora de Didàctica de la Geografia

Diego Sobrino López
Professor de Secundària de Geografia i Història

Il·lustrat per: 123RF, ALAMY-agefotostock, agefotostock, iStock-Getty Images, Getty Images, ALBUM Archivo Fotográfico i Prisma Archivo Fotográfico.

Agraïm la possibilitat d'utilitzar el material fotogràfic a:
©AEFA (Tema 5, agricultura ecològica).
©Unió Europea, 1995-2021 (Tema 8, captures de pantalla UE).
©Tyler Merbler (Tema 11, atac al Capitoli 2021).

Agraïm la possibilitat d'utilitzar la informació d'**ONU Dones** (Tema 11, apartat 4, pàgines 130-131).
https://www.unwomen.org/es
ONUDONES Visualizar les dades: La representació de les dones en la societat
ONUDONES Campanya UNEIX-TE d'aquí al 2030 per posar fi a la violència contra las dones
ONUDONES Dones rurals

Vicens Vives

Un ECOSISTEMA de PRODUCTES, SOLUCIONS I EXPERIÈNCIES per a la TRANSFORMACIÓ EDUCATIVA

Despleguem tot el nostre potencial per desenvolupar el nou model educatiu del segle XXI.

Servei personalitzat d'atenció docent que dona resposta als desafiaments de l'educació del segle XXI.

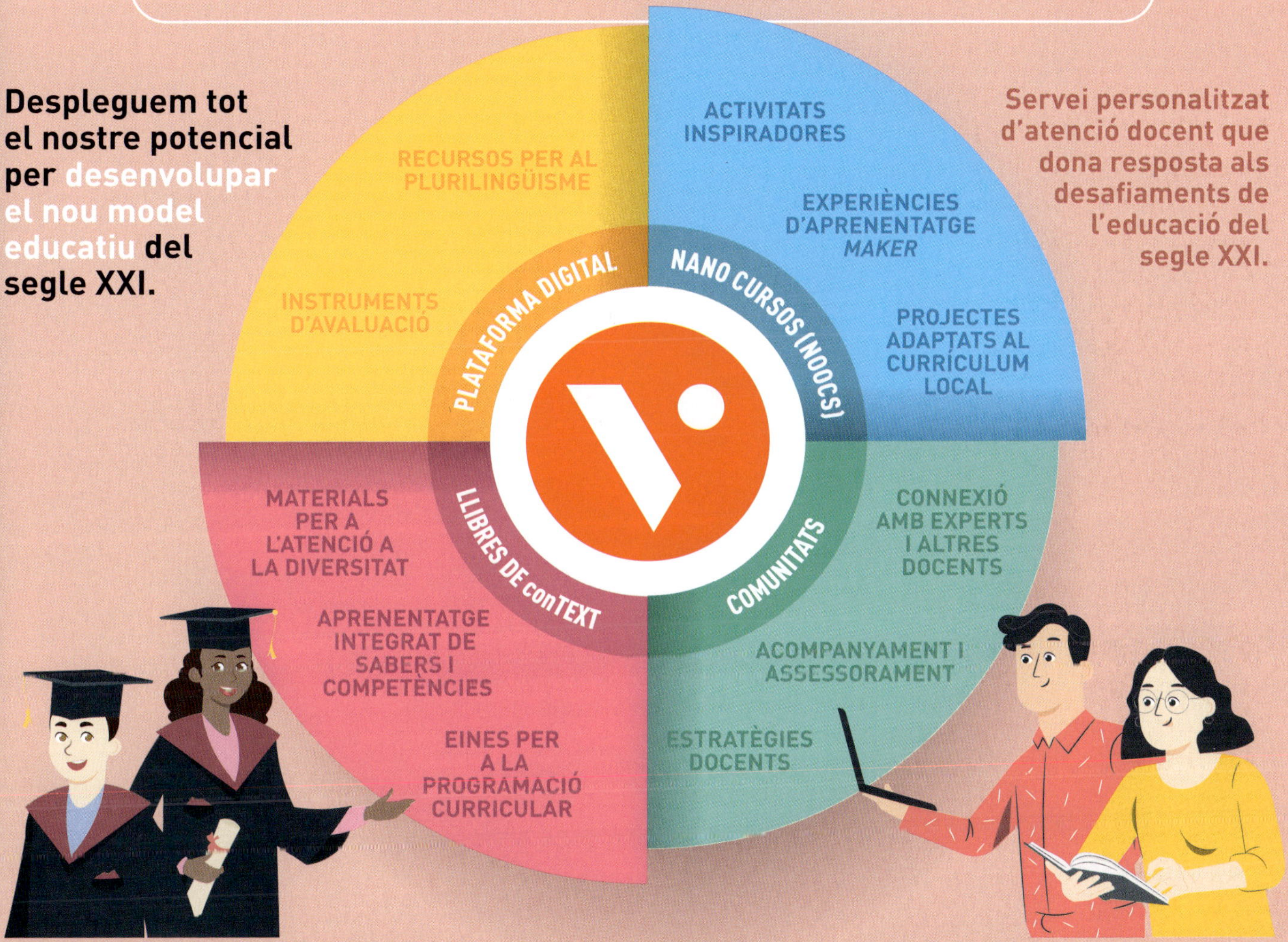

SOSTENIBILITAT

Incloem un plantejament transversal de la **sostenibilitat** i el **desenvolupament humà**, vinculat i compromès amb els Objectius de Desenvolupament Sostenible (**ODS**) de l'**Agenda 2030**.

APRENENTATGE ACTIU

Fomentem que l'alumnat sigui capaç **d'analitzar**, **raonar** i **qüestionar** la informació amb una **actitud activa, autònoma i compromesa**.

SITUACIONS I REPTES

Partim de **situacions d'aprenentatge** on es poden contextualitzar els sabers bàsics, **involucrant activament l'alumnat** i fomentant la seva participació en la resolució de reptes (**ABR**) i problemes (**ABP**).

RESPECTE I IGUALTAT

Fomentem el **respecte i la igualtat de gènere** per desmuntar prejudicis, estereotips i actituds de caràcter discriminatori.

SABERS BÀSICS

Proposem un aprenentatge integrat de **sabers bàsics** i **competències** perquè l'alumnat assoleixi de forma plena el **perfil de sortida** de l'etapa educativa.

DIVERSITAT CULTURAL

Oferim la possibilitat de veure i **entendre el món** des de perspectives diferents a través de la **diversitat lingüística**, fet que suposa una oportunitat per al desenvolupament personal i social.

EDUCACIÓ INCLUSIVA

Apliquem el Disseny Universal d'Aprenentatge (**DUA**) per a una **educació inclusiva** i oferim un enfocament **personalitzat** i **adaptat** per garantir l'èxit educatiu de tot l'alumnat.

DIGITALITZACIÓ I SEGURETAT

Desenvolupem la **competència digital** i l'**ús segur i conscient** de la informació.

Com és aquest projecte

El projecte **Situacions Geografia i Història 3** consta d'un Llibre de Consulta, un Quadern d'Aprenentatge i Recursos per al Professorat.

Llibre de consulta

El Llibre de Consulta de Situacions conté els sabers bàsics curriculars i una sèrie de recursos digitals que donen suport al Quadern d'Aprenentatge. D'aquesta manera, l'alumnat construeix el seu propi aprenentatge a través de la combinació d'ambdós materials.

Els temes estan ordenats de manera sintètica i acompanyats d'una gran quantitat d'imatges i documents per facilitar-ne la comprensió.

Entrada que posa en context l'espai geogràfic i la situació política, social i econòmica.

Vídeo presentat per un "edutuber", que exposa el tema de manera motivadora.

Infografia que té com a objectiu plantejar un repte per desenvolupar un aspecte del tema, a partir de dades i elements visuals combinats: textos, mapes, gràfics i il·lustracions.

Sabers bàsics curriculars presentats de manera sintètica i comprensiva.

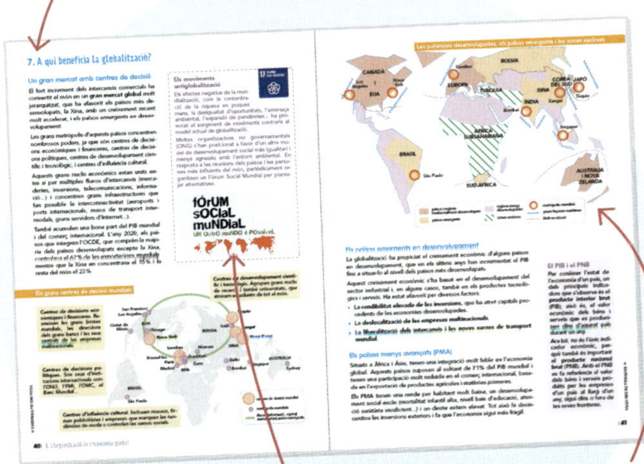

Documents visuals.

Documents explicatius, alguns dels quals relacionats amb els Objectius de Desenvolupament Sostenible.

Mapes, gràfics i il·lustracions.

Vídeos i recursos digitals.

ÍNDEX

1 El marc físic de les activitats humanes

Per poder estudiar la geografia humana i econòmica és important conèixer com és el marc físic on actuen els diversos grups humans.

Aquest marc físic està constituït per diferents formes de relleu i tipus de climes de la Terra, que tenen unes característiques de temperatures, precipitacions i vegetació determinades.

Com recull la infografia, aquests elements naturals són només una part del conjunt d'elements que condicionen els diversos paisatges de la Terra.

Per començar:
Vivim realment en un país muntanyós?

El paisatge és la interacció d'elements naturals i humans

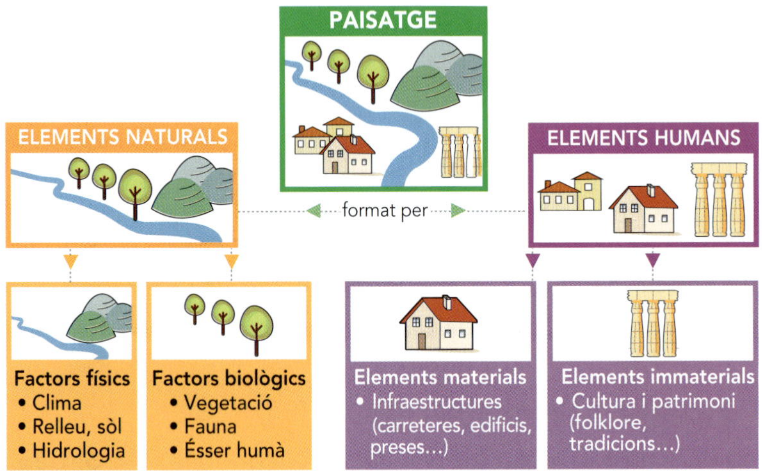

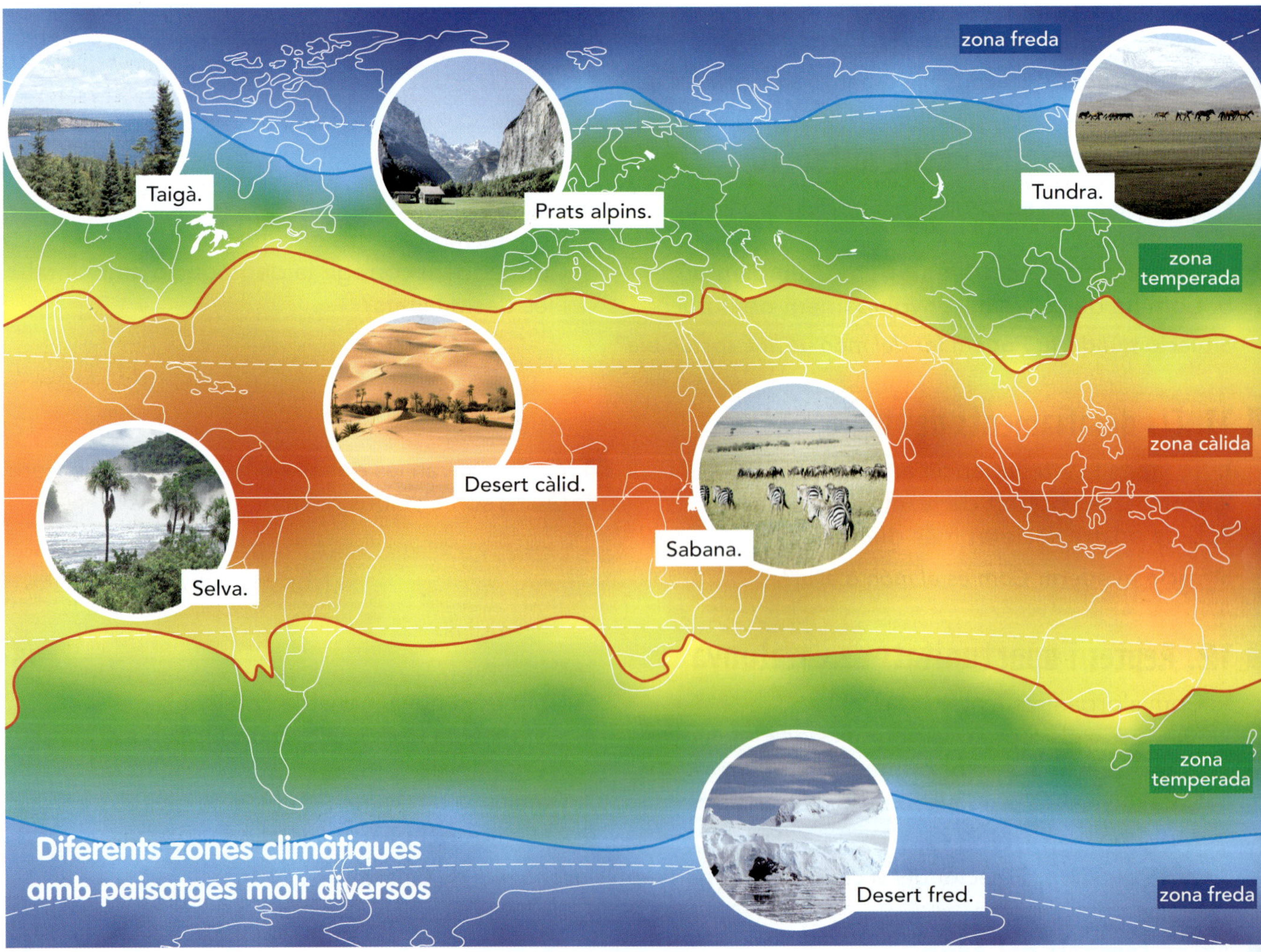

1. Què entenem per paisatge?

El **paisatge** és l'aspecte que adopta el territori, resultat de la interacció de diferents elements naturals i humans. D'aquesta manera, podem distingir entre **paisatges naturals** i **paisatges humanitzats**.

El paisatge natural

El **paisatge natural** és aquell que no ha estat modificat per l'ésser humà. El paisatge natural està determinat per:

- **Factors físics**, com són el clima, el relleu, la hidrografia i els sòls.
- **Factors biològics**, que inclouen la vegetació i la fauna.

La combinació d'aquests factors genera diferents paisatges, a diferents **zones bioclimàtiques**, segons la proximitat a l'equador, l'altitud i la distància al mar.

El paisatge humanitzat

El **paisatge humanitzat** és el resultat de la intervenció de l'ésser humà en un territori determinat al llarg del temps. El paisatge humanitzat pot ser de dos tipus:

- **Paisatge modificat**. És aquell que ha estat variat per l'ésser humà, sense alterar-ne l'equilibri ecològic de manera permanent.

  Un paisatge modificat és, per exemple, un bosc repoblat o una devesa.
- **Paisatge ordenat**. És aquell que ha estat transformat per l'ésser humà de manera planificada, amb la construcció d'edificis i infraestructures, la rompuda de boscos o l'establiment d'activitats econòmiques diverses.

En funció de la ubicació, el paisatge humanitzat pot ser: un **paisatge rural**, per exemple, conreus de regadiu; o un **paisatge urbà**, construcció d'habitatges, carrers, poliesportius, jardins...

El relleu, un dels factors físics del paisatge natural

Les principals **formes del relleu terrestre són molt diverses**, ja que són fruit de l'acció de milers de milions d'anys d'orogènia i l'acció erosiva sobre l'escorça terrestre:

- Les **muntanyes** són elevacions naturals del terreny i quan es troben alineades formen **serralades**.
- Les **planes** són àmplies superfícies llises d'escassa altitud.
- Els **altiplans** presenten una elevació més gran que les planes.
- Les **depressions** tenen una altitud inferior als relleus que les envolten.

El paisatge que percebem

En un sentit ampli, el paisatge forma part del patrimoni cultural. Així, el **paisatge cultural** és la suma d'elements naturals i humans, ja sigui de tipus material (edificis, carreteres...) o immaterial (tradicions, creences...).

La **protecció del paisatge** és fonamental, ja que desenvolupa un paper molt important ecològicament i culturalment. A més, suposa una gran oportunitat per al desenvolupament econòmic i social dels territoris, sempre que es gestionin de manera sostenible.

Pirineus.

2. Com és el relleu dels continents de la Terra?

▶ | El relleu del món

Els continents

Els continents són grans extensions de terres emergents que separen els oceans.

Tot i que hi ha cinc grans masses continentals, **Àfrica**, **Amèrica**, l'**Antàrtida**, **Euràsia** (formada per Europa i Àsia) i **Oceania**, s'ha establert dividir la Terra en sis continents:

- **Àfrica**. És un continent massís i uniforme, format per roques antigues i molt gastades a causa de l'erosió.

  Al relleu africà hi predominen nombrosos **altiplans** i **cubetes**. Aquestes darreres les ocupen rius o grans llacs.

- **Amèrica**. S'estén gairebé des del pol nord fins a tocar del cercle polar antàrtic i separa l'oceà **Atlàntic** del **Pacífic**.

  Està dividida en tres grans unitats: l'**Amèrica del Nord**, l'**Amèrica del Sud** i, entre aquestes dues, l'**istme** de l'**Amèrica Central** i els **arxipèlags** que constitueixen les **Antilles**.

  Pel que fa al relleu, hi destaquen, a l'oest, un eix allargassat de **muntanyes joves**; al centre, amplis **altiplans** i **planes** per on flueixen rius, i, a l'est, **massissos antics** molt erosionats.

- **Àsia**. El continent asiàtic és una gran massa de terra situada a la part oriental d'Euràsia.

  Hi podem distingir quatre sectors: **extenses planes** i **altiplans** al nord; **serralades** i **altiplans elevats** al centre-sud; **extenses penínsules** a l'oceà Índic i **arxipèlags** a l'oceà Pacífic.

- **Europa**. Està situada a la part occidental d'Euràsia. El límit entre Europa i Àsia és difícil d'establir perquè Europa és una gran península del continent asiàtic.

  Les serralades dels **Urals** i el **Caucas** i els mars **Caspi** i **Negre** marquen els límits entre els dos continents. El mar **Mediterrani** separa Europa d'Àfrica.

- **Oceania**. Aquest continent el formen unes deu mil **illes**, que es distribueixen per tot l'oceà **Pacífic**. S'hi distingeixen quatre zones: **Australàsia**, la **Melanèsia**, la **Micronèsia** i la **Polinèsia**.

- **L'Antàrtida**. Està situada al pol sud i està envoltada per l'oceà Glacial Antàrtic, que convergeix amb els oceans **Atlàntic**, **Índic** i **Pacífic**.

El relleu de la Terra

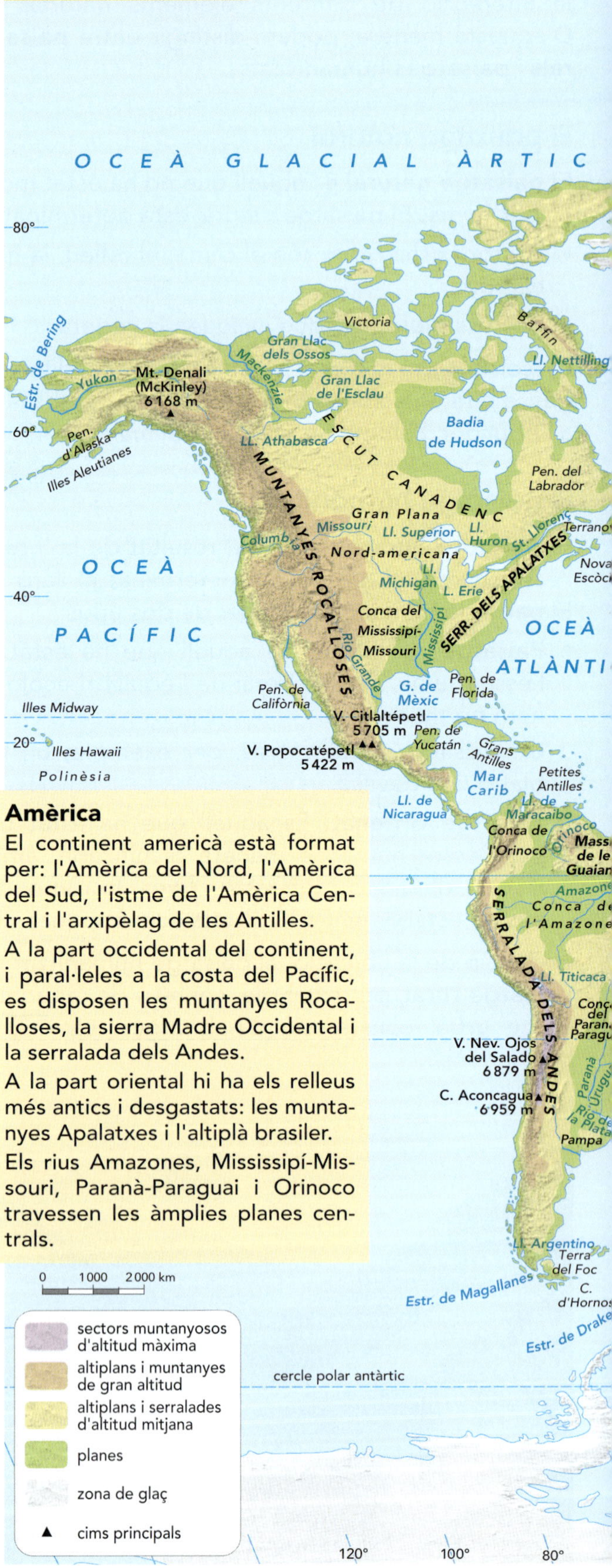

Amèrica

El continent americà està format per: l'Amèrica del Nord, l'Amèrica del Sud, l'istme de l'Amèrica Central i l'arxipèlag de les Antilles.

A la part occidental del continent, i paral·leles a la costa del Pacífic, es disposen les muntanyes Rocalloses, la sierra Madre Occidental i la serralada dels Andes.

A la part oriental hi ha els relleus més antics i desgastats: les muntanyes Apalatxes i l'altiplà brasiler.

Els rius Amazones, Mississipí-Missouri, Paranà-Paraguai i Orinoco travessen les àmplies planes centrals.

Europa

Presenta un relleu divers en què s'alternen: planes a la zona central i oriental (Gran Plana Europea); serralades joves, que presenten les altituds més grans del continent (Alps, Pirineus, Carpats, Caucas); i massissos antics, de més poca elevació a causa de l'erosió (massís Central francès, muntanyes Escandinaves, monts Urals). La costa és molt retallada, amb abundants penínsules i illes.

Àsia

En aquest continent hi ha les altituds més grans del món (Himàlaia), els altiplans més extensos (Tibet), grans depressions (mar Caspi, mar d'Aral i mar Mort) i àmplies planes, per les quals discorren rius molt llargs (Obi, Huang He, Mekong, Ganges).

Al Pacífic hi trobem nombrosos arxipèlags: Japó, Filipines, Indonèsia.

Àfrica

Hi predominen amplis altiplans amb grans deserts (Sàhara, Kalahari) i depressions per les quals discorren rius (Níger, Congo, Zambezi).

El riu Nil és el més llarg del món i forma un delta molt gran a la desembocadura.

L'Àfrica oriental presenta nombrosos llacs: Victòria, Malawi, Tanganyika, Turkana.

Oceania

El continent està format per 10 000 illes repartides per l'oceà Pacífic.

Es divideix en Australàsia (Austràlia, Tasmània i Nova Zelanda) i els arxipèlags de Melanèsia, Micronèsia i Polinèsia (d'origen volcànic i coral·lí).

A la zona oriental d'Austràlia hi ha la Gran Serralada Divisòria i a l'occidental nombrosos deserts (Gran Desert Victòria).

Antàrtida

És un continent cobert d'una gran massa de gel, excepte el massís Vinson, el cim més alt.

3. Com són el relleu i els rius d'Europa?

Europa, un continent petit

Europa és per extensió el cinquè continent de la Terra. Té 10 500 000 km^2, que representa el 2 % de la superfície del planeta i el 6,8 % del total de les terres emergides.

Les formes de relleu d'Europa

Al continent Europeu, s'hi distingeixen tres grans unitats de relleu:

- Les **planes**. La Gran Plana Europea és la més important per l'extensió que té. S'estén des dels monts Urals fins a l'oceà Atlàntic i ocupa la major part de l'Europa oriental.
- Els **altiplans** i els **massissos antics**. Es troben majoritàriament al nord-oest del continent. Dels altiplans, destaquen els de Finlàndia i Suècia, i dels massissos, les muntanyes Escandinaves, els Vosges, el massís Central francès i els monts Urals.
- Les **serralades joves**. Estan situades al sud d'Europa. Tenen un relleu elevat, abrupte i força accidentat: Pirineus, Alps, Carpats i Caucas.

Els rius d'Europa

L'extensió reduïda i el relleu poc elevat fan que els rius europeus no siguin tan llargs i cabalosos com els d'altres continents. Els rius europeus es classifiquen en **cinc vessants**:

- **Rius del vessant àrtic**. Són cabalosos i les aigües romanen gelades durant l'hivern, mentre que a la primavera pateixen grans crescudes a causa del desgel. Destaquen el **Dvina Septentrional** i el **Petxora**.
- **Rius del vessant atlàntic**. No són gaire llargs, però tenen un cabal abundant i regular per la influència de les precipitacions atlàntiques. Els rius principals són el **Rin**, el **Vístula**, l'**Elba**, l'**Oder**, el **Sena**, el **Loira**, la **Garona**, el **Duero** i el **Tajo**.
- **Rius del vessant mediterrani**. Tot i que alguns dels rius d'aquest vessant són poc cabalosos i molt curts, l'**Ebre**, el **Roine** i el **Po** tenen un cabal abundant perquè reben l'aigua de les muntanyes.
- **Rius del mar Negre i del mar Caspi**. Són els de més longitud i són navegables a gran part del recorregut per la plana europea. Destaquen el **Volga** i l'**Ural**, que desemboquen al mar Caspi, i el **Danubi**, que ho fa al mar Negre.

Rin
És el riu més llarg del vessant atlàntic. Neix als Alps i desemboca al mar del Nord on ha format un delta amb el riu Mosa. Al llarg del recorregut, s'hi han construït nombrosos canals, alguns paral·lels al riu i altres que el comuniquen amb altres rius.

Pirineus
S'estenen entre el mar Mediterrani i l'oceà Atlàntic. Formen un istme que uneix la península Ibèrica amb la resta del continent. Els cims més alts es troben al sector central (Aneto).

Alps
Situats al centre d'Europa i repartits entre set països, es divideixen en tres sectors: occidental, central i oriental.

L'Elbrús, la muntanya més alta d'Europa (5 642 m).

Muntanyes escandinaves
Recorren la península escandinava de nord-est a sud-oest al llarg de més de 1 700 km. La part occidental arriba fins al mar i dona lloc a fiords i penya-segats.

Monts Urals
És una extensa serralada de 2 500 km de longitud i poca altitud que s'estén en direcció nord-sud a la zona més a l'est d'Europa.

Gran plana europea
És una zona de petits i monòtons turons solcats per grans rius, com el Rin.

Volga
És el riu més llarg d'Europa. Neix a l'altiplà de la Rússia central i desemboca a la depressió del Caspi, on ha format el delta més extens del continent.

Caucas
Situat entre el mar Negre i el mar Caspi, marca el límit natural amb Àsia. Alguns cims de la serralada superen els 4 500 m d'altitud, el més alt és l'Elbrús.

Danubi
El Danubi i els seus afluents formen una extensa xarxa fluvial que uneix el centre del continent amb el mar Negre.

Cims més alts d'Europa

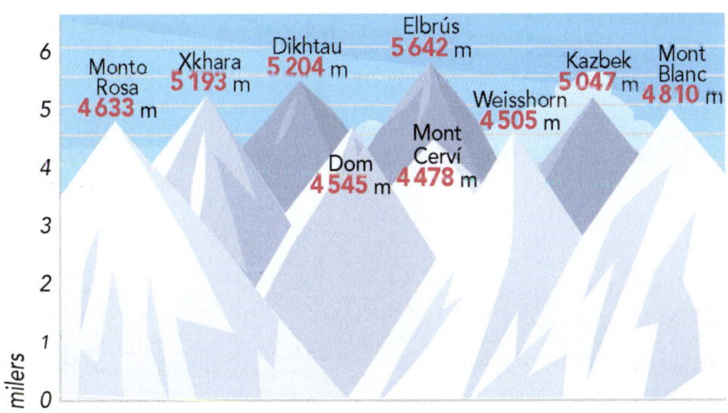

Rius més llargs d'Europa

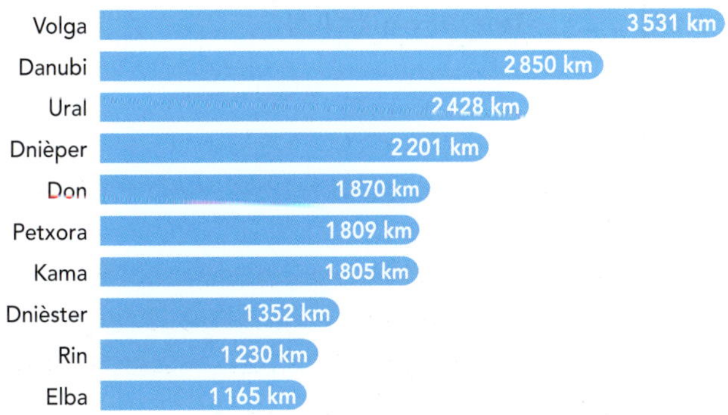

4. Com és el relleu d'Espanya?

El territori espanyol el formen part de la **península Ibèrica** (excepte Portugal, Andorra i Gibraltar), els **arxipèlags de Balears** i **Canàries**, i les **ciutats de Ceuta** i **Melilla**, al nord d'Àfrica, a més d'una sèrie de petits illots i penyals.

Un relleu peninsular elevat i abrupte

El relleu peninsular es caracteritza per ser bastant elevat, ja que presenta una altitud mitjana de 660 m. Aquesta altitud és causada, més que per la presència de serralades altes, per l'existència de la Meseta, que ocupa bona part de l'espai central de la Península.

El relleu peninsular es configura en tres grans unitats:

- La **Meseta**: és la unitat de relleu més extensa, es troba al centre de la Península i té una altitud mitjana de 600 m. Està envoltada de muntanyes i una plana rocosa (peneplà) a la frontera amb Portugal.

  Per l'antiguitat, les muntanyes de la Meseta presenten cims desgastats per l'erosió: Sistema Central i monts de Toledo.
- Les **muntanyes que envolten la Meseta**: massís Galaicolleonès, serralada Cantàbrica, Sistema Ibèric i Sierra Morena.
- Les **unitats exteriors de la Meseta**: muntanyes Basques, Pirineus, Serralades Costaneres Catalanes i serralades Bètiques i les **depressions** dels rius Ebre i Guadalquivir.

Un relleu insular divers

Les **illes Balears**, al mar Mediterrani, es consideren una prolongació del relleu peninsular.

Les **illes Canàries**, a l'oceà Atlàntic, davant la costa del Marroc, tenen un origen **volcànic**.

Teide (Tenerife).

Aneto (Pirineus).

Moncayo (Sistema Ibèric).

El Torreón (Grazalema).

Perfil del relleu peninsular

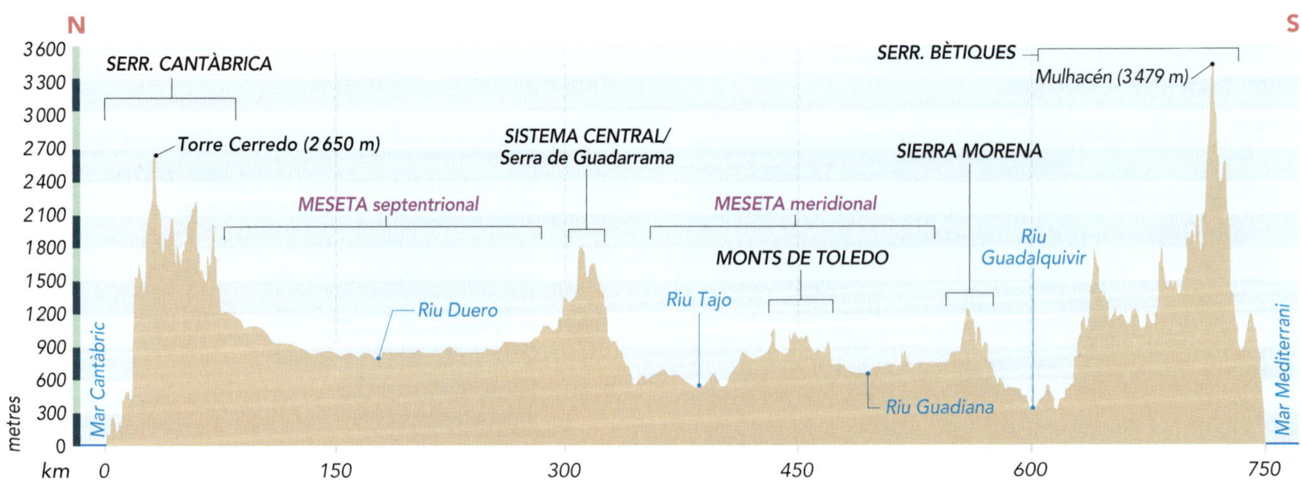

El **massís Galaic** a l'extrem nord-occidental peninsular, presenta cims aplanats. A la zona limítrofa amb Lleó és on hi ha les altituds més grans. Les serres de més poca altitud es troben a la vora del mar.

Els **Pirineus** són una serralada de gran altitud i longitud, que uneix la península Ibèrica amb la resta del continent europeu. Els cims pirinencs es troben entre els de més altitud de la Península.

El **Sistema Central** constitueix una barrera elevada que divideix la Meseta en dues parts: la Submeseta nord i la Submeseta sud.

Illes Balears. Mallorca, Eivissa i Formentera són fragments relacionats amb les serralades Bètiques i Menorca, amb les Serralades Costaneres Catalanes.

Sierra Morena. És una serralada de 600 km de longitud que separa la Meseta de la depressió del Guadalquivir.

Les **serralades Bètiques** estan formades per dues alineacions muntanyoses de diferent altitud. S'hi troba la màxima altitud de la Península: el Mulhacén.

Les **illes Canàries** presenten formes de relleu característiques de l'activitat volcànica com les dorsals, les calderes i les roques.

DADES BÀSIQUES DEL TERRITORI

- **Superfície peninsular:** 493 446 km^2
- **Superfície insular:** 12 502 km^2
- **Superfície d'altres territoris:** 35 km^2
- **Superfície total:** 505 983 km^2
- **Longitud de costa:** 7 879 km
- **Longitud de les serralades:** 4 885 km
- **Altitud mitjana peninsular:** 660 m

5. Com és el relleu de Catalunya?

Al relleu de l'espai català s'hi poden distingir, al nord, els Pirineus; a l'est i al sud-est, les serralades litorals, formades per dues serralades paral·leles a la costa; entre els Pirineus i les serralades litorals, la Depressió Central, i arran de mar, les planes costaneres.

DADES BÀSIQUES DE TERRITORI

- **Superfície total:** 32 108,0 km^2
- **Longitud de costa:** 754,8 km
- **Altitud mitjana:** 353 m

Els Pirineus

Els Pirineus són el conjunt muntanyós més ampli i extens de Catalunya. Es divideixen en dues unitats: el **Pirineu axial** (o **Alt Pirineu**) i el **Prepirineu**.

El conjunt de muntanyes dels Pirineus té la màxima amplitud a l'oest i s'estreny cap a l'est, fins que acaba endinsant-se al mar pel cap de Creus.

Les **valls transversals** que hi han excavat els rius han obert camins naturals, de manera que els Pirineus no han estat mai cap obstacle per a les comunicacions entre tots dos vessants. Alguns **passos naturals**, com el coll del Pertús, s'han utilitzat des de sempre.

El Pirineu.

Les serralades de la costa

Al llarg de la costa mediterrània s'estenen les **Serralades Costaneres Catalanes**, integrades per dues subunitats: la **Serralada Prelitoral**, situada a l'interior i la **Serralada Litoral**, arran de la costa.

Entre les dues serralades, hi ha un conjunt de terres enfonsades que s'anomena **Depressió Prelitoral**.

La Depressió Central.

La Depressió Central

S'estén entre els graons més baixos del Prepirineu i la Serralada Prelitoral. Aquesta gran depressió té forma triangular i s'hi poden distingir dues zones:

- A les comarques més occidentals hi predomina el relleu pla, amb valls amples i petits turons a les zones més allunyades dels rius.
- Cap a l'est, el relleu és més accidentat, amb altiplans i valls més o menys amples.

Les planes costaneres

Altres planes de Catalunya són la de **l'Empordà** i la del **delta de l'Ebre**. Estan situades a l'extrem nord i a l'extrem sud de la costa catalana, respectivament.

Es tracta de terres de poc pendent que han estat formades per la terra que arrosseguen els rius que hi desemboquen: la Muga, el Ter i el Fluvià, a la plana de l'Empordà, i l'Ebre, al delta.

La plana litoral.

El relleu de Catalunya

El **Pirineu axial**. En una bona part del seu traçat, els cims del Pirineu axial fan de límit fronterer amb França i Andorra. L'altitud dels cims es situa al voltant dels 3 000 metres. La **Pica d'Estats**, amb 3 143 m, és el cim més alt de Catalunya.

El **Prepirineu**. S'estén paral·lel al Pirineu axial i baixa progressivament cap a les terres interiors. Està format per unes serres adossades al Pirineu axial (**Boumort**, **Cadí**, **Port del Compte**) i d'altres de menys importants orientades cap a la Depressió Central, com el **Montsec**.

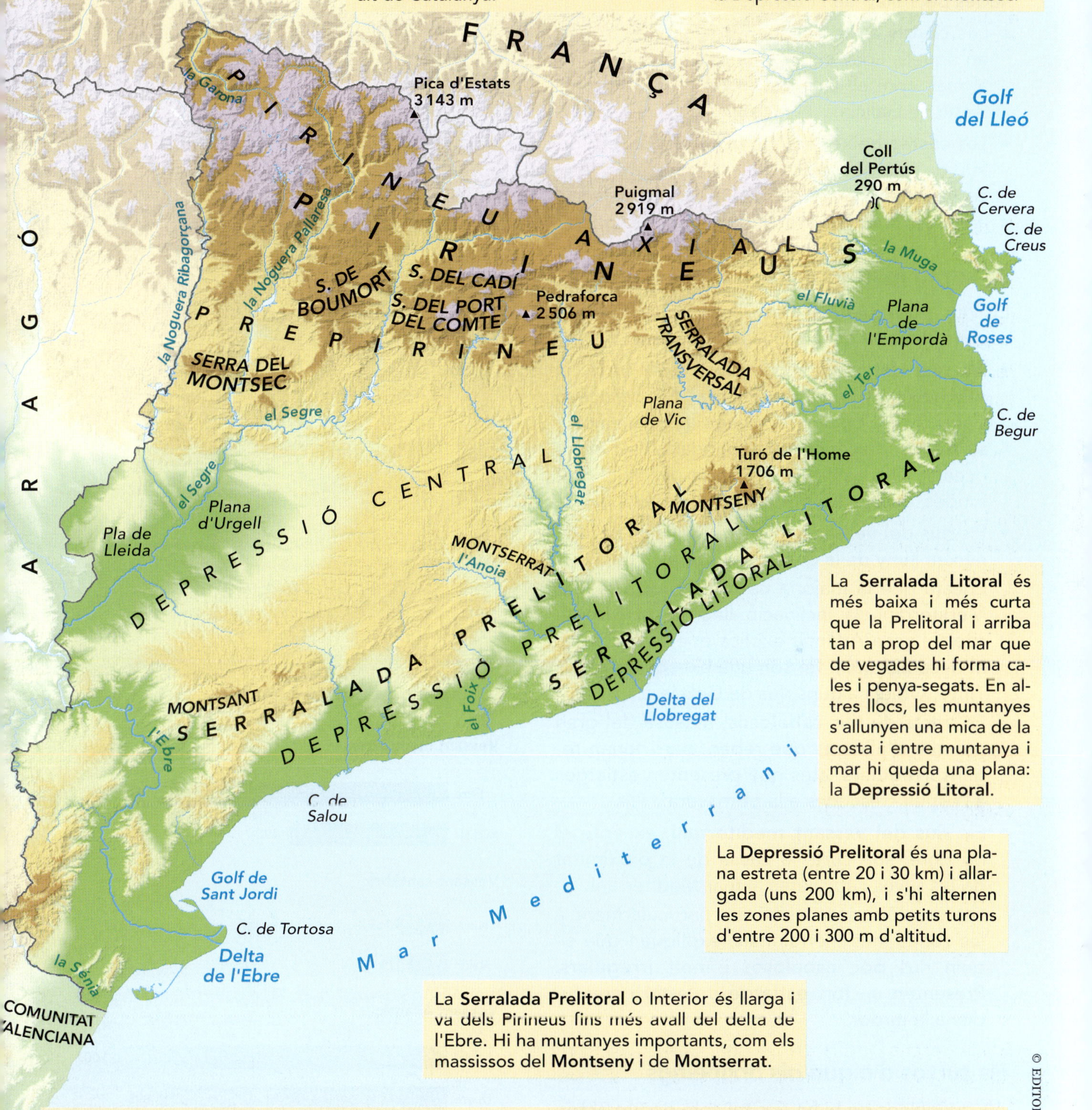

La **Serralada Litoral** és més baixa i més curta que la Prelitoral i arriba tan a prop del mar que de vegades hi forma cales i penya-segats. En altres llocs, les muntanyes s'allunyen una mica de la costa i entre muntanya i mar hi queda una plana: la **Depressió Litoral**.

La **Depressió Prelitoral** és una plana estreta (entre 20 i 30 km) i allargada (uns 200 km), i s'hi alternen les zones planes amb petits turons d'entre 200 i 300 m d'altitud.

La **Serralada Prelitoral** o Interior és llarga i va dels Pirineus fins més avall del delta de l'Ebre. Hi ha muntanyes importants, com els massissos del **Montseny** i de **Montserrat**.

La **Depressió Central** era un gran llac salat que es va evaporar i es va omplir amb els sediments arrossegats pels rius procedents dels Pirineus.
Avui, els seus límits i el relleu recorden la forma que tenia aquell llac fa milions d'anys.

La part més elevada, més propera a la Serralada Prelitoral, ha estat molt erosionada per l'aigua dels rius i de la pluja, que hi ha anat formant grans desnivells o altiplans. Presenta un cert pendent cap a les terres de Lleida i cap a la vall de l'Ebre, on les planes són extenses.

6. Com són les costes i els rius d'Espanya?

El litoral espanyol

Les costes del territori espanyol estan condicionades pel relleu de l'interior:

- Les **costes altes** i els penya-segats es troben en aquells llocs on les muntanyes arriben fins al mar, com al llarg del litoral cantàbric o atlàntic de Galícia.
- Les **costes baixes** són on hi ha planes, en forma de platges amb dunes, maresmes, etc. com passa a la costa atlàntica andalusa i a àmplies zones del litoral mediterrani.

La xarxa hidrogràfica

Els rius s'agrupen en tres vessants hidrogràfics segons el mar o oceà on desemboquen:

- Els **rius del vessant cantàbric** són **curts**, ja que neixen molt a prop del mar, a la serralada Cantàbrica. Són rius cabalosos i regulars a causa de les precipitacions abundants del clima oceànic. Aquests rius discorren per valls profundes, excavades per la força dels corrents.
- Els **rius del vessant atlàntic** són **llargs** perquè neixen lluny de la desembocadura.

  Encara que la majoria neixen a prop del mar Mediterrani, la inclinació lleu de la Meseta cap a l'oceà Atlàntic explica que aquests rius hi desemboquin. En són una excepció els rius Tinto, Odiel i alguns rius de Galícia.

  Es tracta de rius **cabalosos**, a causa del gran nombre d'afluents que reben, però tenen règims **irregulars**, atès que presenten estiatges a l'estiu i crescudes a la primavera.
- Els **rius del vessant mediterrani**, excepte el riu Ebre, són curts, a causa de la proximitat de les seves capçaleres al mar Mediterrani.

  Les precipitacions escasses, particularment a les zones més meridionals, expliquen que siguin rius **poc cabalosos** i **molt irregulars**. Presenten un fort **estiatge** a l'estiu i crescudes a la tardor.

Els cursos d'aigua als arxipèlags

Als arxipèlags no hi ha rius tal com ocorre al territori peninsular.

En general, són cursos d'aigua intermitent, que a Balears es denominen **torrents**, i a Canàries, **barrancs**.

Cabal mitjà dels rius d'Espanya

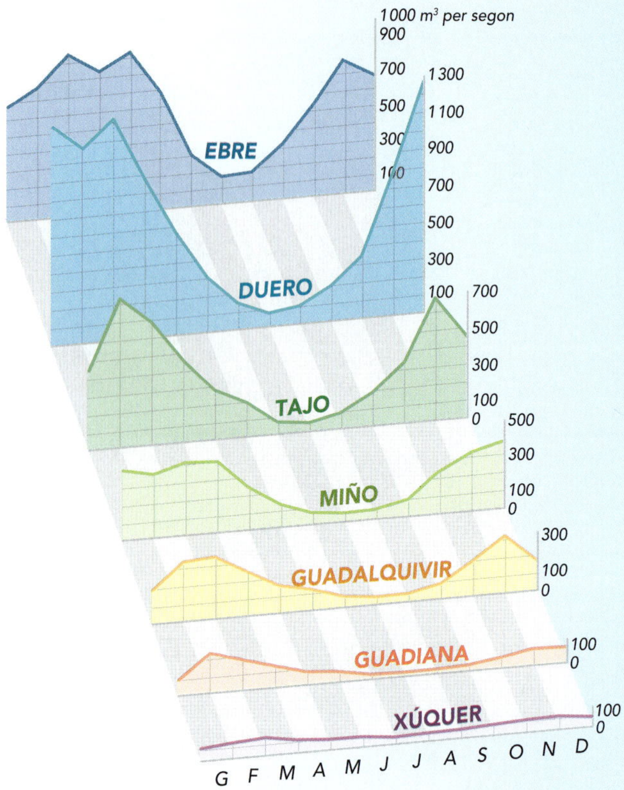

Longitud dels rius per vessants

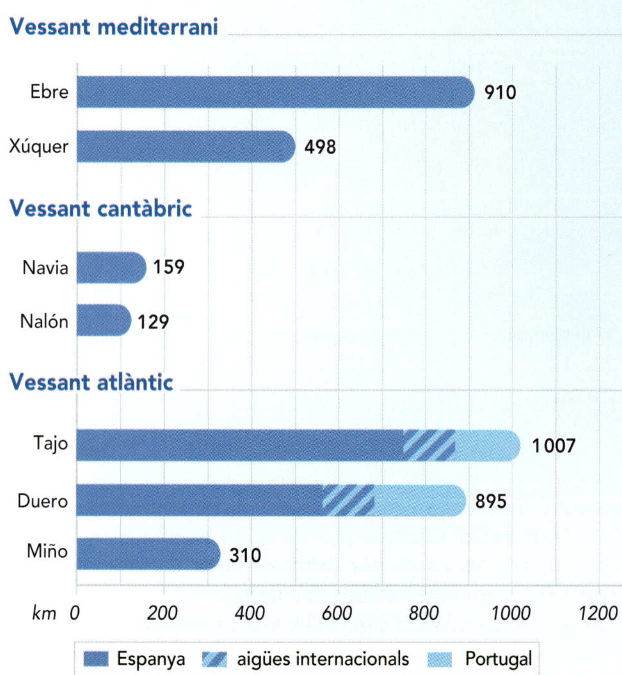

Els vessants dels principals rius peninsulars

La **costa cantàbrica** s'estén des de la punta de La Estaca de Bares fins a la frontera amb França. Són costes altes i rocoses, amb penya-segats, puntes i caps. D'entre els penya-segats, en sorgeixen ries.

La **costa atlàntica** s'estén des de la punta de La Estaca de Bares fins a l'estret de Gibraltar. Comprèn les costes altes, rocoses, retallades i amb abundants ries de Galícia, i les costes baixes, sorrenques i planes de la part d'Andalusia.

La **costa mediterrània** s'estén per l'est i sud de la Península, des de l'estret de Gibraltar fins a la frontera amb França i comprèn també les illes Balears, Ceuta i Melilla. És la zona del litoral més extensa d'Espanya i s'hi alternen costes baixes i costes altes.

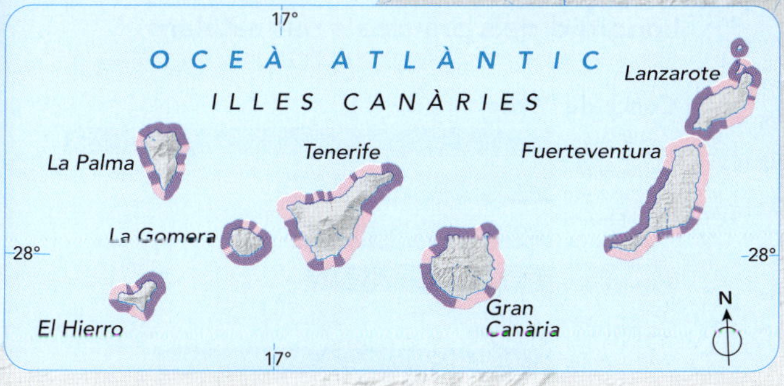

A les **costes de les illes Canàries**, segons siguin els relleus, alternen costes altes amb penya-segats, i costes baixes amb extenses platges. Aquestes platges, de vegades formen dunes.

El riu Ebre presenta una disminució important del cabal a l'estiu per la manca de pluges. A l'hivern el cabal disminueix pel fet de ser un riu de règim pluvial nival.

7. Com són les costes i els rius de Catalunya

El litoral català

El **litoral català** s'estén des de Portbou, que fa frontera amb França, fins al riu de la Sénia, que estableix el límit amb la Comunitat Valenciana. És una costa força **rectilínia**. Els dos accidents costaners més importants són el cap de Creus i el delta de l'Ebre.

Tot i que el litoral català no és gaire retallat, hi podem distingir dos tipus de costa:

- Les **costes altes**, que ocupen el litoral més septentrional, són **accidentades** pel fet que les serralades arriben fins a la vora del mar, però els rius i els torrents hi han obert cales amb un gran atractiu paisatgístic, com passa, per exemple, a la Costa Brava.
- Les **costes baixes** predominen al litoral meridional i són **poc accidentades**, amb platges llargues de sorra fina i amb aigües poc profundes i més calentes que a les costes altes del nord.

La Noguera Ribagorçana.

Pantà de Riba-roja, al riu Ebre.

La xarxa hidrogràfica

El relleu de Catalunya dona com a resultat una xarxa hidrogràfica força complexa. En general, cap dels rius, llevat de l'Ebre, no tenen un cabal important, i el recorregut de tots és bastant curt, per la proximitat entre la capçalera i la desembocadura.

Tenint en compte el lloc on desemboquen, classifiquem els rius catalans en dos vessants:

- **Vessant mediterrani**. Els rius d'aquest vessant es divideixen en dos tipus de conques:
  - **Conca de l'Ebre**. Està formada pel riu **Ebre** i tots els rius que desemboquen al Mediterrani a través d'ell. La majoria d'aquests rius neixen als Pirineus Occidentals, tenen un fort poder erosiu i porten força cabal, sobretot a la primavera a causa de la fosa de la neu. Són rius aprofitats intensament per a la producció d'energia elèctrica.
  - **Conques internes**. S'hi inclouen els rius que desemboquen directament al Mediterrani. Segons el lloc on neixen, podem diferenciar: els rius que **neixen als Pirineus Orientals** i els rius que **neixen a les Serralades Costaneres Catalanes**.
- **Vessant atlàntic**. Només inclou la **conca de la Garona**. Aquest riu és l'únic del territori català que desemboca a l'oceà Atlàntic.

  Durant uns 50 km del seu curs, el riu flueix per la Vall d'Aran, fins que s'endinsa en territori francès i el travessa fins a la desembocadura, a l'estuari de la Gironda, a l'oceà Atlàntic.

Longitud dels principals rius catalans

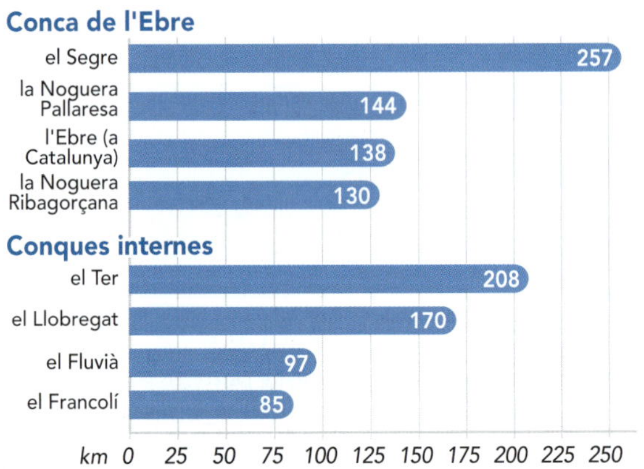

Les costes i els rius de Catalunya

Conca de l'Ebre. El riu principal és el **Segre**, perquè tots els altres són afluents d'aquest: la **Noguera Ribagorçana** i la **Noguera Pallaresa**.

El Segre s'incorpora a l'Ebre per l'esquerra, a la vora de Mequinensa (Saragossa).

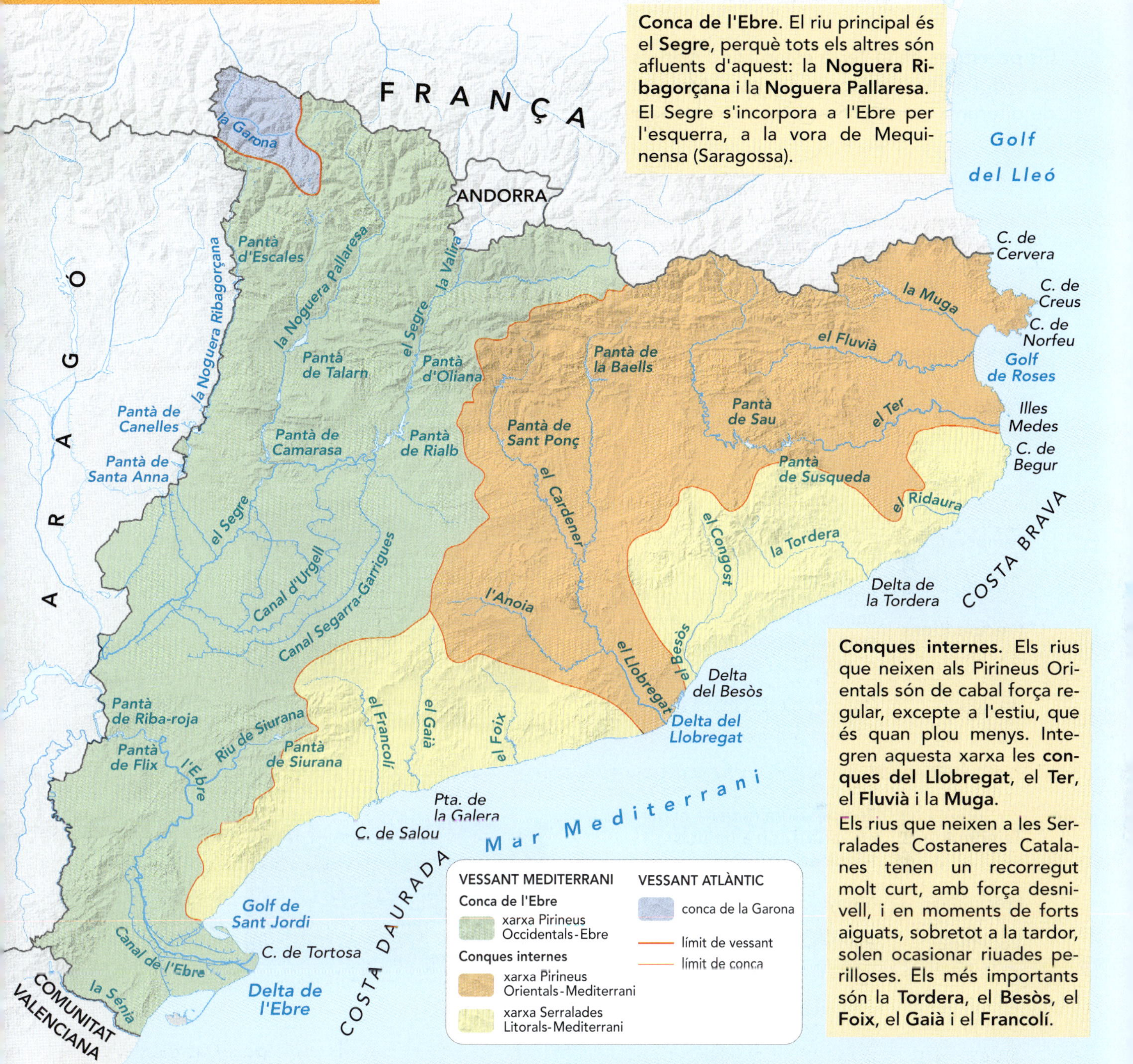

Conques internes. Els rius que neixen als Pirineus Orientals són de cabal força regular, excepte a l'estiu, que és quan plou menys. Integren aquesta xarxa les **conques del Llobregat**, el **Ter**, el **Fluvià** i la **Muga**.

Els rius que neixen a les Serralades Costaneres Catalanes tenen un recorregut molt curt, amb força desnivell, i en moments de forts aiguats, sobretot a la tardor, solen ocasionar riuades perilloses. Els més importants són la **Tordera**, el **Besòs**, el **Foix**, el **Gaià** i el **Francolí**.

Costa alta. Les cales i les platges són de sorra gruixuda o de còdols. En aquesta zona, el mar s'enfonsa ràpidament a pocs metres de la costa i les aigües són fredes. Alguns accidents costaners destacats són el **cap de Creus** i el **cap de Begur**.

Cap de Creus, Alt Empordà.

Costa baixa. Les característiques d'aquestes platges fan que aquesta zona litoral, anomenada **Costa Daurada**, tingui un gran atractiu turístic, sobretot les platges de Calafell, Coma-ruga, Torredembarra, Altafulla, Tarragona, Salou i Cambrils.

Platja de Cambrils, Baix Camp.

8. Per què són tan diferents els paisatges de la Terra?

Els paisatges de la Terra estan condicionats per una sèrie de factors, com la latitud, l'altitud o l'acció del mar. Aquests factors determinen l'existència de diferents zones climàtiques i, en conseqüència, de paisatges diversos.

CLIMES CÀLIDS

Bioclima equatorial

Temperatures	Altes tot l'any (25 °C), poca amplitud tèrmica anual i entre el dia i la nit.
Precipitacions	Superiors als 1 500 mm anuals.
Vegetació	Bosc molt frondós denominat selva o jungla.

Selva amazònica.

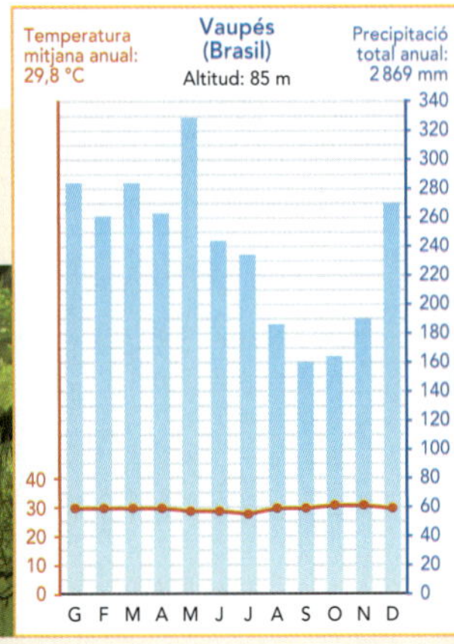

Bioclima tropical

Temperatures	Elevades tot l'any. Poca amplitud tèrmica.
Precipitacions	Entre 750 mm i 1500 mm anuals. Determinen una estació seca a l'hivern i una altra d'humida a l'estiu.
Vegetació	Bosc tropical, sabana i estepa.

Sabana.

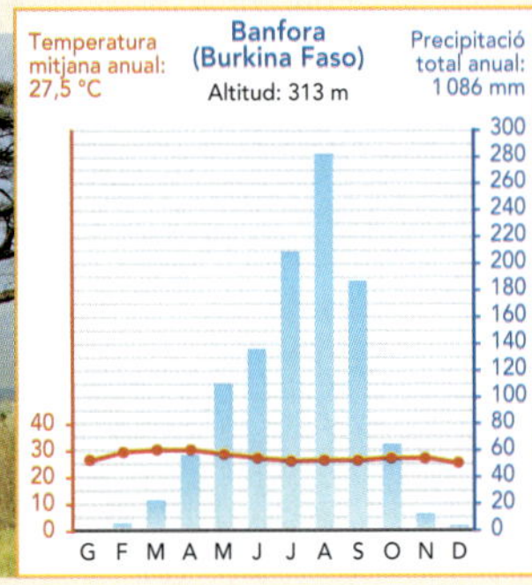

Bioclima desèrtic

Temperatures	Temperatura mitjana anual elevada, gran amplitud tèrmica.
Precipitacions	Menys de 300 mm anuals.
Vegetació	Plantes adaptades a l'aridesa.

Desert càlid.

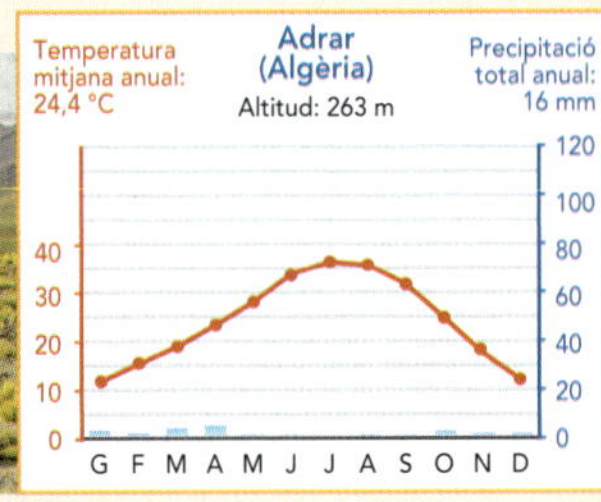

CLIMES FREDS

Bioclima polar i d'alta muntanya

Temperatures	Hivern molt fred (fins a –90 °C) i estiu fred (màximes de 10 °C).
Precipitacions	Escasses (300 mm anuals) i en forma de neu.
Vegetació	Deserts freds (gel, glacials, neu i roca nua); i la tundra polar i alpina.

Desert fred.

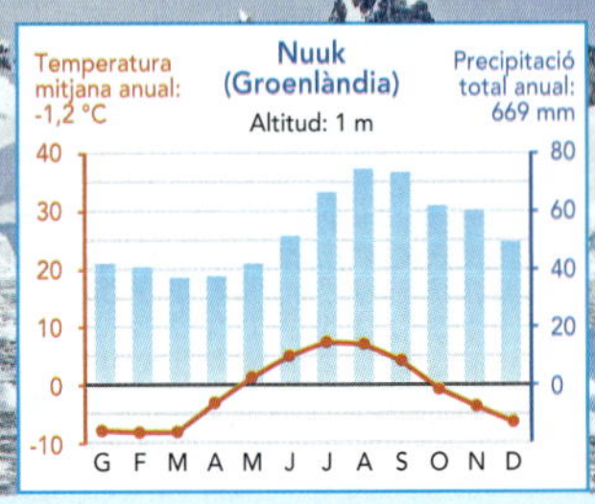

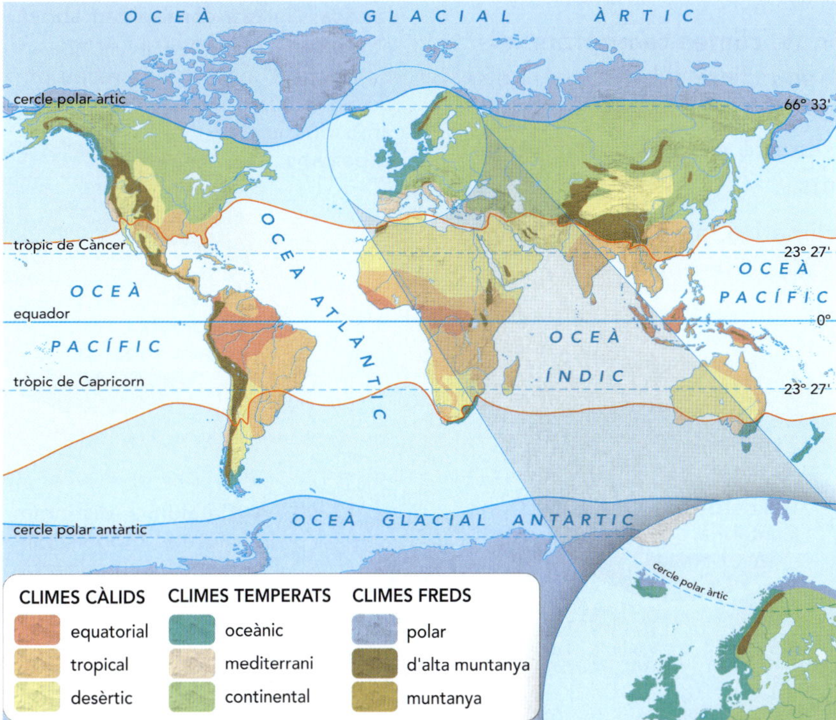

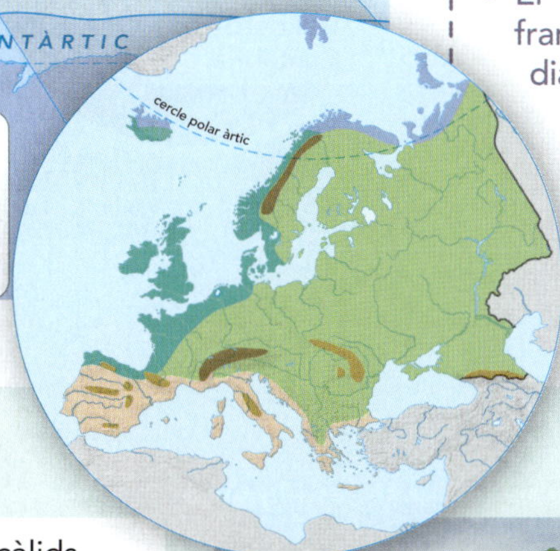

Climes i paisatges d'Europa

Paisatges de **climes temperats:**

- El **paisatge mediterrani** és propi de les costes i de les illes europees situades en aquest mar (Espanya, sud de França, Itàlia, Grècia...).
- El **paisatge oceànic** és dona a la façana oest europea i també arriba al nord i nord-oest de la península Ibèrica.
- El **paisatge continental** es troba a les terres de l'interior d'Europa.

Paisatges de **climes freds:**

- El **paisatge polar** ocupa una franja estreta del nord d'Islàndia, Noruega, Finlàndia i Rússia.
- El **paisatge d'alta muntanya** es pot trobar a les grans serralades europees: Alps, Caucas, Pirineus...

CLIMES TEMPERATS

Bioclima mediterrani

Temperatures	Entre 10 °C i 18 °C. Estius càlids.
Precipitacions	Entre 300 mm – 900 mm. Estius secs.
Vegetació	Plantes esclerofil·les. bosc perennifoli de pins i alzines, i matolls d'estepa, ginesta, coscoll, llentiscle, espígol, margalló.

Matollar.

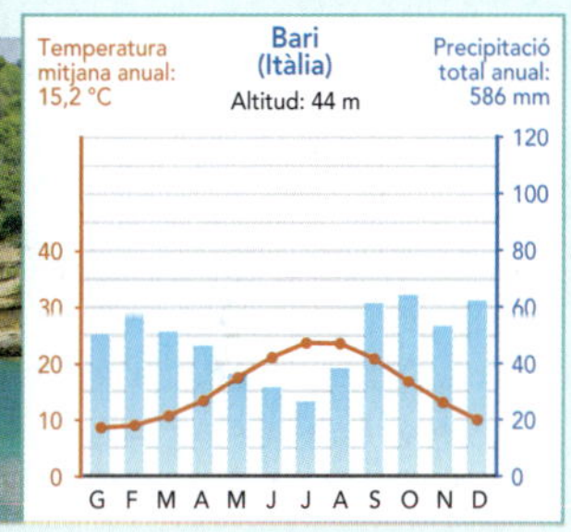

Bioclima oceànic

Temperatures	Hiverns moderadament freds (6 °C-10 °C) i estius frescos (20 °C).
Precipitacions	Constants tot l'any: més de 1000 mm anuals.
Vegetació	Boscos de fulla caduca i prats.

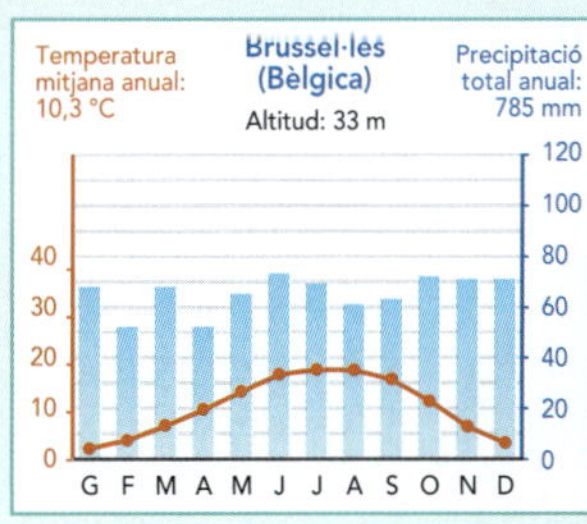

Prats atlàntics.

Bioclima continental

Temperatures	Hivern fred i estiu càlid.
Precipitacions	Relativament escasses (300 mm-750 mm). Es concentren a l'estiu.
Vegetació	Taigà o bosc boreal format per coníferes, estepes.

Taigà.

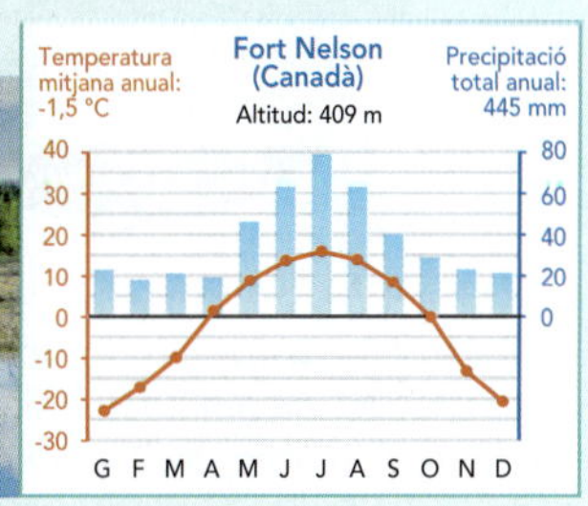

9. Com són els paisatges d'Espanya i de Catalunya?

Els paisatges que hi ha a Espanya són de **climes temperats**, exceptuant els de les illes Canàries, pel seu clima subtropical, i els de les zones de muntanya. Però aquests paisatges no són com els d'Europa, ja que factors com la situació geogràfica, la influència del mar i l'altitud els fan diferents.

Així doncs, en funció de la varietat climàtica, a Espanya podem trobar cinc tipus de paisatges bioclimàtics diferents.

BIOCLIMA OCEÀNIC

S'estén pel nord de la península Ibèrica: Galícia, cornisa cantàbrica i Prepirineu de Navarra i Aragó.

Es tracta d'una zona de relleu ondulat i muntanyenc amb rius curts i cabalosos.

Zarautz, Sant Sebastià.

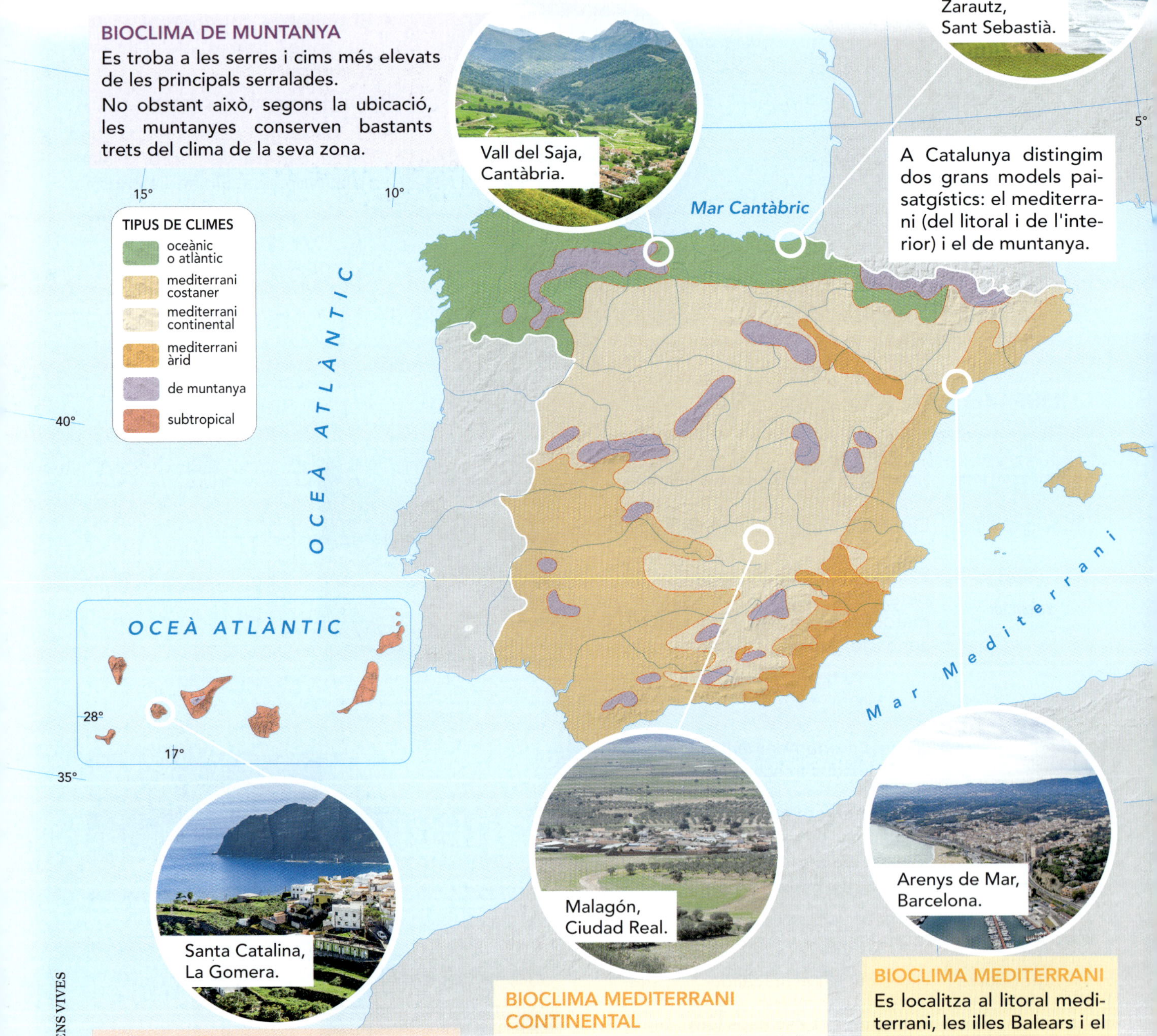

BIOCLIMA DE MUNTANYA

Es troba a les serres i cims més elevats de les principals serralades.

No obstant això, segons la ubicació, les muntanyes conserven bastants trets del clima de la seva zona.

Vall del Saja, Cantàbria.

A Catalunya distingim dos grans models paisatgístics: el mediterrani (del litoral i de l'interior) i el de muntanya.

Santa Catalina, La Gomera.

Malagón, Ciudad Real.

Arenys de Mar, Barcelona.

BIOCLIMA SUBTROPICAL

Canàries compta amb un clima molt diferent del peninsular arran de la proximitat al tròpic de Càncer, la influència del Sàhara i el corrent marí de Canàries.

BIOCLIMA MEDITERRANI CONTINENTAL

Comprèn l'interior peninsular: Submeseta nord, depressió de l'Ebre i algunes àrees de la Submeseta sud.

Es tracta d'una zona de relleu pla solcat per rius llargs i cabalosos.

BIOCLIMA MEDITERRANI

Es localitza al litoral mediterrani, les illes Balears i el sud-oest peninsular.

En general, presenta un relleu accidentat, amb rius curts, poc cabalosos i un estiatge acusat.

10. Quins problemes i reptes mediambientals afronten els paisatges?

13 ACCIÓ PEL CLIMA

Les activitats humanes i els condicionants físics fan que el territori tingui un elevat risc ambiental. Això suposa un gran impacte, que modifica sensiblement els paisatges i comporta desafiaments mediambientals importants, entre els quals destaca la **pèrdua de biodiversitat**.

Els incendis

| L'emprempta del foc

Cada any, els **incendis** provoquen la pèrdua de milers d'hectàrees de boscos, la qual cosa ocasiona la desaparició d'espècies vegetals i animals, així com la degradació dels sòls.

Per reduir el risc d'incendis es fan tasques de manteniment i gestió dels boscos, i es duen a terme campanyes per a una major conscienciació entre la població dels riscos i conseqüències d'un incendi forestal.

Els fenòmens meteorològics extrems

Els fenòmens meteorològics extrems més freqüents són les **pluges torrencials**, que provoquen les riuades i les inundacions. Suposen greus pèrdues econòmiques en les infraestructures i en el medi, i afecten un gran nombre de persones. Per evitar-ho és necessària una ordenació del territori adequada que impedeixi la construcció d'infraestructures en zones inundables i una gestió adequada de les conques hidrogràfiques.

La **desertització** afecta gran part del territori a causa del clima, les sequeres estacionals i l'empobriment dels sòls.

La contaminació

Els principals elements naturals afectats per la contaminació que provoquen les activitats humanes són:

- **L'aire**. La **contaminació atmosfèrica** es concentra principalment a les àrees urbanes i les zones industrials, i es tradueix en les emissions de gasos d'efecte d'hivernacle (GEH) i en perjudicis greus per a la salut. Malgrat l'adopció de mesures, com la restricció de trànsit en algunes zones, cal implantar formes de producció i mobilitat sostenibles.
- **L'aigua.** Els abocaments provinents de les activitats agràries i industrials provoquen la **contaminació de les aigües**. A més, cal afegir-hi la sobreexplotació dels aqüífers i aiguamolls, cosa que té com a conseqüència la degradació del paisatge i la pèrdua de biodiversitat.
- **El sòl**. La presència de **residus** de tota mena produeix la degradació visual i ambiental dels paisatges. Les solucions passen per una major conscienciació de les empreses i la població, així com pel foment de l'**economia circular** per part de les administracions.

El futur incert del delta de l'Ebre

El delta de l'Ebre, a la desembocadura d'aquest riu al mar Mediterrani, constitueix un ecosistema únic, perquè acull una gran riquesa mediambiental, i s'hi desenvolupen importants activitats econòmiques per a la població de la zona, com el conreu de l'arròs, la pesca o la cria del musclo.

El gener de 2020, el temporal Gloria (amb vents de més de 100 km/h, precipitacions de fins a 500 l/m² i ones de fins a 14 m), va empènyer l'aigua del mar tres quilòmetres terra endins, cosa que va ocasionar grans perjudicis en l'economia i infraestructures de la zona.

Però hi ha altres factors que amenacen el futur i la supervivència del delta. D'una banda, la manca d'aportació de sediments que s'acumulen als nombrosos embassaments que s'han construït a la conca del riu; i, d'una altra, l'augment del nivell del mar.

Un estudi de la NASA preveu que, en cas de no adoptar solucions preventives, el 40 % del delta podria quedar submergit el 2100.

15 de gener de 2020.

20 de gener de 2020.

11. Quins són els espais naturals protegits d'Espanya?

Els espais naturals protegits

Els **espais naturals protegits** són les zones terrestres i marines declarades com a tals per la representativitat, singularitat, fragilitat o interès dels seus elements o sistemes naturals.

A causa de les característiques geogràfiques, la península Ibèrica aplega una gran **riquesa d'ecosistemes terrestres i marins**. No obstant això, les activitats humanes poden afectar aquest patrimoni, i per evitar-ho les administracions han creat diferents figures de protecció.

L'Estat espanyol ha creat diferents espais naturals protegits, com els **Parcs Naturals i Nacionals**, les **Reserves Naturals**, les **Àrees Marines Protegides**, els **Monuments Nacionals** i els **Paisatges Protegits**.

A més, a escala internacional existeixen altres espais de protecció:

- La Unió Europea ha creat la **Xarxa Natura 2000**, un conjunt d'àrees de conservació de la biodiversitat entre les quals es troben les Zones d'Especial Protecció per a les Aus (ZEPA) i els Llocs d'Importància Comunitària (LIC).
- La UNESCO té declarats a Espanya els **Espais Naturals Patrimoni de la Humanitat**, les **Reserves de la Biosfera** o els **Geoparcs**.

La Xarxa de Parcs Nacionals

Un **Parc Nacional** és un espai natural de gran valor, poc alterat per l'activitat humana, que mereix ser conservat per la singularitat de la flora, la fauna o les formacions geomorfològiques i, en definitiva, per ser representatiu del patrimoni natural peninsular.

La **Xarxa de Parcs Nacionals** pretén assolir tres objectius:

- Assegurar la **conservació del patrimoni natural** dels espais declarats com a Parc Nacional, per la qual cosa disposa d'una legislació especial.
- Compatibilitzar la **conservació dels valors naturals** amb l'ús i el **gaudi per part de les persones que els visiten**.
- Constituir un **motor per al desenvolupament econòmic** de les comarques en què es troben.

PARC NACIONAL	ANY DE DECLARACIÓ
Ordesa i Mont Perdut	1918
Picos de Europa	1918
Caldera de Taburiente	1954
Teide	1954
Aigüestortes i Estany de Sant Maurici	1955
Doñana	1969
Las Tablas de Daimiel	1973
Timanfaya	1974
Garajonay	1981
Arxipèlag de Cabrera	1991
Cabañeros	1995
Sierra Nevada	1999
Illes Atlàntiques de Galícia	2002
Monfragüe	2007
Serra de Guadarrama	2013
Sierra de las Nieves	2021

Activitats als Parcs Nacionals

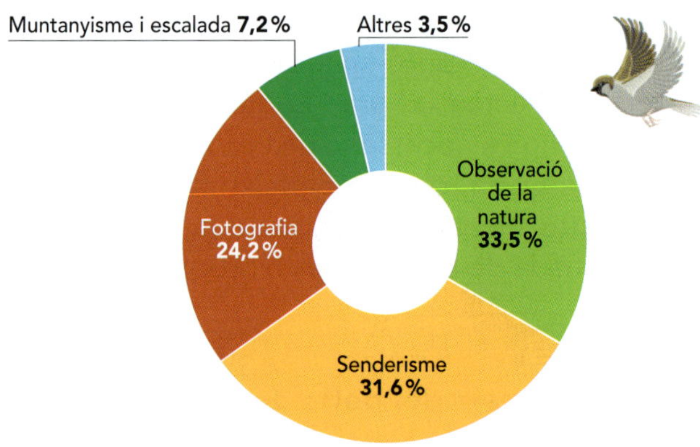

Parcs Nacionals amb més visitants l'any 2019

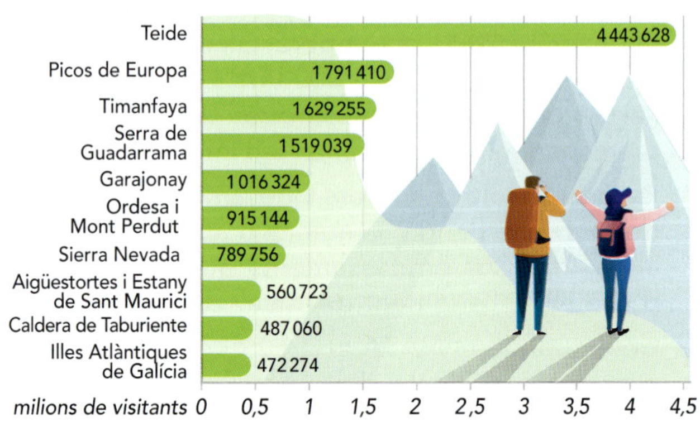

ELS PARCS NACIONALS D'ESPANYA

15 VIDA D'ECOSISTEMES TERRESTRES

Espanya va ser un dels primers països europeus a crear aquests espais protegits. Actualment compta amb 16 Parcs Nacionals repartits per la península Ibèrica i els arxipèlags de Balears i Canàries. El més gran en superfície és Sierra Nevada (85 833 ha, que representa 1/4 part de la superfície total protegida).

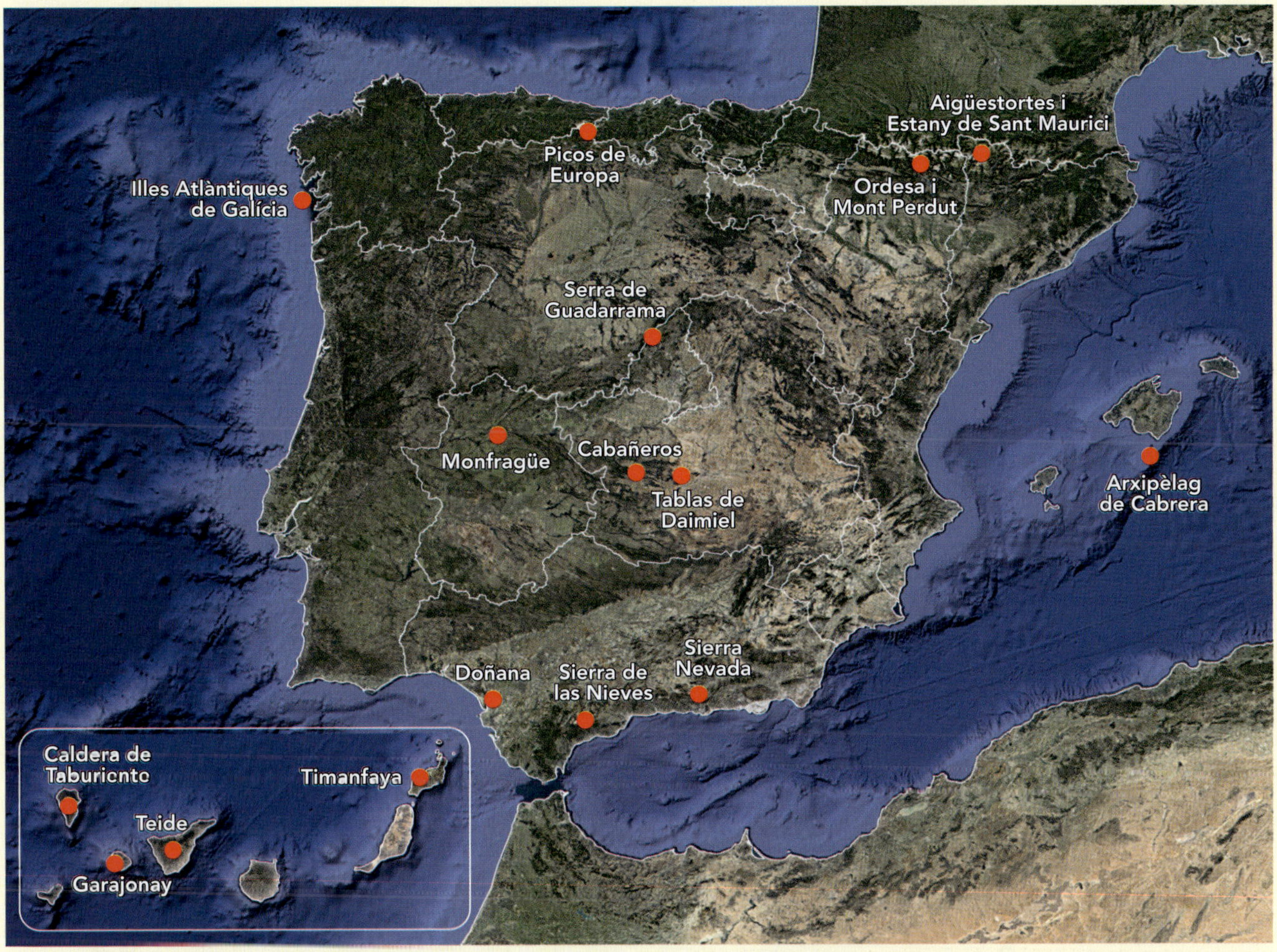

Els inicis dels Parcs Nacionals a Espanya

Un castell, una torre, una muralla, un temple, un edifici es declara Monument Nacional per salvar-lo de les destruccions. I per què una muntanya excepcionalment pintoresca, amb els cims nevats, els boscos seculars, la fauna nacional i les valls paradisíaques, no ha de ser declarada Parc Nacional per salvar-la de la ruïna? No hi ha santuaris per a l'art? Per què no hi ha d'haver santuaris per a la natura?

Pedro PIDAL: Defensa davant el Senat de la Llei de Parcs Nacionals (adaptació), 1916.

P.N. dels Picos de Europa.

2 L'organització política dels Estats

L'Estat tradicional es caracteritza per tenir la sobirania en els àmbits econòmic, polític i cultural. Aquesta sobirania la pot exercir de manera democràtica o no democràtica.

Actualment, els Estats cedeixen part de la seva sobirania a organismes supranacionals, com és el cas de la Unió Europea que porta a terme accions comunes a tots els estats membres.

Els Estats també transfereixen competències a ens subestatals, com ara les comunitats autònomes, províncies comarques i municipis.

Alhora els Estats estableixen relacions internacionals de cooperació, en les quals participen les organitzacions supranacionals i algunes ONG.

Per començar:
Què fa la Unió Europea per nosaltres?

La Unió Europea, una comunitat de 27 països i 447 milions de ciutadans i ciutadanes que comparteixen un espai, uns objectius i uns valors

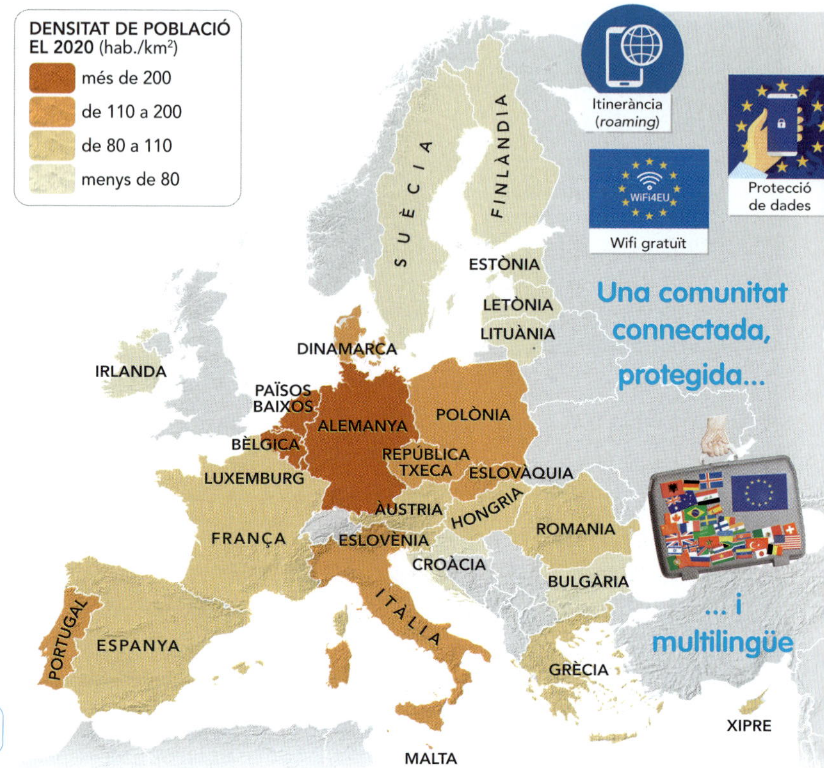

La UE permet estudiar, fer pràctiques, treballar i jubilar-se a qualsevol país membre

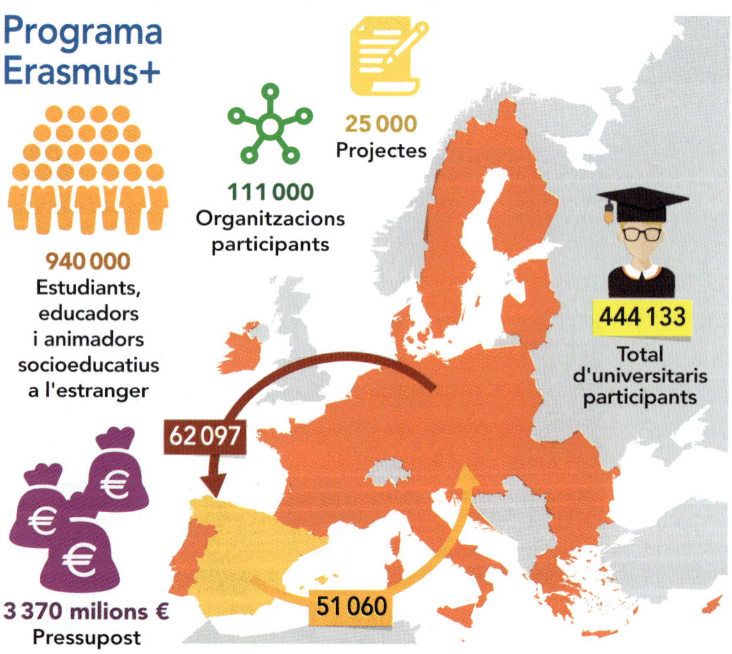

La UE proposa una transició verda per al nostre benestar i el de les generacions futures

1. Què és l'Estat i quines funcions té?

Els elements que integren un Estat

L'Estat és una organització política i administrativa que governa un territori de manera independent i està integrat per tres elements bàsics:

- El **territori** és l'**espai geogràfic** sobre el qual l'Estat exerceix el poder. Les fronteres el separen d'altres Estats i delimiten els **límits territorials** on exerceix la sobirania i s'hi apliquen lleis i normes. Els Estats també tenen autoritat sobre el subsol, l'espai aeri, el mar territorial i les representacions diplomàtiques a altres països.
- La **població** que viu en un Estat té el dret de nacionalitat i constitueix la **ciutadania**, que atorga el dret d'exercir funcions públiques i de participar en l'elecció del Govern i en la presa de decisions, generalment per mitjà de les eleccions.
- La **sobirania** és la capacitat de prendre **decisions vinculants** per a aquesta població en el marc del territori, i constitueix l'**autoritat exclusiva** que té un Estat dins de les fronteres.

Estat i Govern són conceptes diferents que no s'han de confondre.

El Govern és un òrgan que s'encarrega d'administrar els poders de l'Estat. És temporal, atès que varia d'orientació i persones periòdicament.

Les funcions de l'Estat

Com a màxima autoritat dins del territori, l'Estat ha d'exercir les funcions essencials següents:

- Cobrir les **necessitats bàsiques** de la població en àmbits com l'habitatge, alimentació, educació, sanitat, transport i obres públiques.
- Regular les **relacions laborals** mitjançant l'aprovació de lleis i **polítiques d'ocupació**.
- Dirigir la **política econòmica** amb la finalitat d'afavorir el creixement econòmic del país.
- Mantenir l'**ordre públic** dins de les fronteres, garantir el **respecte a la llei** i **defensar el territori** de les possibles agressions exteriors.
- Participar en l'**esfera internacional** mitjançant la integració en diversos organismes i l'establiment de relacions amb altres països. Aquesta tasca es desenvolupa per mitjà del cos diplomàtic encarregat de dirigir les ambaixades i consolats a altres territoris.

COM S'ORGANITZA TERRITORIALMENT UN ESTAT?

Els Estats exerceixen la seva autoritat a través de les institucions, que poden tenir competències a tot el territori. Així mateix, poden delegar determinades funcions a òrgans regionals i locals.

El repartiment de les competències entre els poders central i regional, així com la dependència de les unes amb les altres, permet parlar d'Estats centralitzats i Estats descentralitzats.

Estats centralitzats

ADMINISTRACIÓ CENTRAL → No existeixen entitats polítiques fora de l'Estat, només divisions administratives.

ADMINISTRACIÓ CENTRAL:
- Institucions comunes a tot l'Estat.
- Competències exclusives a tot el territori.
- Únic centre de poder polític i governamental.
- Funcionaris comuns.

ADMINISTRACIÓ REGIONAL:
- No té institucions ni competències pròpies.
- Autoritats locals que depenen del poder central.
- No té funcionaris propis.

Estats descentralitzats

ADMINISTRACIÓ CENTRAL → Les regions són entitats polítiques.

ADMINISTRACIÓ CENTRAL:
- Institucions comunes.
- Competències exclusives i competències compartides amb l'administració regional.
- Funcionaris de l'Estat.

ADMINISTRACIÓ REGIONAL:
- Llei pròpia de la regió autònoma.
- Institucions pròpies.
- Competències cedides per l'Administració central i competències compartides.
- Funcionaris propis.

2. Com es governen els Estats?

Tensions socioeconòmiques i polítiques a l'Àfrica subsahariana

A les últimes dècades, els sistemes de govern democràtics s'han estès a escala mundial, encara que paral·lelament es percebi una minva en la qualitat de les democràcies.

Algunes de les noves democràcies són fràgils i dèbils, atès que presenten trets autoritaris que les inclouen en el model de democràcies híbrides.

Les democràcies més antigues i consolidades pretenen garantir un desenvolupament econòmic i social equitatiu i sostenible. No obstant això, han de fer front a noves forces polítiques amb trets populistes i autoritaris.

L'increment de les democràcies

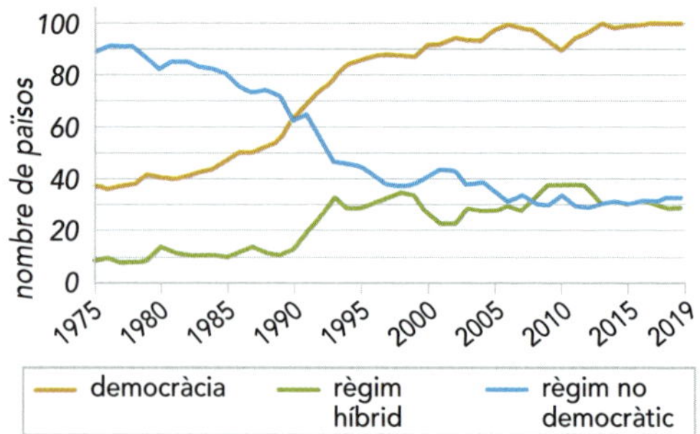

Els règims democràtics

- El poder l'exerceix un grup de persones elegides per tots els ciutadans.
- Existència d'eleccions i de partits polítics.
- Llibertat d'expressió.
- Drets fonamentals per a totes les persones.

Les condicions bàsiques per considerar democràtic un Estat són el dret dels ciutadans a **presentar-se a les eleccions** i el **dret a votar-hi lliurement**. A més, s'han de garantir els resultats electorals.

La llei bàsica dels països democràtics és la **Constitució**. Se'n deriven i s'hi fonamenten totes les altres lleis restants. També és habitual que aquest text contingui els drets i deures de la ciutadania.

Una altra característica de les democràcies és la **separació de poders**, aquest fet permet que les institucions principals no estiguin sota el control d'una única persona o grup. Els poders de l'Estat són:

- El **poder legislatiu** recau en el Parlament, que s'encarrega d'aprovar les lleis i controlar el Govern.
- El **poder executiu** governa el país amb els ministeris o departaments. S'encarrega d'aplicar les lleis i dirigir l'administració de l'Estat.
- El **poder judicial** el representen els jutges i tribunals, encarregats de vetllar pel compliment de les lleis.

Segons qui ostenta el cap de l'Estat, es distingeix entre **monarquies** (un rei hereditari) i **repúbliques** (un president de la república electe).

Els règims no democràtics: dictadures

En els règims no democràtics no existeixen mecanismes ni institucions que garanteixin la participació de la major part dels ciutadans en el govern del país. Aquest recau sobre una **persona o un grup de persones** que concentren tots els poders.

Una altra característica és la repressió de les ideologies oposades al poder. No existeix el pluralisme polític ni l'alternança de poder mitjançant la celebració d'eleccions. Tampoc no es reconeixen els drets dels ciutadans, que estan mancats d'institucions que els defensin vers els abusos del poder.

No existeix una Constitució i les lleis i normes són imposades a la població en funció dels interessos polítics de les elits que ostenten el poder.

Segons qui detingui el poder, els règims no democràtics poden ser: militars, de partit únic o personalistes.

- El poder l'exerceix una sola persona que s'imposa per la força.
- No hi ha Constitució ni separació de poders.
- Absència d'eleccions i de partits polítics.
- Arbitrarietat en l'aplicació de la llei.
- No es reconeixen drets als ciutadans.

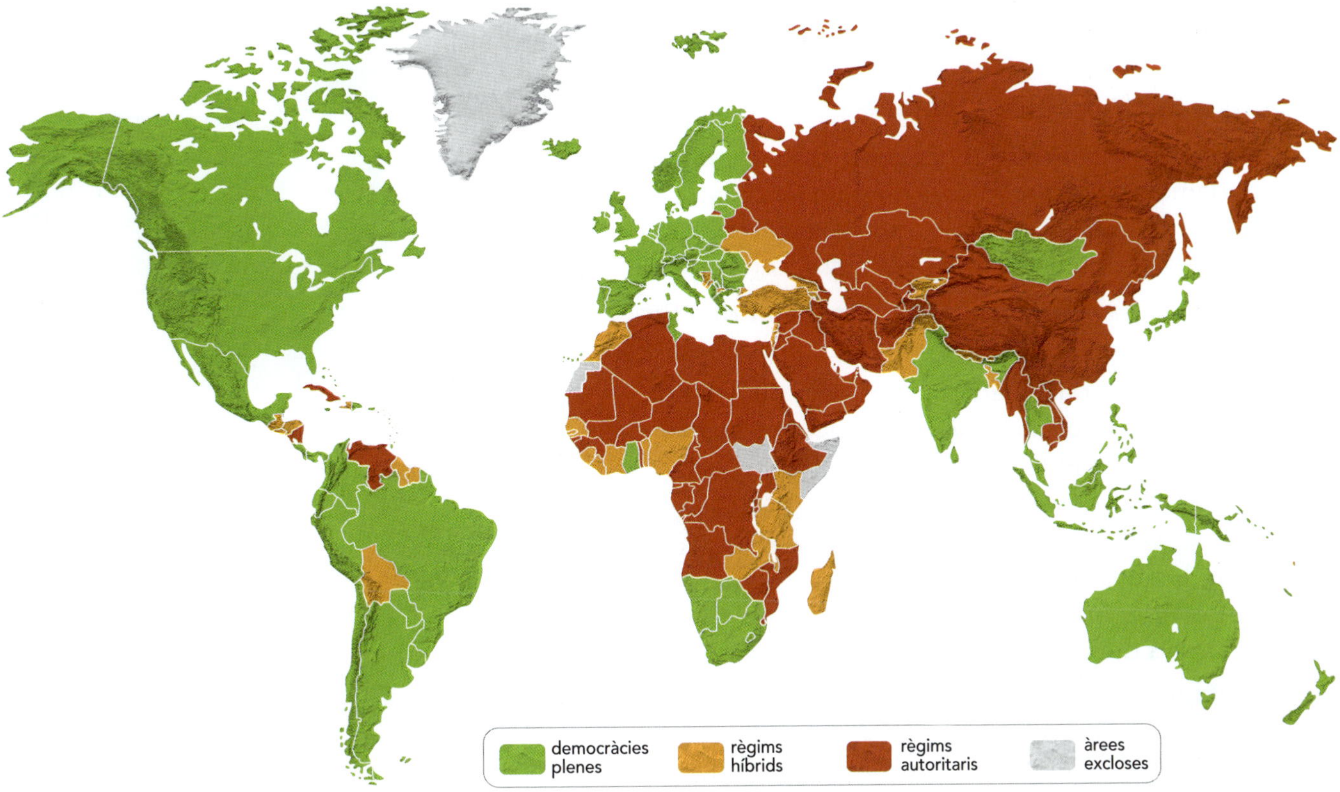

Actualment, el 44,9 % dels països són democràtics, encara que en certs casos no siguin democràcies plenes, i el 21% són règims híbrids. Més de 4000 milions de persones viuen sota alguna forma de democràcia.

Els règims no democràtics agrupen el 34,1 % dels països i més de 3000 milions de la població mundial.

- Es mantenen formalment els principis democràtics.
- Hi ha poca transparència electoral.
- Es pot arribar a perseguir els opositors.
- No es respecten els drets dels ciutadans.
- Es retalla la llibertat de premsa.
- Es vulneren els drets humans.

Els règims híbrids

Avui dia, molts dels règims polítics que hi ha al món no són ni clarament democràtics ni clarament autoritaris, ja que **comparteixen elements** tant de la **democràcia** com de l'**autoritarisme**.

Els règims anomenats híbrids (o falses democràcies) són règims polítics que es consideren democràtics, però que no compleixen un o diversos dels requisits bàsics de tota democràcia: pluralitat de partits, respecte als drets humans, transparència electoral, llibertat d'expressió i separació de poders. A més, la Constitució es manipula segons els interessos del poder.

Per tant, no existeix una competència vertadera entre forces polítiques i, molt sovint, les afins al règim solen veure's afavorides en els processos electorals per poder-se mantenir i perpetuar en el poder.

3. Com funciona l'Estat espanyol?

La Constitució espanyola de 1978 defineix Espanya com un Estat social, democràtic i de dret, i contempla una organització territorial de caràcter descentralitzat.

Les eleccions són la clau de la democràcia perquè expressen la voluntat dels ciutadans i ciutadanes. Cal que siguin lliures, periòdiques i transparents.

Espanya és una democràcia

La Constitució estableix que Espanya és una **monarquia parlamentària**. El **rei** n'és la màxima autoritat, però el poder resideix en el **poble**, que l'exerceix a partir dels seus representants, escollits per sufragi universal.

La Constitució també regula el funcionament de l'Estat i de les institucions, segons la divisió de poders:

- Les **Corts Generals**, elegides per mitjà del sufragi, són dipositàries de la sobirania nacional i exerceixen un paper central en el sistema polític.
- El **Govern** és nomenat pel president del Govern que, a la vegada, és elegit pel Congrés dels Diputats. Té la funció de dirigir la política nacional i internacional, proposar projectes de llei a les Corts i elaborar els pressupostos generals de l'Estat.
- Els **tribunals de justícia** s'encarreguen de garantir el compliment de la llei per part de les institucions i els ciutadans. Cal que desenvolupin les funcions amb independència i imparcialitat.

L'organització territorial de l'Estat espanyol

El territori de l'Estat espanyol es divideix en:

- **Comunitats autònomes**. A Espanya hi ha **17 comunitats autònomes** i **dues ciutats autònomes** (Ceuta i Melilla). Les institucions de govern de les comunitats autònomes així com les competències queden recollides en els **estatuts d'autonomia**.
- **Províncies**. A Espanya hi ha 50 **províncies**, que estan administrades per les diputacions provincials. Els **territoris insulars** tenen entitats administratives pròpies: els consells a les Illes Balears i els *cabildos* a Canàries.
- **Comarques**. Catalunya està dividida en 42 comarques administrades pels consells comarcals. Són excepcions el Barcelonès, perquè el consell comarcal es va suprimir el 2019, i la Val d'Aran, una entitat territorial singular administrada pel Consell General d'Aran.
- **Municipis**. A Espanya hi ha més de 8 000 **municipis**. Els municipis són les entitats locals bàsiques de l'organització territorial i estan governats pels ajuntaments.

Un sistema fiscal progressiu

La major part dels ingressos necessaris per mantenir l'estructura administrativa de l'Estat i els serveis que ofereix a la ciutadania prové dels **impostos**.

Els impostos poden ser:

- **Directes**, segons el salari o els beneficis obtinguts per les persones i les empreses.
- **Indirectes**, que són els relacionats amb el consum, com l'IVA (Impost sobre el Valor Afegit).

A Espanya, més de la meitat dels ingressos provenen dels impostos directes.

El sistema fiscal espanyol és progressiu, és a dir, com més capacitat econòmica tingui una persona, més tributs pagarà de manera progressiva.

Els ciutadans no només paguen impostos a l'administració central, sinó també a les comunitats autònomes i ajuntaments.

COM S'ORGANITZA L'ESTAT?

ESTAT

ORGANITZACIÓ TERRITORIAL

- 17 Comunitats autònomes
- 2 Ciutats autònomes

Competències exclusives de l'Estat

- Relacions internacionals i defensa
- Administració de justícia
- Sistema monetari i hisenda

CONSTITUCIÓ DE 1978

La Constitució organitza els **poders** de l'**Estat**.

ORGANITZACIÓ INSTITUCIONAL

Cap de l'Estat: la Corona

- El rei és el cap de l'Estat.
- Actua com a àrbitre i moderador de les institucions.
- Representa l'Estat en les relacions internacionals.
- Ostenta el cap superior de l'exèrcit.

Poder legislatiu: Corts Generals o Parlament

- **Format per dues càmeres**: Congrés dels Diputats i Senat. Diputats i senadors són escollits per sufragi universal.
- **Funcions**: elaborar i aprovar les lleis i aprovar els pressupostos.

Poder executiu: Govern

- **Format per**: el president, els vicepresidents i els ministres.
- **Funcions**: dirigir l'administració de l'Estat i la política interior i exterior.

Poder judicial: Consell General del Poder Judicial

- **Format per**: jutges i magistrats.
- **Funcions**: garantir que els ciutadans i les institucions compleixin la llei.

COMUNITATS AUTÒNOMES

ORGANITZACIÓ TERRITORIAL

- Les comunitats autònomes poden estar formades per diverses províncies o ser uniprovincials.

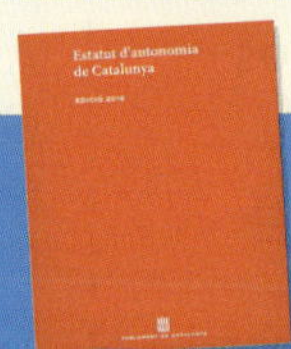

ESTATUT D'AUTONOMIA

L'Estatut estableix les **competències específiques** de cada comunitat.

ORGANITZACIÓ INSTITUCIONAL

Poder legislatiu: Assemblea o Parlament

- **Format per**: els diputats, elegits per sufragi universal.
- **Funcions**: aprovar les lleis autonòmiques i els pressupostos i controlar l'acció del govern autònom.

Poder executiu: Govern o Consell

- **Format per**: el president i els consellers.
- **Funcions**: executar i fer complir les lleis.

PROVÍNCIES, COMARQUES I MUNICIPIS

ORGANITZACIÓ TERRITORIAL

- Les províncies, les comarques i els municipis són altres unitats de l'organització territorial.

Províncies, comarques i municipis formen l'**administració local**.

ORGANITZACIÓ INSTITUCIONAL

Diputació provincial

- **Formada per**: els diputats provincials i el president de la Diputació.
- **Funcions**: cooperar amb els municipis i coordinar les actuacions **supramunicipals**.

Consell comarcal

- **Format per**: el president del consell i regidors dels ajuntaments.
- **Funcions**: la principal és assegurar la prestació de serveis als municipis que no poden disposar-ne.

Ajuntament

- **Format per**: l'alcalde i els regidors.
- **Funcions**: solucionar els problemes i les necessitats de la ciutadania (benestar social, educació, seguretat, urbanisme...).

4. Quins objectius persegueix la Unió Europea?

La Unió Europea, una organització supranacional

La Unió Europea o UE és una organització de caràcter **supranacional** formada per 27 països europeus amb un projecte econòmic i polític comú. Per tant, els països membres cedeixen a la UE part de la seva sobirania.

Aquesta cessió està limitada a les matèries recollides en els diferents tractats aprovats pels països membres en els quals es defineixen els objectius, les normes i el funcionament de les diferents institucions comunitàries.

En aquestes institucions hi ha representats els diferents Estats membres amb l'objectiu de promoure de manera solidària l'interès general de la Unió Europea. A més, els Estats que la integren també compten amb òrgans de representació per defensar els seus interessos nacionals.

En què inverteix els diners la UE?

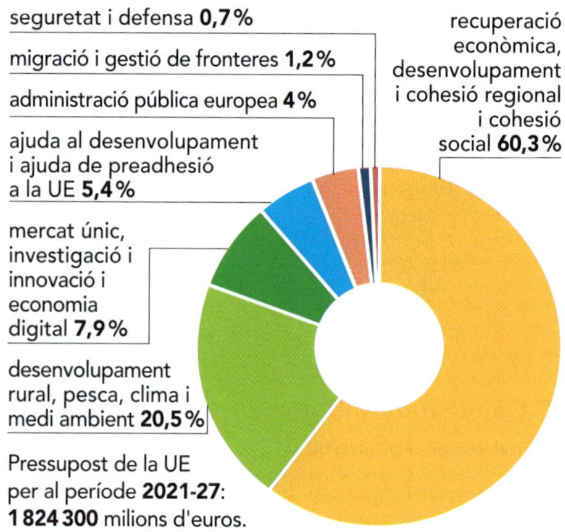

Els objectius de la Unió Europea

L'objectiu principal és promoure la pau i el benestar dels seus pobles, i crear una Europa de ciutadans amb drets comuns. Aquest objectiu general es concreta amb:

- Impulsar un **progrés econòmic i social** equilibrat i respectuós amb el medi ambient, mitjançant l'establiment d'un mercat únic, la moneda única (euro) i les polítiques específiques dels diversos sectors econòmics.
- Establir lleis i normes que promoguin el **progrés científic i tècnic**, i la **lluita contra la desigualtat social**.
- Desenvolupar una **política internacional pròpia** que fomenti la solució de problemes internacionals i destini **ajudes humanitàries** a països extracomunitaris.
- Implantar una **ciutadania europea** que reconegui els drets i deures de tots els ciutadans de la UE.
- Desenvolupar un **espai de llibertat, seguretat i justícia**.

La ciutadania europea

La ciutadania europea atorga el dret a la lliure circulació pel territori, a treballar i estudiar a qualsevol país, i a rebre atenció mèdica, gràcies a la targeta sanitària europea.

Així mateix, dona el dret a votar en les eleccions al Parlament Europeu i en les municipals de l'Estat membre en què es resideix i el dret de petició davant el Parlament Europeu i davant el defensor del poble de la Unió Europea.

Finalment, la ciutadania garanteix el compliment dels drets humans recollits a la Carta dels Drets Fonamentals de la Unió Europea.

COM FUNCIONA LA UNIÓ EUROPEA?

Tres institucions principals participen en l'elaboració de la legislació de la Unió Europea:

Parlament Europeu.

Representa els ciutadans de la UE que l'escullen directament.

Consell de la Unió Europea.

Representa els governs de cadascun dels Estats membres.

Comissió Europea.

Representa els interessos de tot el conjunt de la Unió Europea.

5. Què són les relacions internacionals?

Les Organitzacions No Governamentals (ONG)

Les relacions entre Estats

Els Estats estableixen **relacions internacionals** de manera pacífica i creen contactes de diferent naturalesa:

- **Comercials**, que permeten proveir més bé els mercats i generar nous beneficis econòmics.
- **Socials**, entre els quals destaquen els moviments de població, ja estiguin relacionats amb les migracions o siguin de curta durada, com és el cas de l'activitat turística.
- **Culturals**, com són les col·laboracions entre universitats, museus i centres de recerca de diferents països.

En les relacions entre Estats són de gran importància les **ambaixades** i les delegacions diplomàtiques entre països.

Les organitzacions internacionals

Les relacions entre Estats poden ser **bilaterals** (afecten només dos països) i també mitjançant la creació d'**organitzacions internacionals**, que engloben diversos membres. El seu objectiu és fomentar la col·laboració entre Estats per solucionar problemes comuns, evitar que sorgeixin nous conflictes i establir programes d'actuació conjunta.

Els diferents països també solen signar **tractats** o **convenis internacionals** per mitjà dels quals es comprometen a portar a terme determinades actuacions o a evitar-ne unes altres. També es comprometen a respectar determinats drets universals o de col·lectius particulars, mitjançant les **Declaracions Internacionals de Drets**.

Els Estats deleguen determinades funcions en les organitzacions supranacionals o internacionals, que poden classificar-se seguint criteris diferents:

- **Segons l'àmbit territorial**. Existeixen organismes oberts a tots els països del món, com l'Organització de les Nacions Unides (ONU), però també n'hi ha d'altres limitats a una regió, com la Unió Europea (UE) o l'Associació de Nacions del Sud-est Asiàtic (ASEAN).
- **Segons els objectius**. De la mateixa manera que l'ONU aborda qüestions molt diverses, altres organitzacions internacionals es centren només en un aspecte, com és el cas de Mercosur, per a l'àmbit econòmic, i de l'OTAN, per a la defensa i seguretat.

L'ONU

16 PAU, JUSTÍCIA I INSTITUCIONS SÒLIDES

El 1945, poc temps després del final de la Segona Guerra Mundial, es va fundar l'**Organització de les Nacions Unides (ONU)**. Des del seu origen, ha tingut com a objectius fonamentals preservar la **pau mundial** i defensar els **drets humans**.

Els seus objectius i el seu caràcter universal, ja que compta amb 193 Estats membres, han convertit l'ONU en el principal **fòrum de mediació i cooperació internacional** entre països.

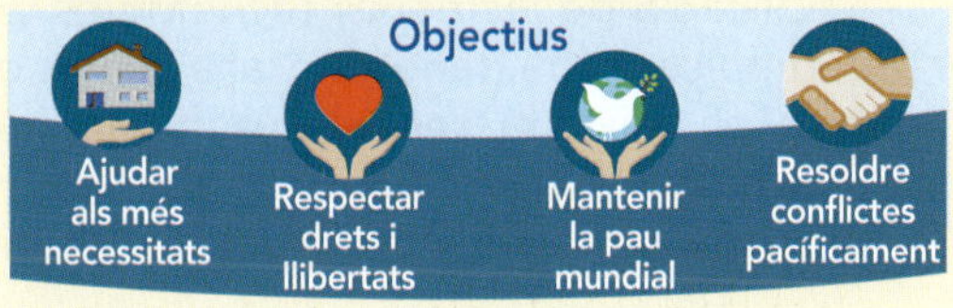

L'Organització de les Nacions Unides compta també amb una sèrie d'organismes especialitzats denominats **programes, fons i agències especialitzades**. Aquests ens estan vinculats a l'ONU, però conserven la seva independència, que es manifesta amb una normativa i pressupost propis.

Organitzacions vinculades

- **UNESCO** Organització de les Nacions Unides per a l'Educació, la Ciència i la Cultura
- **FAO** Organització de les Nacions Unides per a l'Alimentació, i l'Agricultura
- **UNICEF** Fons de les Nacions Unides per a la Infància
- **OMS** Organització Mundial de la Salut

Què és una ONG?

Una ONG (Organització No Governamental) és una entitat pública de caràcter internacional amb finalitats humanitàries i socials, que no depèn dels governs dels Estats. A la dreta, tens exemples d'algunes de les principals ONG del món.

Save the Children. Protecció de la infància.

Greenpeace i (WWF) World Wide Fund. Protecció de la natura i el medi ambient.

Creu Roja i Metges sense Fronteres. Accions humanitàries (prevenció o actuacions directes davant conflictes bèl·lics, fams o catàstrofes naturals).

3 L'organització de l'economia global

Des del final del segle XX, i sobretot, des del principi del segle XXI, la globalització ha estat un procés de creixement de les comunicacions i la interdependència entre els diferents països, cosa que ha influït en àmbits diversos, especialment en l'econòmic.

A escala mundial, la globalització econòmica ha afavorit la deslocalització industrial, la mobilitat geogràfica i la lliure circulació de capitals. Al mateix temps, ha comportat la uniformitat de les formes de consum, però també el mestissatge cultural.

L'aplicació de les noves tecnologies de la comunicació ha generat grans canvis econòmics. Així, la tecnologia ha impulsat una globalització comercial que, dia rere dia, guanya terreny al comerç tradicional.

Per començar:
La tecnologia com a impuls de la globalització comercial

Cada vegada hi ha més productes de consum disponibles en línia, des de paquets de viatges fins a aliments

El comerç tradicional perd terreny enfront de les vendes en línia

3 moments clau del comerç mundial

1a ONA: Electrònica, passatges d'avió i entrades d'espectacles.

2a ONA: Roba, joguines, eines i elements de decoració.

3a ONA: Aliments i begudes, targetes de viatge (transports públics)…

L'any 2025, el comerç electrònic mundial representarà entre el 15 % i el 40 % de les vendes

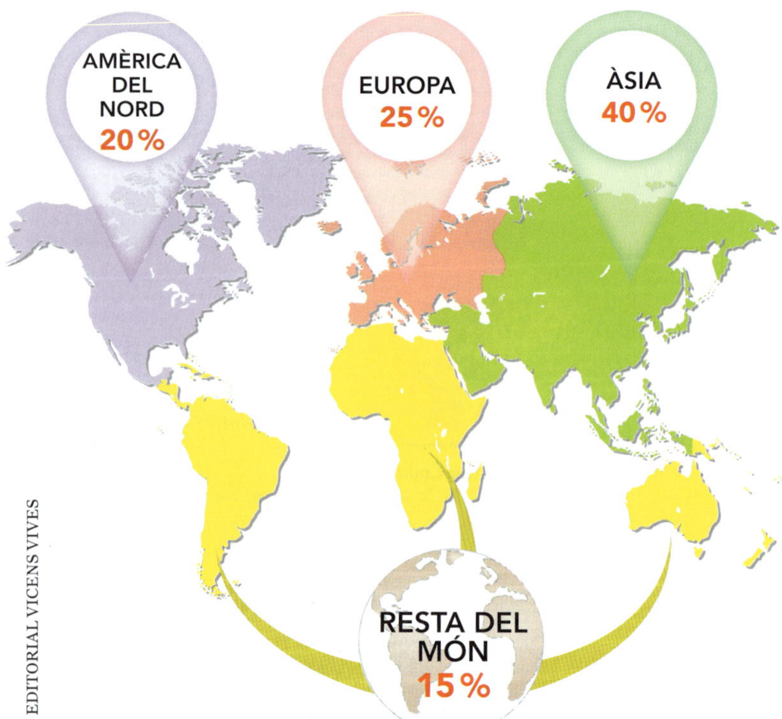

El comerç electrònic al món

Ingressos per usuari per vendes i nombre d'usuaris

En els últims 5 anys, el comerç electrònic ha augmentat en un 40 %

1. Què és l'activitat econòmica?

L'economia: objectiu, parts implicades i fases

L'objectiu principal de l'economia és satisfer les necessitats materials dels éssers humans, que es concreten en el **consum de béns i serveis**, als quals s'accedeix mitjançant un pagament.

Quan parlem de béns, ens referim a **productes tangibles**. És a dir, mercaderies que es poden tocar: mobles, productes alimentaris, vehicles... D'altra banda, els serveis són béns **immaterials**, com és el cas del transport, el comerç, la sanitat...

Les principals **parts** implicades en l'activitat econòmica són:

- Els **productors**: persones que intervenen en la creació de béns i serveis per obtenir-ne un benefici, en general, una determinada quantitat de diners. El conjunt dels béns o serveis que es posen a la venda rep el nom d'**oferta**.
- Els **consumidors**: persones que accedeixen a aquests béns i serveis amb el pagament d'una quantitat de diners. El nombre de productes que els consumidors desitgen adquirir rep el nom de **demanda**.

L'activitat econòmica es du a terme en tres **fases**:

- La **producció** de béns, en la qual intervenen els recursos naturals, la tecnologia i el treball humà.
- La **distribució**, que consisteix a fer arribar els béns produïts als consumidors.
- El **consum**, que comporta l'intercanvi dels béns mitjançant un pagament monetari.

Som consumidors responsables?

12 PRODUCCIÓ I CONSUM RESPONSABLES

Per analitzar què i com consumim les persones, cal tenir en compte l'existència de tipus de necessitats:

- Les **necessitats primàries** fan referència a béns o serveis que són necessaris per a la nostra supervivència: aliments, aigua, roba...
- Les **necessitats secundàries** són aquelles que, sense ser imprescindibles per sobreviure, contribueixen al nostre benestar.

En les necessitats secundàries és on les empreses intenten generar nous hàbits de consum per obtenir més beneficis. Amb la publicitat i la moda, acabem assumint que determinades necessitats secundàries són imprescindibles per viure.

Aquí és on entra en joc el concepte de **consum responsable**. Assumir-lo suposa plantejar-se nous hàbits de consum i optar per un model més respectuós amb el medi ambient i compromès amb la igualtat i el benestar de les persones.

QUANTS SECTORS ECONÒMICS EXISTEIXEN?

SECTOR PRIMARI

Inclou aquelles activitats econòmiques que extreuen o recol·lecten matèries primeres del medi natural i que són consumides directament per les persones o passen a ser utilitzades per l'activitat industrial.

Les activitats que engloba són: agricultura, ramaderia, pesca i explotació forestal (silvicultura).

SECTOR SECUNDARI

S'encarrega de transformar les matèries primeres en béns elaborats. És a dir, comprèn els processos industrials que actuen sobre els recursos aportats pel sector primari.

Inclou totes aquelles activitats relacionades amb la mineria, l'energia, la construcció i la indústria.

SECTOR TERCIARI

No du a terme cap activitat productiva o transformadora, sinó que proporciona serveis a les persones amb la finalitat de satisfer-ne les necessitats. D'aquí ve que també se'l denomini sector serveis.

Alguns d'aquests serveis són: ensenyament, transport, sanitat, comerç, turisme, oci, cultura...

2. Com s'organitza el sistema productiu?

Els factors de producció

L'obtenció de béns i serveis requereix una sèrie de recursos bàsics. Aquests reben el nom de factors de producció: els recursos naturals, el treball, el capital, i la tecnologia i el coneixement.

El treball

És l'aportació feta per les **persones** al procés de producció. Depèn, fonamentalment, de la dedicació laboral de l'empleat, la formació que té, els mitjans que es posen a la seva disposició i l'experiència.

La producció també té relació amb el nombre de treballadors que es dediquen a aconseguir un determinat objectiu i amb la forma d'organització adoptada pel procés productiu.

La tecnologia i el coneixement (R+D)

Engloba el conjunt d'avenços científics i tecnològics que, aplicats a la producció, aporten més eficàcia i eficiència al procés productiu.

La introducció de noves **màquines i tecnologies** implica un canvi en les formes de producció i distribució dels béns i els serveis. Però requereix comptar amb el capital necessari per incorporar-les i formar els treballadors.

Els recursos naturals

Són elements de la natura que, sense transformació prèvia, s'extreuen del medi físic i comprenen:

- Les **matèries primeres**, que es fan servir per elaborar altres béns.
- Les **fonts d'energia**, que generen la força necessària per moure la maquinària de les fàbriques i els transports utilitzats en el procés de distribució.

El capital

Fa referència tant als béns duradors (**capital físic**) necessaris per a l'activitat econòmica (instal·lacions, maquinària...) com als diners (**capital financer**). Tots dos són necessaris per a la creació d'una empresa i per mantenir-ne l'activitat.

Els recursos necessaris per produir

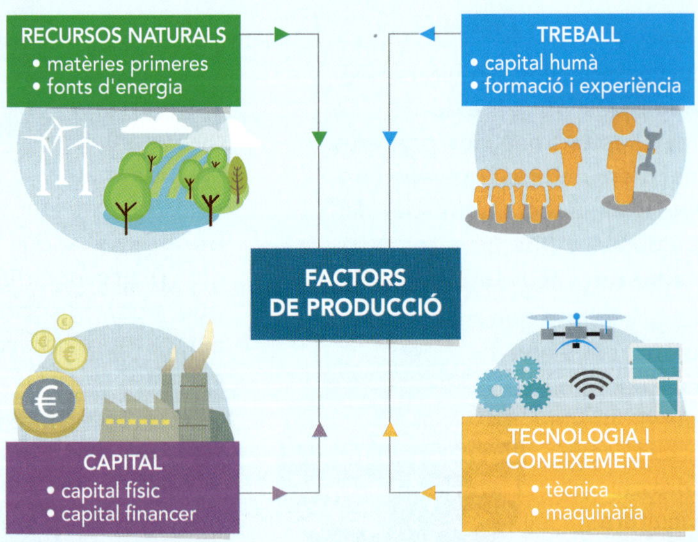

Els agents econòmics

En les activitats de producció i distribució, també hi exerceixen un paper fonamental els agents econòmics, que són les persones, les empreses i l'Estat. Aquests intervenen prenent decisions que tenen conseqüències importants en el sistema productiu.

Els agents que intervenen en l'activitat econòmica

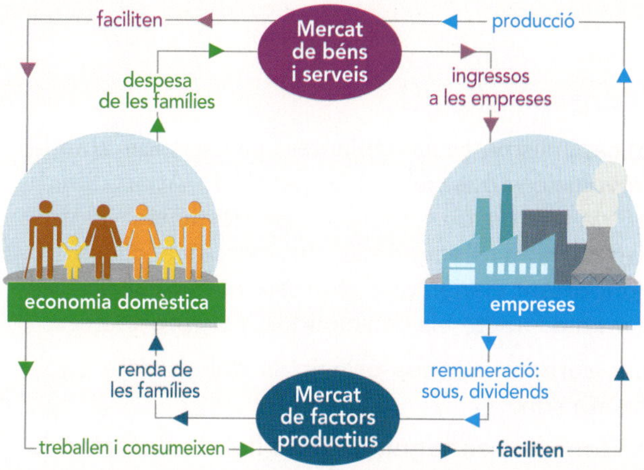

Les persones

Treballen, a canvi d'un salari, per a les empreses o, en el cas dels funcionaris públics, per a l'Estat.

El salari sol dedicar-se a la compra dels béns i serveis que ofereixen les empreses, però també es destina a pagar impostos a l'Estat, estalviar o fer inversions.

Les empreses

Duen a terme la **producció i distribució de béns** i donen feina a les persones. A canvi, obtenen un **benefici econòmic**.

També paguen impostos a l'Estat i inverteixen per innovar els seus productes i millorar-ne el procés de producció.

L'Estat

El conjunt d'activitats econòmiques que realitza l'Estat es denomina **sector públic** i es finança amb els impostos que paguen les empreses i els ciutadans i ciutadanes.

Inclou el manteniment de les administracions públiques, la construcció i conservació de les infraestructures, els serveis públics (transports, sanitat, educació...), les prestacions socials...

A diferència de les empreses, l'Estat no busca un benefici econòmic, sinó el **benestar social**.

Els elements que intervenen en l'activitat econòmica

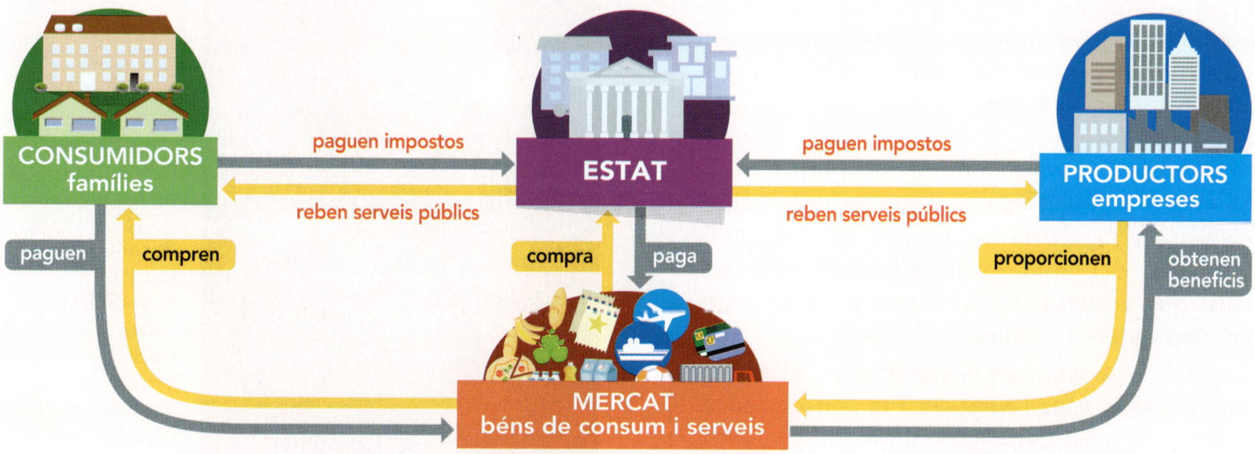

3. Els sistemes econòmics

Un sistema econòmic és el conjunt de normes i costums que regeixen la producció i els intercanvis dels béns i els serveis. A més, afecta tots els components de les activitats econòmiques.

Al llarg de la història s'han desenvolupat diverses formes d'organització econòmica (feudalisme, mercantilisme, capitalisme, comunisme...) i avui dia predomina el **capitalisme**.

El sistema capitalista

El capitalisme es va implantar i va expandir amb la Revolució Industrial del segle XVIII i Adam Smith en va ser un dels teòrics més destacats. També rep el nom d'**economia de mercat** a causa de l'important paper que exerceix el mercat en posar en contacte els consumidors i els productors.

Les característiques principals del sistema capitalista són:

- El **mercat es regula amb la llei de l'oferta i la demanda**, que ajusta els preus. Quan la demanda supera l'oferta, els preus tendeixen a augmentar, i quan l'oferta supera la demanda, els preus tendeixen a disminuir.
- La **lliure iniciativa per crear empreses i la propietat privada** dels mitjans de producció com a element necessari per al bon funcionament del procés productiu, els intercanvis i el consum.
- La defensa de la **lliure actuació dels agents econòmics** i les relacions que estableixen. D'aquesta manera, les empreses busquen obtenir el màxim benefici i les famílies satisfer les seves necessitats. L'Estat ha de procurar el benestar social, però ha d'abstenir-se al màxim d'intervenir en els assumptes econòmics.

La llei de l'oferta i la demanda regula els preus

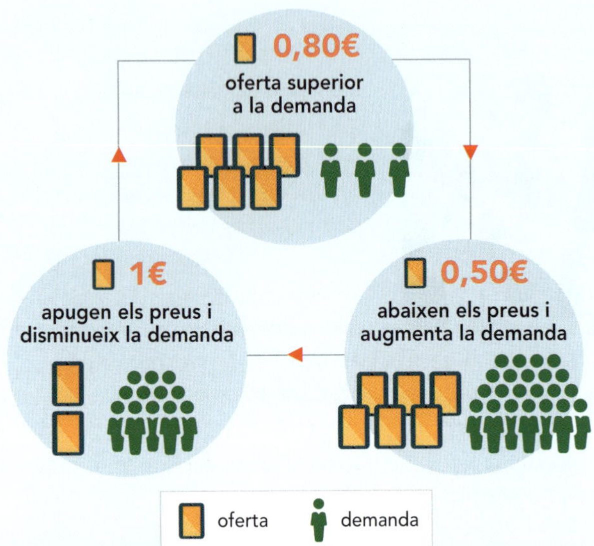

- La **lliure competència entre empreses** incita a produir més i més barat per vendre més i obtenir beneficis més alts.
- Les **crisis de sobreproducció**, provocades perquè l'oferta tendeix a créixer més de pressa que la demanda, poden ser causades per diversos agents. El caràcter és cíclic, és a dir, les crisis es repeteixen cada cert temps.

Els cicles econòmics del capitalisme

En el sistema econòmic capitalista es produeixen uns cicles econòmics que es caracteritzen per repetir-se cada cert temps: **crisi**, **depressió**, **reanimació** i **auge**.

Cada cicle ve marcat per una crisi, que és quan acaba un cicle i en comença un de nou. La crisi o recessió es manifesta en una reculada de tota l'activitat econòmica, és a dir, de la indústria, del comerç, de la banca i dels serveis, que veuen minvar els nivells de producció de manera notable.

Les crisis acostumen a comportar el tancament d'empreses i negocis, i la conseqüència social més greu és l'augment de l'atur.

Adam Smith és conegut principalment per l'obra *La riquesa de les nacions* (1776), en què desenvolupa teories econòmiques sobre la divisió del treball, el mercat, la moneda i la naturalesa de la riquesa dels països.

Les economies planificades d'Estat

El sistema d'economia central planificada es va aplicar al llarg del segle XX als països comunistes que van adoptar el model econòmic de l'URSS (Hongria, Polònia, la República Democràtica Alemanya, Txecoslovàquia, la Xina, Cuba...).

En aquest sistema, l'Estat té un predomini total sobre els altres agents econòmics i és el principal propietari dels mitjans de producció i distribució. D'aquesta manera, el govern determina quins béns cal produir, en quines quantitats, quin n'ha de ser el preu de venda i quins salaris s'han de pagar. Tot això es regula per mitjà d'una planificació central que els agents econòmics han de complir.

Aquest model econòmic pràcticament va desaparèixer amb l'enfonsament del bloc comunista a l'última dècada del segle XX. Actualment, es manté en alguns països aïllats (Cuba, Corea del Nord...), mentre que la Xina ha evolucionat cap a una economia mixta que compta amb elements comunistes i capitalistes.

Caricatura sobre la falta de productes de consum a l'URSS, 1976.

A la Xina, hi coexisteixen un sistema polític de partit únic (Partit Comunista) i la llibertat econòmica. Actualment el 90 % de la producció industrial es troba en mans privades.

El sistema d'impostos de l'Estat espanyol

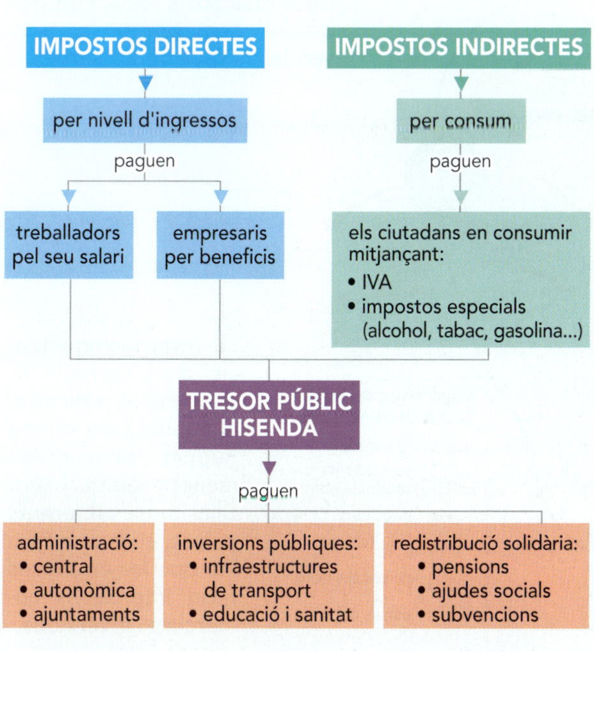

Les economies mixtes

Des del final del segle XX, el sistema d'economia mixta és la tendència predominant a gairebé tots els països, encara que varia molt el protagonisme que s'atorga a la intervenció de l'Estat en l'economia.

Aquest sistema es regeix pels principis bàsics del capitalisme i són els dos agents econòmics privats, les famílies i les empreses, les que prenen la majoria de les decisions. No obstant això, l'Estat intervé en l'economia per regular el funcionament del mercat quan s'esdevé una crisi i per corregir les desigualtats socials mitjançant els impostos i les subvencions.

Als països occidentals, aquest sistema s'associa a l'estat del benestar, en el qual l'Estat promou un repartiment més equitatiu de la riquesa per mitjà d'un sistema fiscal progressiu (paga més qui més té), que finança els sistemes d'assistència i protecció social.

4. Vivim en un món globalitzat?

COVID-19 a la Xina, l'inici de la pandèmia

La globalització i les seves dimensions

L'expansió de l'economia capitalista de mercat com a sistema econòmic dominant al món està íntimament unida al fenomen de la **globalització** (o mundialització).

La globalització és un procés de caràcter universal caracteritzat per la interconnexió econòmica entre els països i per una major rapidesa en els intercanvis comercials i en la presa de decisions empresarials. Aquest fenomen, que s'ha estès des del final del segle XX, ha transformat l'economia, els territoris i les societats.

En la globalització es distingeixen tres dimensions:

- **Globalització econòmica**. Integració de les economies locals en una economia de mercat mundial. Les grans empreses multinacionals adquireixen un protagonisme enorme.
- **Globalització política**. Integració creixent de les diferents polítiques nacionals en una única política mundial per mitjà d'organismes internacionals que fomenten i estenen les seves decisions per tot el planeta.
- **Globalització cultural**. Difusió mundial de les tendències occidentals pel que fa a la moda, la música, els esports, les maneres d'actuar, el pensament...

Els avantatges i els inconvenients de viure en un món globalitzat

Avantatges

- Accés universal a la cultura i a la ciència.
- Intercanvi cultural i científic entre països.
- Desenvolupament dels sistemes de comunicacions globals.
- Millors condicions de vida a gairebé tots els països.
- Reducció de costos de producció.
  Augment de competitivitat i economies d'escala.
  Major poder d'elecció quant a béns i serveis per part del ciutadà.

Inconvenients

- Augment dels desequilibris econòmics, socials i dels territoris.
  Desigualtat social a través de la concentració de la riquesa econòmica.
- Estandardització de la cultura mundial i pèrdua de la identitat pròpia de cada país.
- Influeixen negativament sobre l'ecosistema i sobre l'escalfament global.
- A països en vies de desenvolupament:
  - Major dependència de multinacionals.
  - Increment de tancament de fàbriques.
  - Pitjors condicions laborals.

Les característiques de la globalització econòmica. Pols i fluxos de la globalització

La **interdependència creixent entre les economies** dels països, que es manifesta sobretot amb el comerç internacional i també amb les inversions de capital procedents de l'estranger.

L'augment dels **fluxos migratoris internacionals**, a conseqüència de la mundialització dels transports i les telecomunicacions. Actualment, impliquen més del 3,6 % de la població mundial i la majoria són per causes econòmiques.

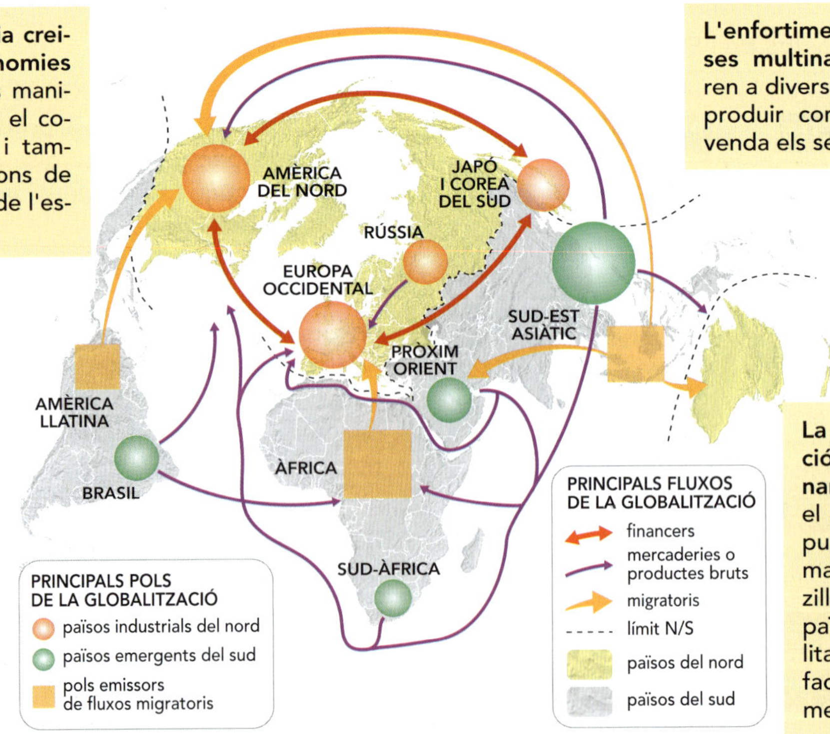

L'enfortiment de les empreses multinacionals que operen a diversos països, tant per produir com per posar a la venda els seus béns i serveis.

La internacionalització dels mercats financers, és a dir, que el capital i els diners puguin circular de manera ràpida i senzilla entre diferents països, cosa que facilita que les empreses facin intercanvis comercials i inversions.

La globalització cultural

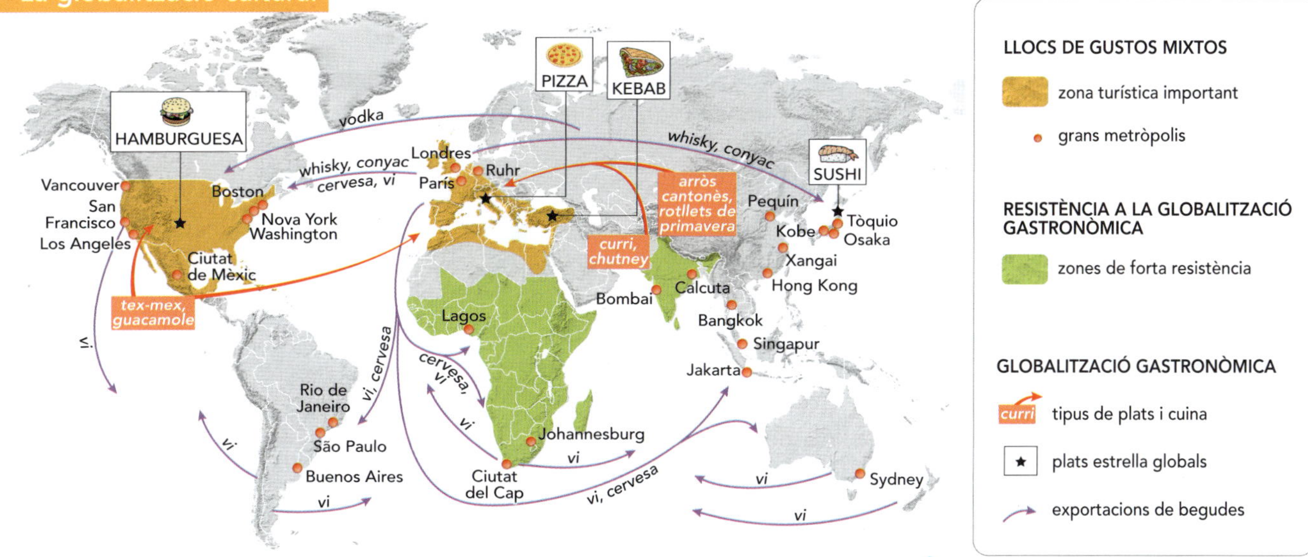

La globalització uniformitza societats i cultures

La facilitat de contacte entre persones de qualsevol lloc del món provoca conseqüències socials i culturals. Així, les formes de vida i de consum s'uniformitzen i cada vegada més persones dels cinc continents tenen la mateixa manera de vestir, s'alimenten amb els mateixos productes, escolten la mateixa música...

A més, les migracions internacionals i el desenvolupament del turisme afavoreixen els contactes entre cultures i provoquen un veritable mestissatge cultural. D'aquesta manera, la nova societat globalitzada tendeix a la **multiculturalitat**.

Habitants d'un lloc remot de la sabana africana adaptant-se a les noves tecnologies.

Els riscos globals nous

La interconnexió mundial també comporta la globalització de processos com el terrorisme, el canvi climàtic i les epidèmies, que poden ser amenaces mundials.

El **terrorisme** aprofita els avantatges de la globalització i recorre a les noves tecnologies de la informació (Internet, xarxes socials, missatgeria encriptada) per augmentar l'eficàcia i l'impacte dels seus atemptats. Un exemple van ser els actes terroristes perpetrats pel grup terrorista Al-Qaeda en un any (2001-2002).

El **contagi de malalties** també ha pres una dimensió planetària. El 2009, la SIDA es va difondre molt de pressa i va afectar 33,3 milions de persones. L'any 2020, el coronavirus COVID-19 es va expandir per tot el món en pocs mesos i s'ha convertit en una pandèmia que va obligar a les autoritats sanitàries i econòmiques a prendre mesures sense precedents (confinament de les persones a casa seva, cessament o fre de l'activitat econòmica, expansió del teletreball...).

Campanya instant les persones a confinar-se a casa per frenar l'expansió del coronavirus COVID-19.

5. Què impulsa la globalització?

▶ Reforçament del neoliberalisme i la globalització

La globalització ha estat possible gràcies a la desaparició progressiva de les barreres comercials internacionals, als avanços en els sistemes de transports i a les telecomunicacions.

La liberalització del comerç

La reducció o eliminació de les barreres imposades als productes (aranzels) es coneix com a liberalització comercial, i facilita l'intercanvi entre països de productes i serveis.

Per afavorir aquest comerç mundial, els països signen acords econòmics internacionals per obtenir una major rendibilitat dels fluxos comercials.

La liberalització dels intercanvis ha multiplicat el volum del comerç mundial en les últimes dècades. Així, mentre que l'any 2000, el total de mercaderies exportades al món va suposar uns 6,5 bilions de dòlars, l'any 2020 la xifra ascendí fins als 17,7 bilions.

L'explosió de les exportacions mundials

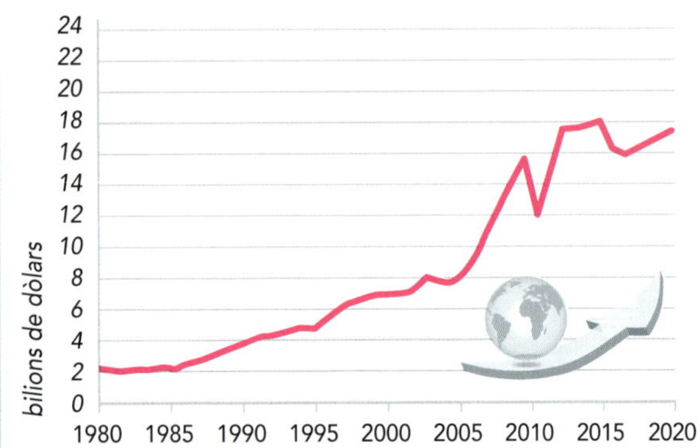

Els grans centres financers

La liberalització dels mercats financers

Un dels fonaments de la globalització és l'existència d'un mercat financer mundial. El desenvolupament tecnològic i de les comunicacions ha permès la mobilitat de les inversions de capital de manera ràpida i segura, que es du a terme des dels mercats de capitals (borses) de les principals ciutats del món.

Les transaccions financeres (o de capitals) han arribat a aconseguir una gran importància i el seu import és 75 vegades superior al dels intercanvis reals, de béns i serveis.

El desenvolupament dels transports i les comunicacions

El flux d'intercanvi propi de la globalització necessita l'existència d'una xarxa de transports i comunicacions avançada.

En les comunicacions ha tingut una rellevància especial la irrupció d'Internet que, junt amb les xarxes de comunicació via satèl·lit i la fibra òptica, ha fet possible grans progressos en les transaccions de mercaderies, de béns, de capitals i d'informació, i ha propiciat noves possibilitats de negoci.

La millora dels sistemes de transport ha permès el trasllat d'un gran volum de mercaderies a distàncies llunyanes. Àsia assoleix el 55% de tot el volum mundial d'aquest tipus de transport.

La xarxa mundial d'Internet

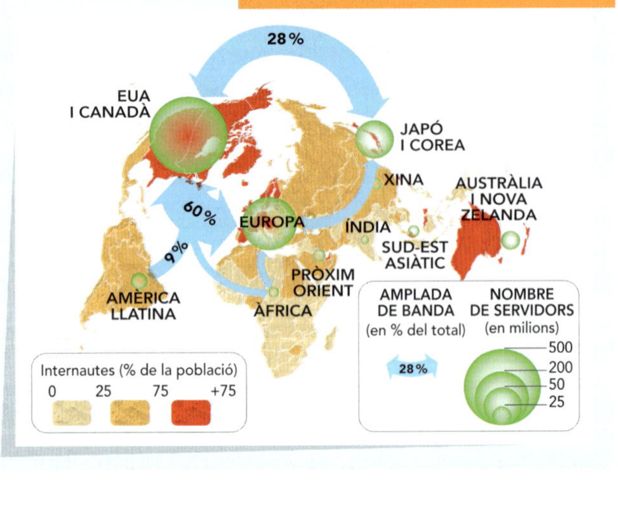

6. Les multinacionals, protagonistes de la globalització

Les empreses multinacionals són els grans actors de la mundialització. Són empreses capaces de produir i vendre béns i serveis a diversos països. D'aquesta manera, aprofiten els avantatges que ofereix cadascun dels països i desenvolupen **estratègies globals** que involucren diferents parts del món.

Empreses a escala mundial

Les **multinacionals** són empreses de gran grandària que conceben el món com el seu mercat potencial. Acumulen grans quantitats de capital, compten amb una gran força laboral i fan servir xarxes de transports i comunicacions eficaces.

La major part de les multinacionals tenen la seu social al país d'origen, que sol situar-se a les zones més desenvolupades. Fins no fa gaire, les grans multinacionals es concentraven a Europa, el Japó o els Estats Units. En els darrers anys, la Xina, l'Índia i els països del Sud-est asiàtic també compten amb un elevat nombre de grans multinacionals.

La presència de filials de les grans empreses multinacionals és molt intensa als països menys desenvolupats perquè la producció tendeix a deslocalitzar-se cap a llocs on el cost de la mà d'obra, les condicions laborals, els impostos o les exigències mediambientals són menors. Tot això els ha permès reduir els costos de producció, ser més competitives i controlar una bona porció del mercat mundial.

Les multinacionals juguen un paper destacat als països on s'implanten. La presència de multinacionals suposa inversions importants i sovint compten amb la col·laboració d'empreses locals amb les quals mantenen acords d'associació. A més, promouen la creació d'infraestructures i generen nova ocupació, encara que de vegades amb sous baixos, llargues jornades laborals i condicions precàries.

Les multinacionals i la globalització

Des del final del segle XX, el nombre d'empreses multinacionals s'ha multiplicat per més de deu i el nombre de filials per més de trenta. Amb la globalització, les societats més internacionals han ampliat les activitats a tots els sectors de l'economia i s'han implantat a tots els racons del món.

Avui dia, més del 70% del comerç internacional està relacionat amb empreses multinacionals. L'any 2019, les 500 companyies més grans del món van tenir uns ingressos de 33,3 bilions de dòlars i van ocupar gairebé 70 milions de persones.

Les multinacionals són els principals agents del procés de globalització perquè la seva expansió econòmica pel món va acompanyada de la difusió dels seus valors, les seves formes socials i els seus interessos culturals.

El creixement de les multinacionals

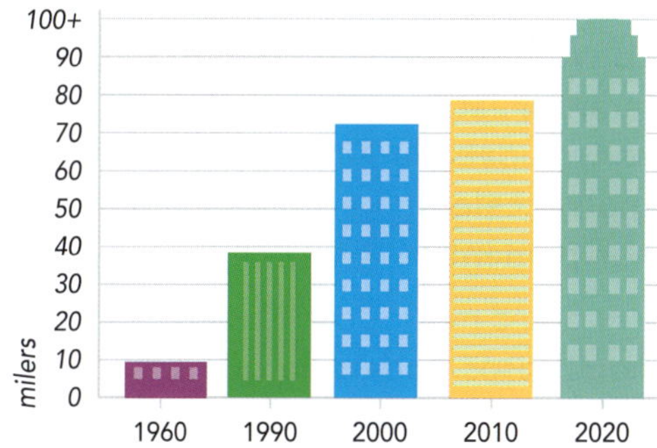

Les empreses més grans del món

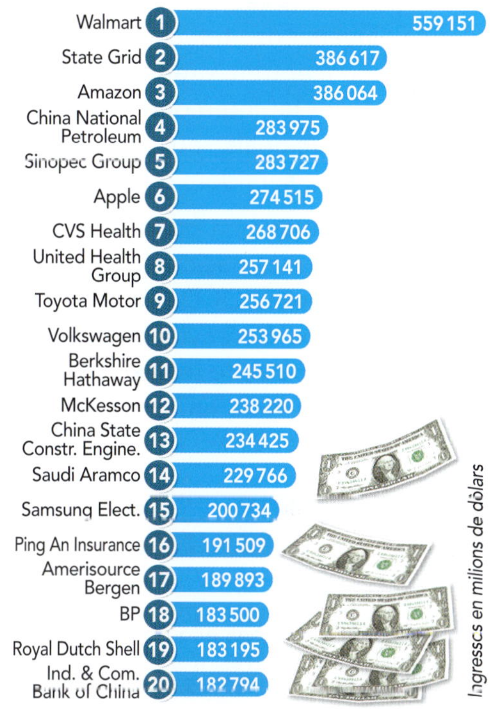

Les grans multinacionals americanes s'han expandit per tot el món.

7. A qui beneficia la globalització?

Un gran mercat amb centres de decisió

El fort increment dels intercanvis comercials ha convertit el món en un **gran mercat global** molt jerarquitzat, que ha afavorit els països més desenvolupats, la Xina, amb un creixement recent molt accelerat, i els països emergents en desenvolupament.

Les grans metròpolis d'aquests països concentren nombrosos poders, ja que són centres de decisions econòmiques i financeres, centres de decisions polítiques, centres de desenvolupament científic i tecnològic, i centres d'influència cultural.

Aquests grans nuclis econòmics estan units entre si per múltiples fluxos d'intercanvis (mercaderies, inversions, telecomunicacions, informació...) i concentren grans infraestructures que fan possible la interconnectivitat (aeroports i ports internacionals, nusos de transport intermodals, grans servidors d'Internet...).

També acumulen una bona part del PIB mundial i del comerç internacional. L'any 2020, els països que integren l'OCDE, que comprèn la majoria dels països desenvolupats excepte la Xina, controlava el 62 % de les exportacions mundials, mentre que la Xina en concentrava el 15 % i la resta del món el 23 %.

Els moviments antiglobalització

17 ALIANÇA PELS OBJECTIUS

Els efectes negatius de la mundialització, com la concentració de la riquesa en poques mans, la desigualtat d'oportunitats, l'amenaça ambiental, l'expansió de pandèmies... ha provocat el sorgiment de moviments contraris al model actual de globalització.

Moltes organitzacions no governamentals (ONG) s'han posicionat a favor d'un altre model de desenvolupament social més igualitari i menys agressiu amb l'entorn ambiental. En resposta a les reunions dels països i les persones més influents del món, periòdicament organitzen un Fòrum Social Mundial per plantejar alternatives.

Els grans centres de decisió mundials

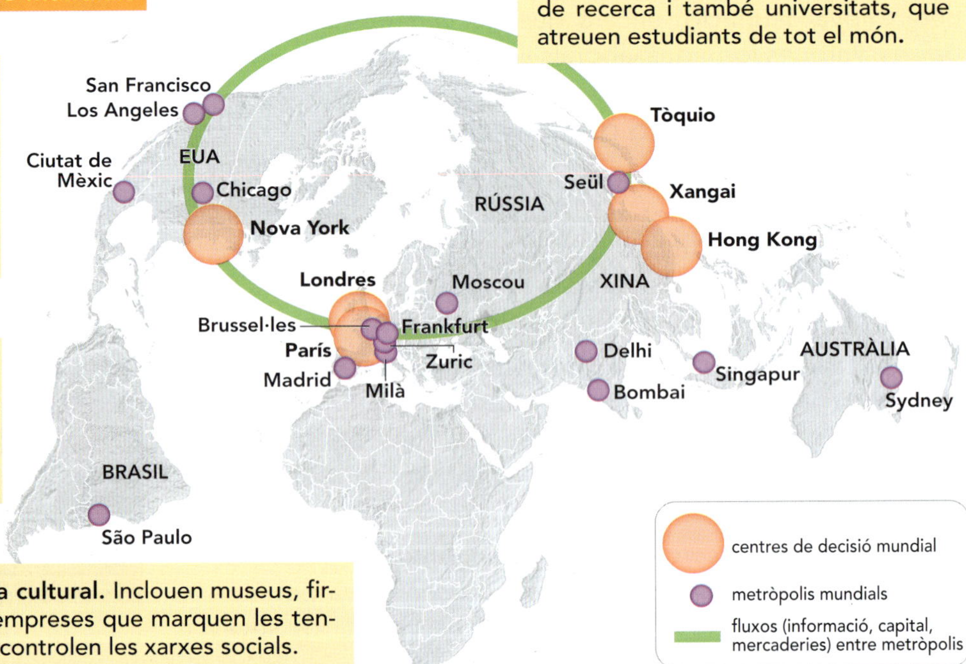

Centres de desenvolupament científic i tecnològic. Agrupen grans nuclis de recerca i també universitats, que atreuen estudiants de tot el món.

Centres de decisions econòmiques i financeres. Reuneixen les grans borses mundials, les direccions dels grans bancs i les seus centrals de les empreses multinacionals.

Centres de decisions polítiques. Són seus d'institucions internacionals com l'ONU, l'FMI, l'OMC, el Banc Mundial...

Centres d'influència cultural. Inclouen museus, firmes publicitàries i empreses que marquen les tendències de moda o controlen les xarxes socials.

Les potències desenvolupades, els països emergents i les zones excloses

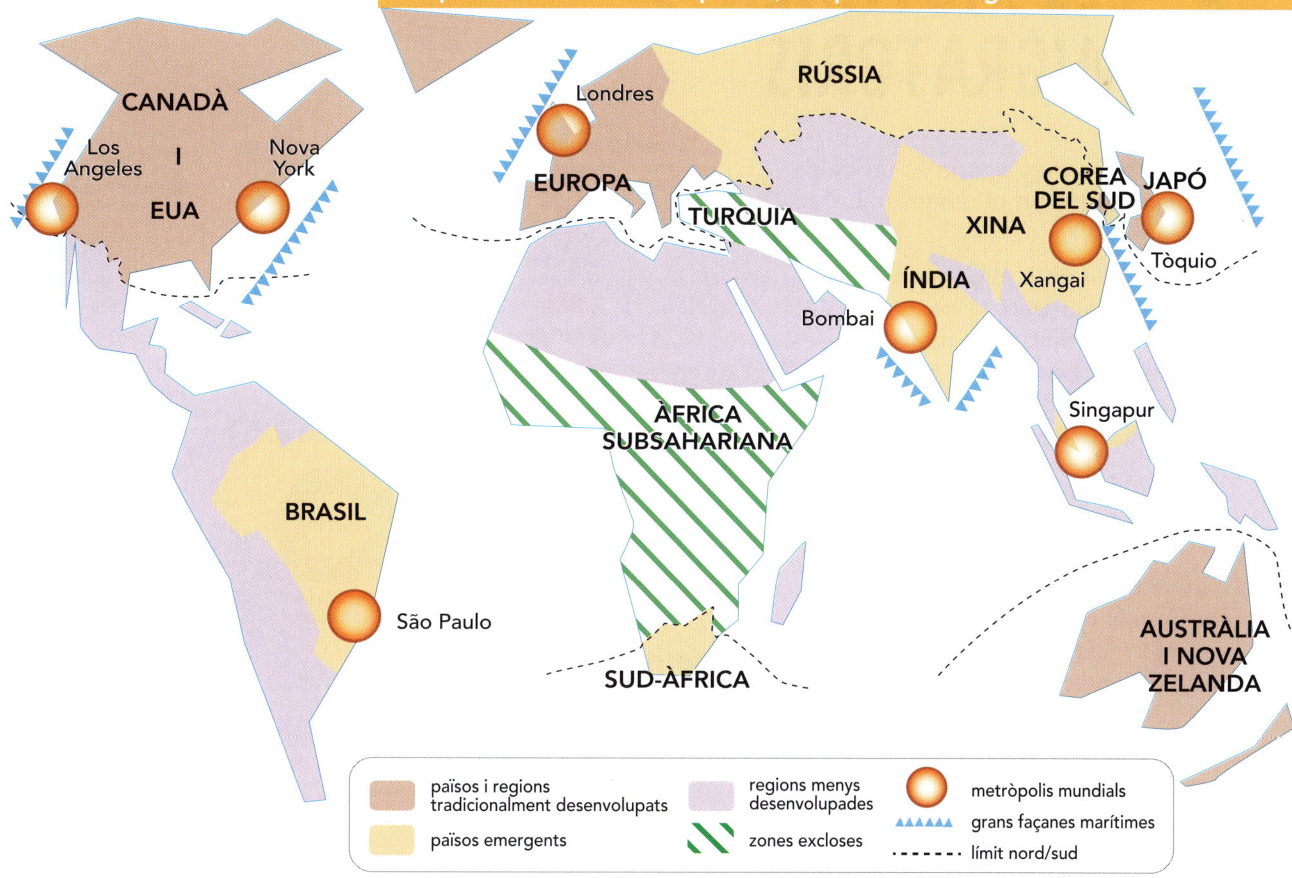

Els països emergents en desenvolupament

La globalització ha propiciat el creixement econòmic d'alguns països en desenvolupament, que en els últims anys han incrementat el PIB fins a situar-lo al nivell dels països més desenvolupats.

Aquest creixement econòmic s'ha basat en el desenvolupament del sector industrial i, en alguns casos, també en els productes tecnològics i serveis. Ha estat afavorit per diversos factors:

- La **rendibilitat elevada de les inversions,** que ha atret capitals procedents de les economies desenvolupades.
- La **deslocalització de les empreses multinacionals**.
- La **liberalització dels intercanvis i les noves xarxes de transport mundial**.

Els països menys avançats (PMA)

Situats a Àfrica i Àsia, tenen una integració molt feble en l'economia global. Aquests països suposen al voltant de l'1% del PIB mundial i tenen una participació molt reduïda en el comerç internacional, basada en l'exportació de productes agrícoles i matèries primeres.

Els PMA tenen una renda per habitant molt baixa, un desenvolupament social escàs (mortalitat infantil alta, nivell baix d'educació, atenció sanitària insuficient...) i un deute extern elevat. Tot això hi desincentiva les inversions exteriors i fa que l'economia sigui més fràgil.

El PIB i el PNB

Per conèixer l'estat de l'economia d'un país, un dels principals indicadors que s'observa és el **producte interior brut** (PIB), això és, el valor econòmic dels béns i serveis que es produeixen dins d'aquest país durant un any.

Ara bé, no és l'únic indicador econòmic, perquè també és important el **producte nacional brut** (PNB). Amb el PNB es fa referència al valor dels béns i serveis produïts per les empreses d'un país al llarg d'un any, sigui dins o fora de les seves fronteres.

4 ELS MOVIMENTS MIGRATORIS

El fenomen de les migracions és un dels factors més decisius en el dinamisme de la població.

La raó dels moviments migratoris deriva de les desigualtats que hi ha entre els països del món o dins d'un mateix país. Saber que en alguns països hi ha feina abundant i que el nivell de vida hi és elevat atreu molts migrants.

Les migracions es produeixen per motius econòmics, polítics, socioculturals, catàstrofes mediambientals...

En els darrers anys, els motius mediambientals són els que estan provocant un nombre més gran de migracions, com podem veure en aquesta infografia.

Per començar:
Per què emigren les persones?

Desplaçaments per desastres naturals i conflictes
Persones desplaçades internament el 2020, segons l'ONU (milions)

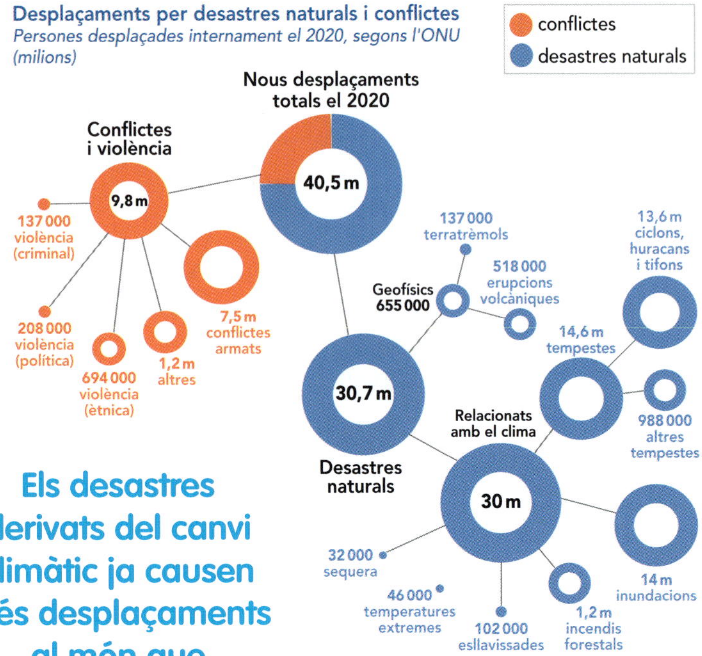

Els desastres derivats del canvi climàtic ja causen més desplaçaments al món que les guerres

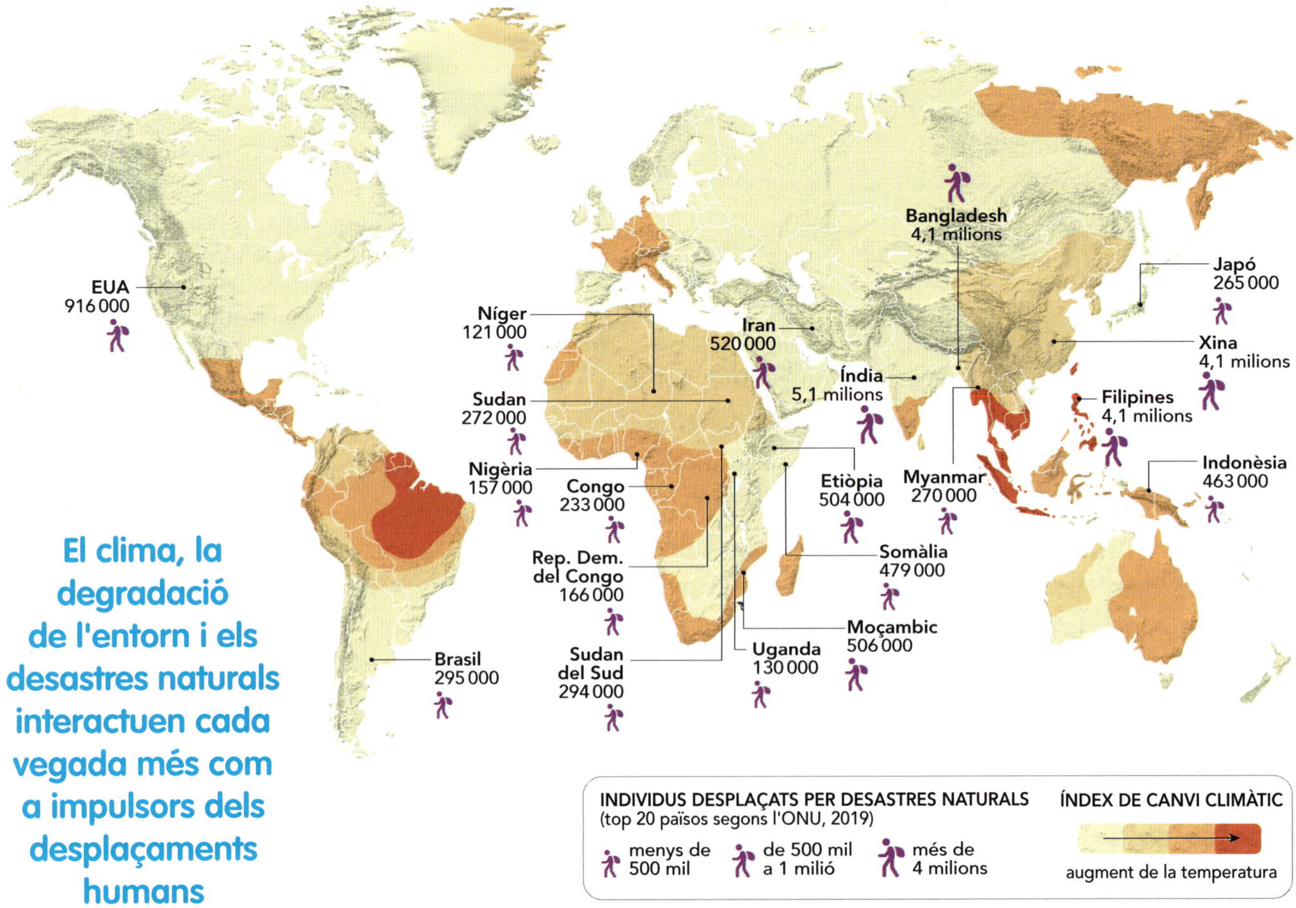

El clima, la degradació de l'entorn i els desastres naturals interactuen cada vegada més com a impulsors dels desplaçaments humans

1. Què són les migracions?

Moviments de persones

Els **moviments migratoris** són els desplaçaments **d'una persona** o **grup de persones d'un lloc geogràfic a un altre**, amb la intenció d'establir-se de manera indefinida o temporal en aquell lloc diferent del seu lloc d'origen.

Els moviments migratoris poden ser en dos sentits:

- **Emigració**. És la **sortida** de les persones d'una regió o país i suposa una pèrdua de població.
- **Immigració**. És l'**arribada** de persones a una regió o país i suposa un creixement de població.

Les **migracions** són un component essencial per conèixer el **creixement real de la població**.

Migracions interiors

Les **migracions interiors** es produeixen entre diferents regions d'un mateix país. Poden ser:

- **Moviments en una determinada estació de l'any**. Motivats per la recol·lecció d'un producte agrícola o pel treball temporal durant l'estiu turístic.
- **Moviments camp-ciutat**. Les ciutats ofereixen més possibilitats de feina i també una oferta més gran per poder estudiar.

Migracions exteriors

Les **migracions exteriors** o **internacionals** es produeixen quan la població abandona el país d'origen. Poden ser:

- **Continentals**. Moviments de població entre països del mateix continent, com els moviments que es produeixen a Europa. Solen ser de països amb menor grau de desenvolupament a països més desenvolupats.
- **Intercontinentals**. Suposen la sortida de la població no només del país d'origen sinó també del continent. Per exemple l'emigració a Amèrica, o l'emigració del nord d'Àfrica cap a països d'Europa.

Qui és un migrant?

IOM • OIM

L'OIM (Organització Internacional per a les Migracions) és l'agència especialitzada en migracions de les Nacions Unides. La seva tasca consisteix a:

- Assegurar-se que es du a terme una gestió ordenada i humana de la migració.
- Promoure la cooperació internacional sobre qüestions migratòries.
- Ajudar a trobar solucions pràctiques als problemes migratoris.
- Oferir assistència humanitària als migrants que en necessiten, ja sigui de refugiats, de persones desplaçades o desarrelades.

L'OIM defineix un **migrant** com qualsevol **persona que es desplaça o s'ha desplaçat** a través d'una frontera internacional o dins un país, **fora del seu lloc habitual de residència** independentment de: la seva situació jurídica; el caràcter voluntari o involuntari del desplaçament; les causes del desplaçament; o la durada de la seva estada.

Conceptes clau

Saldo migratori

És l'indicador que mesura la diferència entre el nombre d'emigrants i el nombre d'immigrants d'un territori determinat:

Saldo migratori =
nombre d'emigrants – nombre d'immigrants

Creixement real

Per conèixer el creixement real de la població d'un territori necessitem sumar el creixement natural al saldo migratori:

Creixement real =
creixement natural + saldo migratori

2. Quines causes i conseqüències tenen les migracions?

Les causes de les migracions

Les causes de les migracions

Econòmiques i demogràfiques

El creixement de la població sense possibilitats d'accedir a llocs de treball o la recerca d'oportunitats econòmiques més bones originen desplaçaments a llocs amb demanda de treballadors, amb més riquesa i nivell salarial més bo.

Ambientals

Són degudes a un canvi sobtat o progressiu en el medi ambient que incideix negativament en la vida de les persones (sequeres, inundacions, desertització, plagues, terratrèmols, males collites...).

Polítiques i religioses

Escapar de conflictes, persecucions, del terrorisme o d'abusos dels drets humans genera forts corrents migratoris.

Socials, culturals i psicològiques

Els estudis i l'atracció envers societats més dinàmiques i o ciutats o països amb bon clima o condicions culturals són motiu de captació de població.

Canvi climàtic: migracions ambientals.

Refugiats ucraïnesos a la frontera amb Eslovàquia el 2022.

Moviment internacional d'estudiants

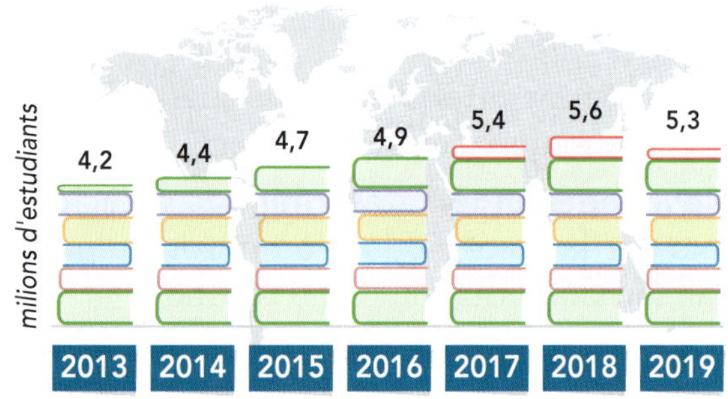

Les conseqüències de les migracions

Per al migrant

Significa l'accés a oportunitats, encara que la decisió impliqui costos personals (l'abandonament de la llar, de la família...) i la necessitat d'adaptar-se a un lloc nou amb tradicions i costums diferents.

Per al país d'origen

Representa la pèrdua de població jove i de força de treball, l'envelliment de la població (perquè la majoria dels emigrants són joves o adults), el despoblament de diverses àrees i la disminució de l'atur. També suposa una font important d'ingressos perquè una part dels estalvis dels immigrants són transferits als familiars, que viuen al país d'origen.

Per al país de destí

Representa un increment de la població en edat de treballar i una oferta més gran de mà d'obra i afavoreix l'expansió de l'economia, cosa que revitalitza el mercat laboral i el consum.

En l'àmbit demogràfic, suposa un rejoveniment de la població i un augment de l'índex de fecunditat, la qual cosa contribueix a millorar la natalitat i també el creixement de la població.

Diversitat de costums i cultures.

Varietat i riquesa poblacional.

Augment de la natalitat.

3. Quins són els principals fluxos migratoris mundials?

Les migracions en el passat

Els moviments migratoris formen part de la història de la humanitat. El més destacat va ser la **migració transoceànica**:

- Entre els **segles XVI i XVIII** les migracions transoceàniques van tenir com a destí l'Amèrica Llatina, **principalment procedents de països europeus, com Espanya, França, Portugal i el Regne Unit.**
- Al **segle XIX**, amb el vaixell de vapor, l'**emigració ultramarina** va adquirir unes dimensions noves. Els destins ja no eren només cap a Amèrica sinó també cap a Austràlia, Nova Zelanda i d'altres, fruit de les colonitzacions (l'Índia, Algèria, Àfrica del Sud...).

Qui forma part de la migració internacional?

Els grans grups de corrents migratoris estan formats per:

- **Treballadors qualificats** (executius, empresaris, investigadors, esportistes...) que es desplacen des de i cap a qualsevol part del món.
- **Treballadors no qualificats**, que es dirigeixen dels països menys desenvolupats als països més desenvolupats.

Població dels migrants internacionals el 2020

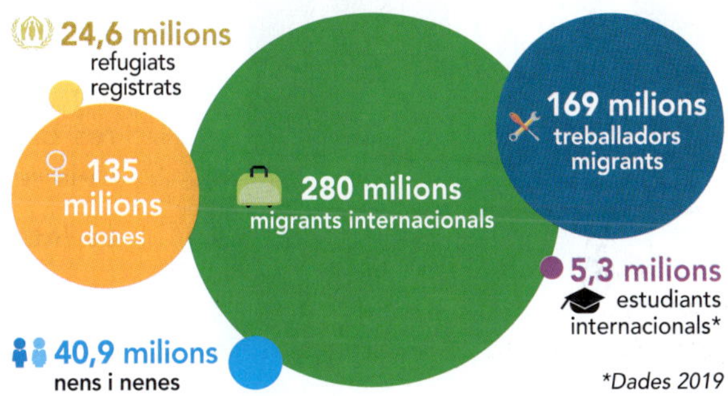

*Dades 2019

Els moviments migratoris actuals

Els moviments migratoris internacionals són el **fruit de les desigualtats econòmiques**, les **crisis** i els **conflictes bèl·lics**, així com per la ràpida circulació de la informació (Internet) que mostra oportunitats més bones i estimula la comparació amb altres països i el desig d'emigrar.

A més, la majoria d'emigrants venen de zones menys desenvolupades amb un fort creixement de població i tenen com a destí els països més desenvolupats amb un creixement dèbil i una població més envellida (Europa i Amèrica del Nord). Per altra part, es tracta d'una **migració cada cop menys controlada**, que en part es du a terme de manera irregular, amb el pas clandestí de les fronteres o sent registrada com a turistes.

Orígens, rutes i destins dels grans fluxos migratoris actuals

Per que un desplaçament humà sigui considerat un **flux migratori** han de concórrer tres circumstàncies:

- **Espacial**. Tenir un punt de partida i un altre de destí.
- **Temporal**. Ser durador, no esporàdic.
- **Social**. Format per persones de característiques específiques que interrompen les seves activitats en un determinat lloc geogràfic i es reorganitzen vitalment en un altre.

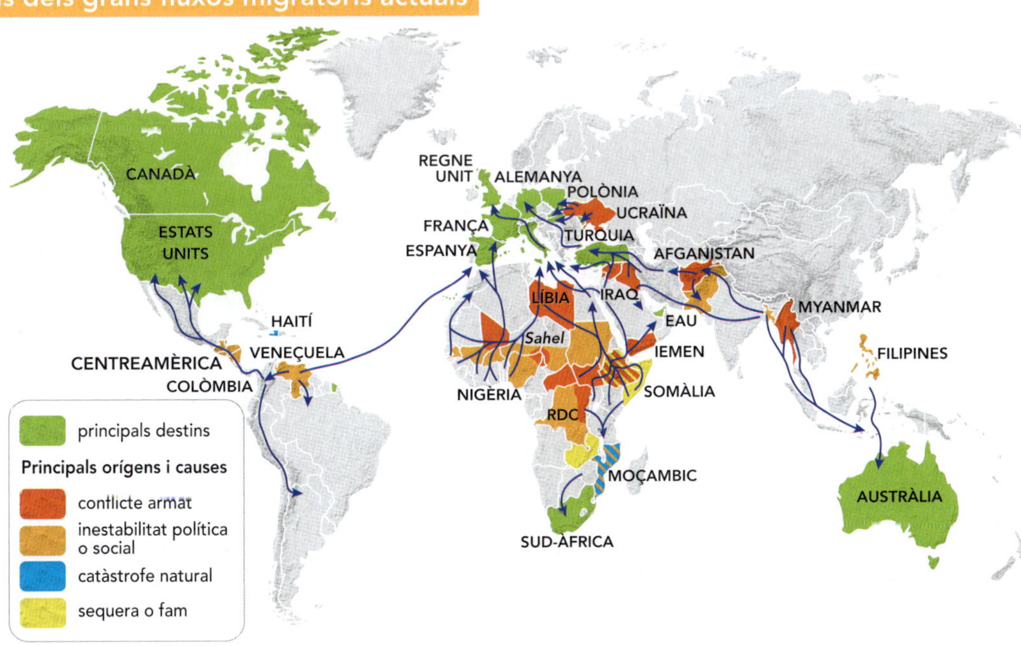

4. Migrants en un món globalitzat

▶ | La problemàtica actual de les migracions

La globalització és un fenomen bàsicament econòmic, de conseqüències socials i culturals provocades per la facilitat de contacte entre persones de qualsevol part del món.

Les migracions internacionals afavoreixen els contactes entre gent de diferents països i provoquen un veritable mestissatge cultural, com es veu a les grans ciutats del món.

Diversitat cultural en el menjar.

Diversitat cultural en la manera de vestir.

La migració i la societat

La intensitat del procés migratori ha suposat canvis en la societat dels països d'acollida.

La multiculturalitat

La **multiculturalitat** és l'existència de diverses cultures en un mateix territori.

Implica l'acceptació per part de la societat receptora de cultures diferents i suposa el manteniment per part dels emigrants dels seus valors i normes.

La integració

La **integració** és un procés que es desenvolupa a dos nivells:

- Els immigrants han de **respectar les lleis** del país que els acull, ja que arriben a una societat que té unes normes de convivència, uns costums, una llengua...
- Les persones del país d'acollida han de **respectar les cultures** i aspectes diferencials dels que acaben d'arribar. No n'han de pretendre una assimilació que en representi la destrucció.
- La no-acceptació de la immigració pot comportar la **marginació social** dels emigrants. En casos extrems es poden desencadenar actituds **racistes** i **xenòfobes**. Per tant, hem de respectar la diversitat.

Forçats a la clandestinitat

El control dels emigrants s'ha convertit en un dels problemes més complexos per a molts països receptors. N'hi ha que consideren que la immigració pot crear problemes econòmics (excés de treballadors) i conflictes socials. Per això han tancat les fronteres, han aixecat murs o dificulten l'accés a obtenir permisos legals o la nacionalitat.

En aquest context, molts emigrants pretenen accedir als destins de manera clandestina. Els immigrants irregulars, sense permís de residència ni de feina, es troben en una situació de desprotecció i molts cops subjectes a explotació laboral (jornades de feina llargues, salari baix, prestacions socials escasses...).

Feines clandestines.

La migració i els Objectius de Desenvolupament Sostenible (ODS)

Els ODS reconeixen la contribució positiva de les persones migrants per aconseguir un desenvolupament econòmic i social inclusiu i sostenible, encara més, molts dels objectius es podran assolir plenament amb la contribució dels migrants. Els ODS també admeten la multidimensionalitat de les migracions.

La migració és un fenomen transversal que es relaciona amb tots els Objectius de Desenvolupament Sostenible (ODS). Deu dels disset objectius contenen fites i indicadors que tenen a veure amb la migració o la mobilitat, en particular la meta 7 de l'ODS 10, que es refereix a facilitar les migracions ordenades, segures i regulades per mitjà de polítiques migratòries planificades i ben gestionades.

Les polítiques migratòries

Els moviments massius de població s'han convertit en un dels desafiaments fonamentals per als països de destí, per això aquests països apliquen polítiques migratòries amb mesures com:

- **Regular l'entrada d'immigrants.** L'arribada continuada de persones en situació de precarietat extrema a un territori pot generar tensions, especialment en moments de crisi econòmica.
- **Establir drets i condicions laborals** per a la població immigrant.
- Planificar polítiques per **fomentar la integració dels immigrants**, com conèixer la forma de vida i la cultura del país d'acollida a la vegada que es respecta la pròpia de les persones immigrants (multiculturalisme).
- Facilitar el **retorn dels immigrants** al país d'origen.

Objectius dels ODS i fites relacionades amb la migració

4 — 4.b	**Mobilitat estudiantil**	• Promoure i augmentar la mobilitat estudiantil internacional.
5 — 5.2 8 — 8.7 16	**Tràfic i explotació d'éssers humans**	• Combatre tota mena de tràfic i explotació dels éssers humans. • Combatre el tràfic i explotació de les dones i els nens.
8 — 8.5, 8.7, 8.8	**Migració laboral i ocupació**	• Promoure l'ocupació decent. • Combatre el treball infantil i les pitjors maneres de treball infantil. • Combatre el tràfic de treballadors forçats. • Abordar la feminització de la migració. • Millorar la governança de la migració laboral.
10 — 10.7	**Governança de la migració**	• Facilitar la migració i la mobilitat ordenades, segures, regulars i responsables. • Aplicar polítiques migratòries planificades i ben gestionades.
10 — 10.c	**Remeses**	• Reduir els costos de transacció de les remeses dels migrants.
17 — 17.18	**Dades sobre migració**	• Millorar les dades sobre migració transversals. • Augmentar el desglossament de dades per estatus migratori. • Augmentar el desglossament de dades a partir d'altres variables.

Els ODS i les migracions
tiching.com/782948

El **creixement inclusiu** crea oportunitats de feina decent i mitjans de vida segurs per a tothom.
Això farà que el creixement sigui inclusiu i assegurarà que es redueixi la pobresa i la desigualtat.

5. Com són els moviments migratoris a Europa?

Els moviments de població a Europa són un fenomen històric de llarga tradició, però ha estat en els darrers 150 anys quan aquests han augmentat de manera significativa, a causa de les transformacions demogràfiques, econòmiques, socials i polítiques que s'han produït durant aquest període.

Emigració europea a Nova York.

Les migracions al continent europeu
tiching.com/783056

Les primeres migracions europees

La primera gran onada migratòria va tenir lloc al segle XIX, amb destí a Amèrica, en especial a la ciutat de Nova York. L'arribada massiva d'immigrants a aquesta ciutat era de 918 000 persones/any.

En concret, entre **1820** i **1920** van sortir d'Europa o s'hi van moure per dins un total de 55 milions de persones.

Les causes principals d'aquests moviments migratoris van ser la Revolució Industrial i l'increment demogràfic d'Europa. A més, el desenvolupament dels mitjans de transport i els sistemes de comunicacions també van facilitar els desplaçaments perquè fossin més ràpids i massius.

La segona onada migratòria va ser de caràcter forçós i va ocórrer entre **1920-1950**. Els europeus es van veure obligats a emigrar per les conseqüències de la Primera Guerra Mundial i per les modificacions en les fronteres. En total 7,5 milions d'europeus van emigrar i els més afectats van ser alemanys, polonesos i grecs.

Durant la **Segona Guerra Mundial** uns 50 milions d'europeus es van exiliar o van ser expulsats o deportats a treballar en camps de concentració a Alemanya. Acabada la guerra i, a causa de la modificació de les fronteres, 14 milions de persones es van haver de traslladar de manera forçosa.

L'emigració europea al segle XIX

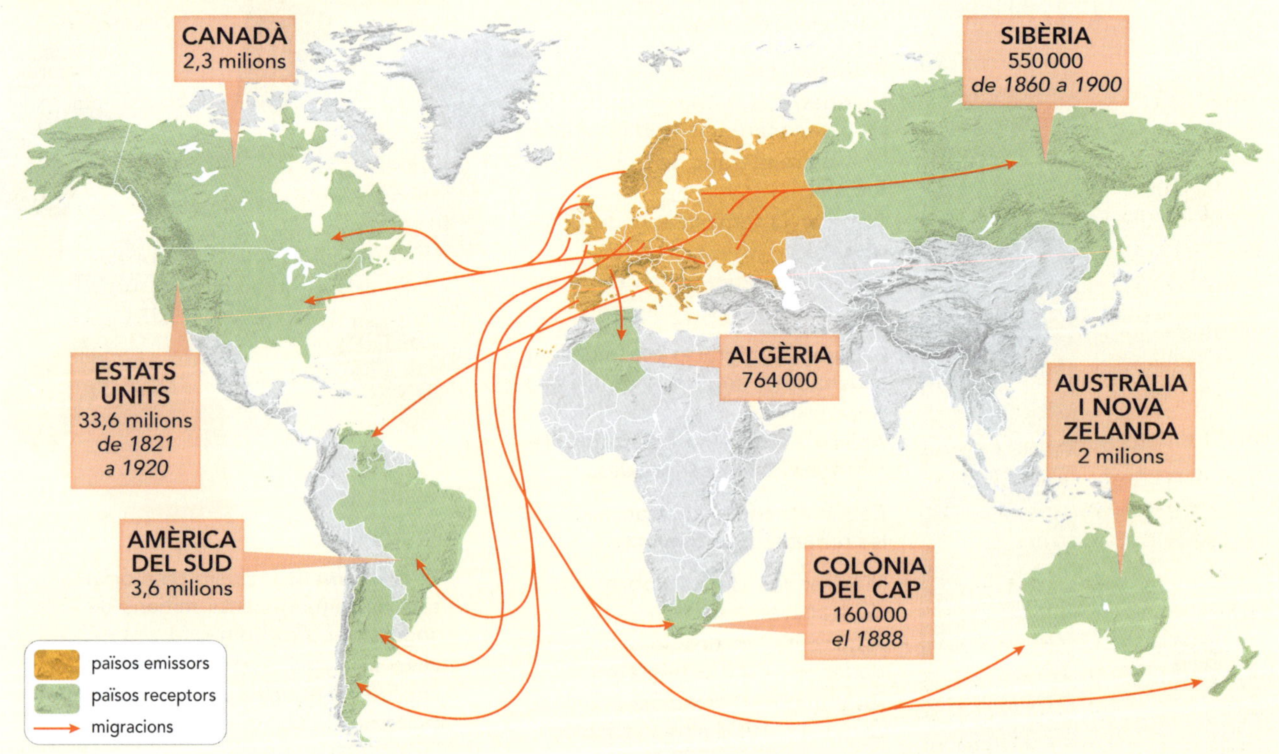

Espanya va ser un dels països amb més immigració a Europa. Entre 1959 i 1973 hi van emigrar més d'un milió de persones.

Quan comença la immigració a l'Europa occidental?

Després de la Segona Guerra Mundial i amb la creació de la CEE l'any 1957, molts països van necessitar una quantitat de treballadors més gran: França, la República Federal d'Alemanya, Suïssa i Bèlgica en van ser els majors receptors, fins a 15 milions de treballadors van arribar des del sud d'Europa i el nord d'Àfrica.

Aquest flux va assolir la màxima intensitat a final dels anys seixanta i a principi dels setanta, però la crisi econòmica de 1973 va reduir dràsticament la capacitat d'absorció de mà d'obra, la qual cosa va afavorir el retorn dels treballadors estrangers cap als països d'origen.

Què ocorre actualment a Europa?

Moviments en l'espai de lliure circulació de treballadors de la UE

Durant les últimes dècades, s'ha produït un augment dels fluxos migratoris entre els països europeus.

Aquests moviments són especialment nombrosos dins de l'espai de lliure circulació de treballadors de la Unió Europea. Els principals fluxos són des de l'Europa central i oriental cap a l'Europa occidental i meridional.

Alemanya és el principal punt de destí d'aquests processos migratoris.

Noves onades cap al sud d'Europa

Es comptabilitzen, a més, noves onades d'immigració provinents del centre d'Àfrica, l'Amèrica Llatina i Àsia cap al sud d'Europa.

Arribada de refugiats

L'agitació política al Pròxim Orient i al nord d'Àfrica, així com el conflicte entre Ucraïna i Rússia ha provocat un augment en el nombre de sol·licitants d'asil (refugiats) que intenten arribar al continent europeu.

Les dificultats per poder entrar legalment a Europa han propiciat la creació de rutes alternatives, on els emigrants es troben amb moltes dificultats per arribar i establir-se, cosa que genera problemes humanitaris seriosos.

Rutes principals de la immigració a Europa a inicis de 2021

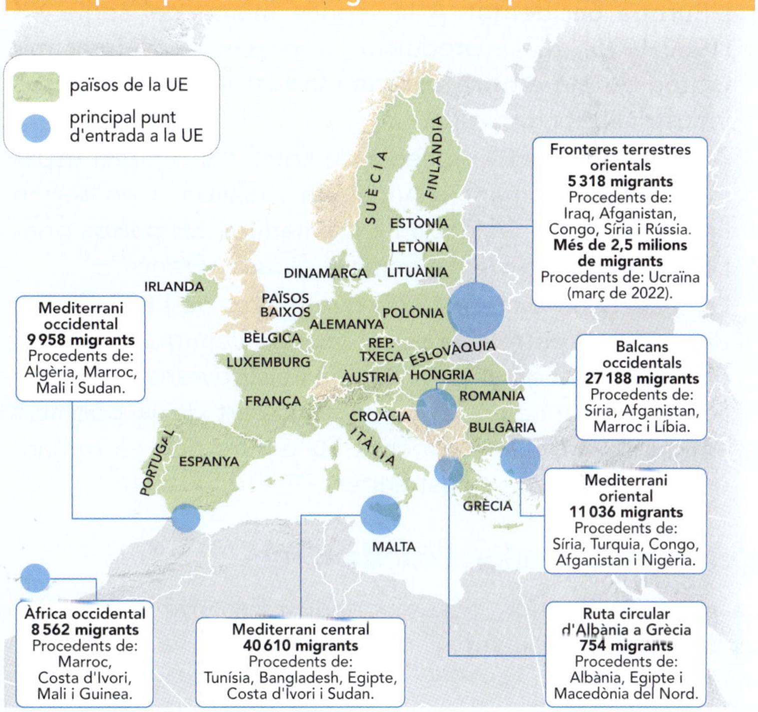

Les migracions a Europa

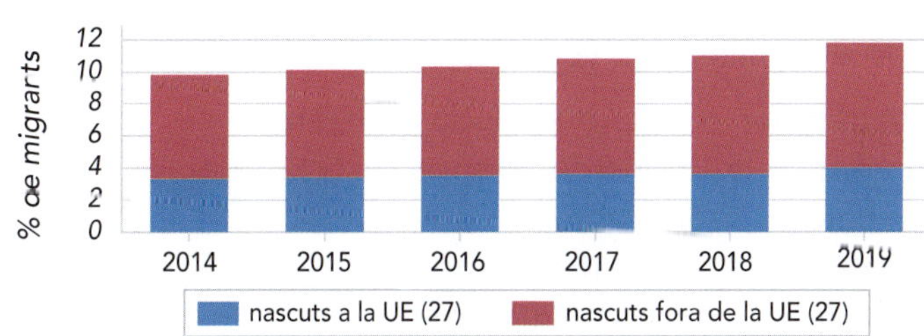

6. L'evolució de l'emigració espanyola

L'emigració exterior cap a Amèrica i Europa

L'**emigració exterior espanyola** va tenir lloc entre mitjan segle XIX i la crisi econòmica de 1975. Els destins principals van ser:

- L'**Amèrica Llatina**. Malgrat que els orígens de l'emigració d'espanyols a l'Amèrica Llatina es remunta al descobriment d'Amèrica i l'emigració cap a les colònies, no és fins a mitjan segle XIX quan aquesta es fa més massiva. Molts pagesos, procedents de Galícia, Astúries, Lleó i Canàries, van veure a Amèrica la possibilitat de millorar la seva situació econòmica i social.

  A més, l'inici de la industrialització va permetre que els vaixells de vapor poguessin transportar més persones i els viatges fossin menys arriscats. L'emigració a Amèrica va continuar durant la primera meitat del segle XX, fins que la crisi econòmica de 1929 en va disminuir el flux.

- L'**Europa occidental**. A la segona meitat del segle XX (1960-1975), es va produir un important moviment migratori de **mà d'obra agrària** i **industrial** cap als països industrialitzats d'Europa.

  Aquesta emigració procedia de totes les regions espanyoles, especialment d'Andalusia i Galícia, i en segon lloc, de Castella, València i Extremadura. Els països principals de destí van ser Alemanya, Suïssa i França.

  La crisi econòmica de 1973, de resultes de l'encariment del preu del petroli, va ser el final de l'emigració exterior. L'atur va augmentar a Europa i els governs van dictar lleis que restringien la immigració. Part de la població emigrant va tornar a Espanya i una altra part va romandre definitivament a l'estranger.

L'emigració a l'Amèrica Llatina

En el període 1911-1915 van emigrar d'Espanya 800 000 persones, de les quals 650 000 van anar a l'Amèrica Llatina.

Molts catalans i espanyols tenen parents llunyans que viuen a l'Argentina, Mèxic, Cuba o Veneçuela.

Algunes d'aquestes famílies que van emigrar van fer fortuna a Amèrica, ja fos en plantacions (sucre), en la indústria o en el comerç.

Emigració espanyola a l'Amèrica Llatina a la primera meitat del segle XX.

L'emigració interior: l'èxode rural

La **migració interior** més important a Espanya es va iniciar tímidament a final del segle XIX, va augmentar a partir de 1950 i va ser intensa entre 1959 i 1970. Va ser una emigració del camp a la ciutat, cap a les regions industrials, és l'anomenat **èxode rural**.

L'emigració interior va generar l'envelliment de la població als pobles i, de vegades, l'abandonament.

Mentrestant, les ciutats d'acollida creixien precipitadament i la indústria disposava de mà d'obra barata. L'arribada d'immigració va ocasionar problemes greus, com la proliferació de barris pobres a zones perifèriques de la ciutat, els **suburbis**.

Migracions interiors a Espanya a la dècada de 1960

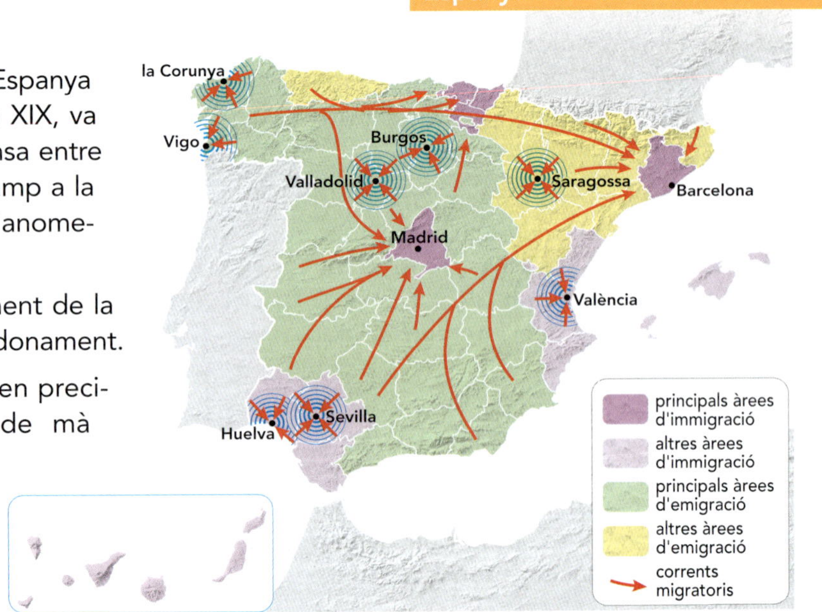

QUI EMIGRA ACTUALMENT?

L'emigració espanyola del segle XXI és diferent de la immigració que hi va haver en el passat. La crisi econòmica de 2008 va impulsar de bell nou la mobilitat per la manca de feina. La situació de desocupació repercutia en treballadors d'àmbits diferents i de totes les edats.

Però la població més jove és la que s'ha vist més afectada. La falta de feina d'acord amb els estudis realitzats provoca una emigració més selectiva. Molts estudiants, investigadors i treballadors qualificats emigren, cosa que es considera una **fuga de cervells**.

El 2020, 249 000 persones van marxar d'Espanya a l'estranger, de les quals unes 183 000 eren estrangeres i més de 66 000 espanyoles. Les principals destinacions dels emigrants espanyols van ser els Estats Units, França i Regne Unit.

Població emigrant espanyola l'any 2019

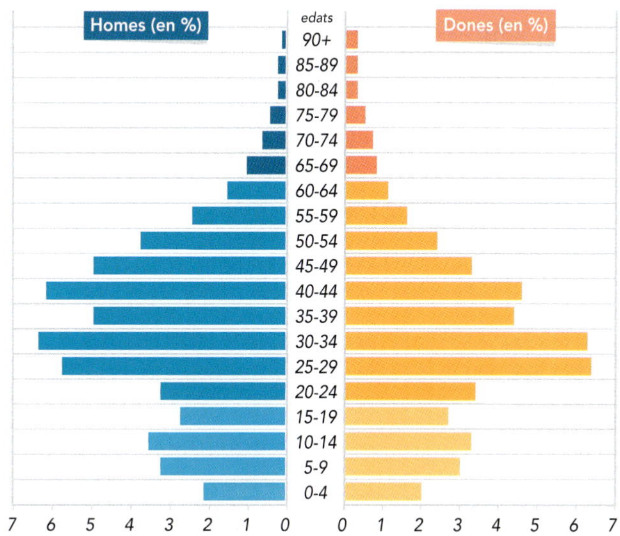

Espanyols residents a l'estranger l'any 2020

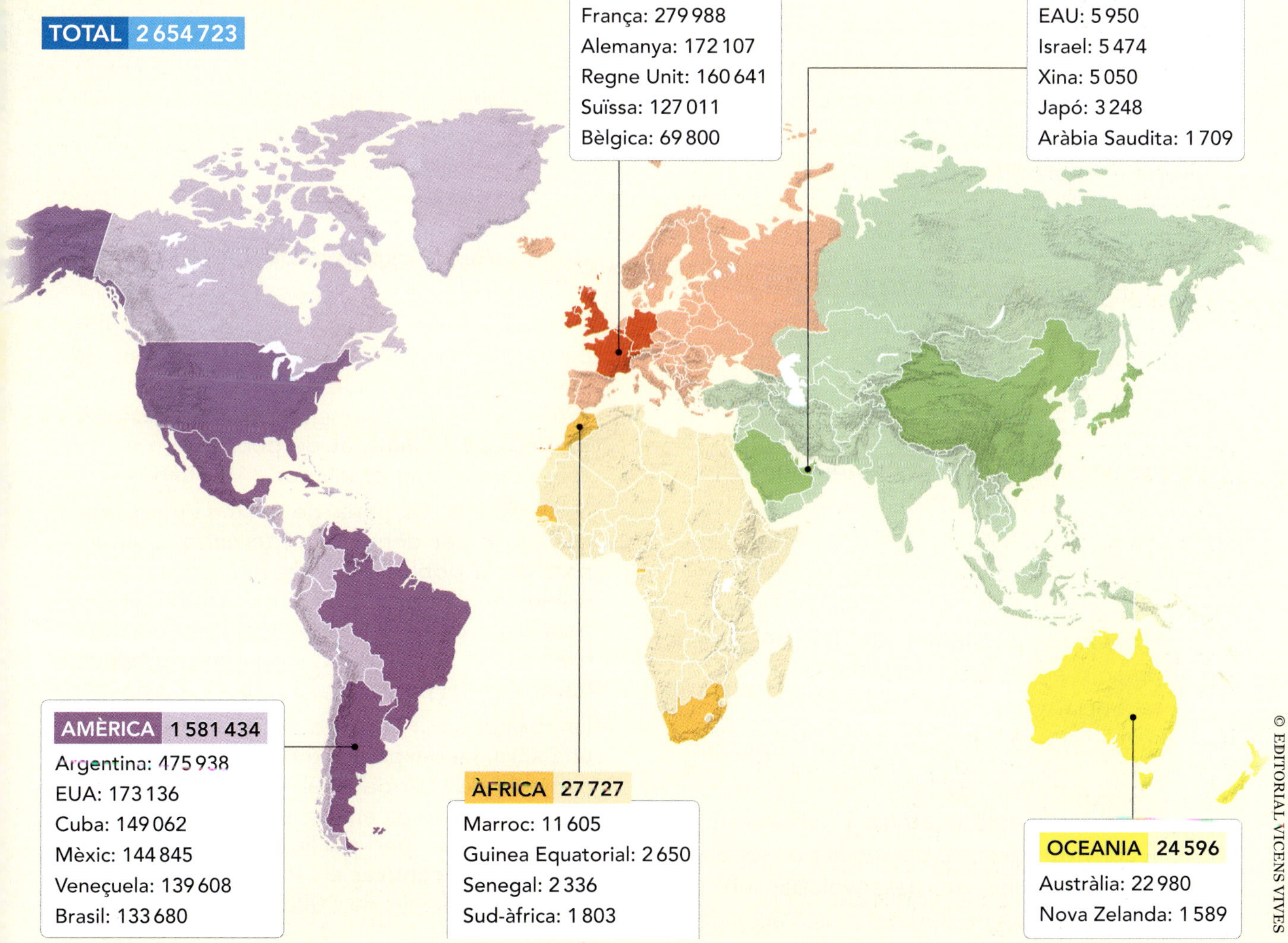

7. Espanya, destí d'immigrants

Durant els darrers vint-i-cinc anys, els moviments migratoris a Espanya han experimentat un canvi radical, que ha passat de ser un país d'emigrants a ser un dels països de la Unió Europea amb més immigració.

Espanya atreu la immigració estrangera

Els factors que han convertit Espanya en un destí atractiu per a la immigració estrangera són:

- **Espanya forma part del context internacional de migracions estrangeres creixents**, el volum del qual, en nombres absoluts, és més gran que mai: més de 280 milions de migrants a tot el món.
- **El creixement econòmic d'Espanya** i l'augment de les oportunitats laborals al llarg de la dècada de 2000 han **atret molts immigrants** per motius econòmics.
- **La situació geogràfica d'Espanya** al Mediterrani, frontera amb Àfrica i porta d'Europa, facilita els fluxos del nord d'Àfrica.
- **La llengua i la vinculació cultural** i històrica atreuen els corrents d'Iberoamèrica.
- El **bon clima** és un factor que impulsa jubilats europeus a establir-se al nostre país.

Efectes de la immigració

A més de l'augment de població, l'arribada d'estrangers té altres conseqüències:

- **Rejoveneix** la població, ja que entre els immigrants hi predomina la població jove i es produeix un **repunt de la natalitat**.
- **Augmenta el nombre de població activa,** atès que es tracta de població jove en edat de treballar, gairebé sempre poc qualificats. Però també hi ha una demanda d'immigrants molt qualificats: informàtics, enginyers, etc.
- **Contribueix al pagament de les pensions**, perquè amb el seu sou també cotitzen a la Seguretat Social.
- **Activa el consum**, de manera que el producte interior brut se'n veu beneficiat.
- **Aporta més diversitat ètnica i cultural**, atès que la convivència entre persones pot ser enriquidora, però s'ha de desenvolupar en un marc de respecte a les lleis del país d'acollida.

Quan van arribar més immigrants?

L'any 2000 van entrar a Espanya 350 000 estrangers i l'any 2008 se'n va assolir el valor més alt.

La crisi econòmica va produir, amb retard de diversos anys (2012-2016), un descens en les arribades d'immigrants i un augment del retorn als països d'origen.

Des de l'any 2017, la tendència torna a ser a l'alça, fins a assolir l'any 2020 la xifra de 5 407 822 immigrants residents a Espanya.

Immigrants a Espanya

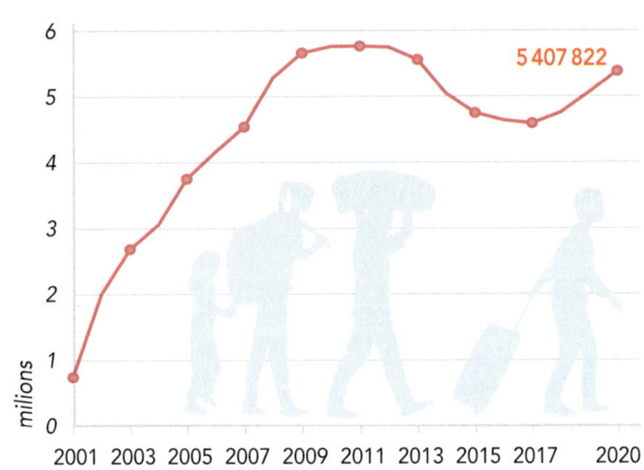

Dona vida a l'*Espanya buida* o l'*Espanya despoblada*

L'***Espanya buida*** fa referència a les zones d'Espanya que van patir emigracions massives durant l'anomenat èxode rural dels anys 1950 i 1960. També se l'anomena ***Espanya despoblada*** i és que la densitat de població en moltes zones de l'interior és inferior a 12,5 hab./km^2.

Darrerament, es parla de la immigració com una opció per donar vida i tornar a recuperar part de la població que havien perdut molts pobles de l'interior d'Espanya. També, amb la pandèmia de la COVID-19 moltes persones han decidit tornar a les arrels rurals o teletreballar des del poble.

La realitat de l'*Espanya buida* continua sent una altra. La despoblació del medi rural acompanyada de l'èxode rural s'ha convertit en un autèntic problema encara que s'han pres algunes iniciatives per pal·liar aquest moviment migratori i incentivar els joves a conèixer municipis amb menys de 5 000 habitants.

QUÈ CARACTERITZA LA IMMIGRACIÓ ESTRANGERA?

Procedència de la immigració estrangera

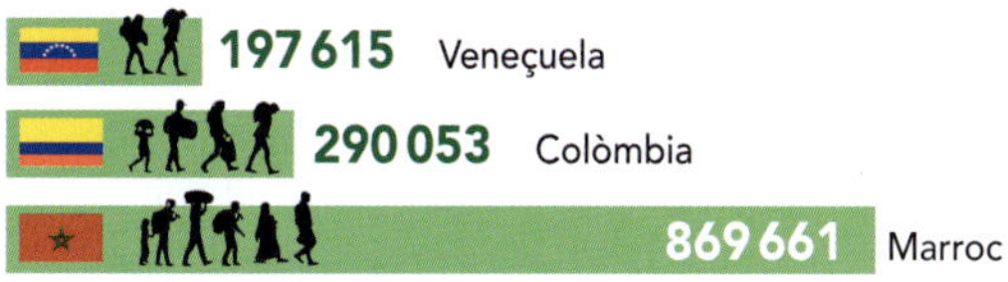

Jubilats estrangers

Com són els immigrants que arriben a Espanya?

Espanya s'ha convertit en un destí per a immigrants de tot el món:

- Els **immigrants extracomunitaris** procedeixen d'Amèrica i d'Àfrica: Veneçuela, Colòmbia i el Marroc. Es tracta d'una població jove i famílies que surten de països menys desenvolupats cap als més desenvolupats per buscar salaris més bons, millors condicions de vida i oportunitats.
- Els **procedents de la Unió Europea** són un grup molt nombrós, format sobretot per jubilats amb un nivell econòmic elevat, que s'instal·la a la costa mediterrània, a les Balears o a les Canàries.
- Els que venen en cerca d'asil o refugi han anat guanyant pes en els darrers anys. Durant l'any 2020, Espanya va rebre més de 88 800 sol·licituds d'asil.

Com es distribueixen els immigrants pel territori espanyol?

Les comunitats autònomes que reben un nombre més gran d'immigrants són: les Illes Balears, la Comunitat de Madrid i les Canàries.

En canvi, en van reduir el nombre: Extremadura, el Principat d'Astúries, Castella i Lleó i Galícia; així com les ciutats autònomes de Ceuta i Melilla.

L'establiment de col·lectius d'immigrants que atreuen els seus compatriotes fa que es comencin a detectar algunes preferències per part d'aquests col·lectius a l'hora d'escollir destí, cosa que provoca una certa especialització provincial com es pot veure al mapa.

Les migracions a Espanya
tiching.com/783057

La immigració a Espanya l'any 2020

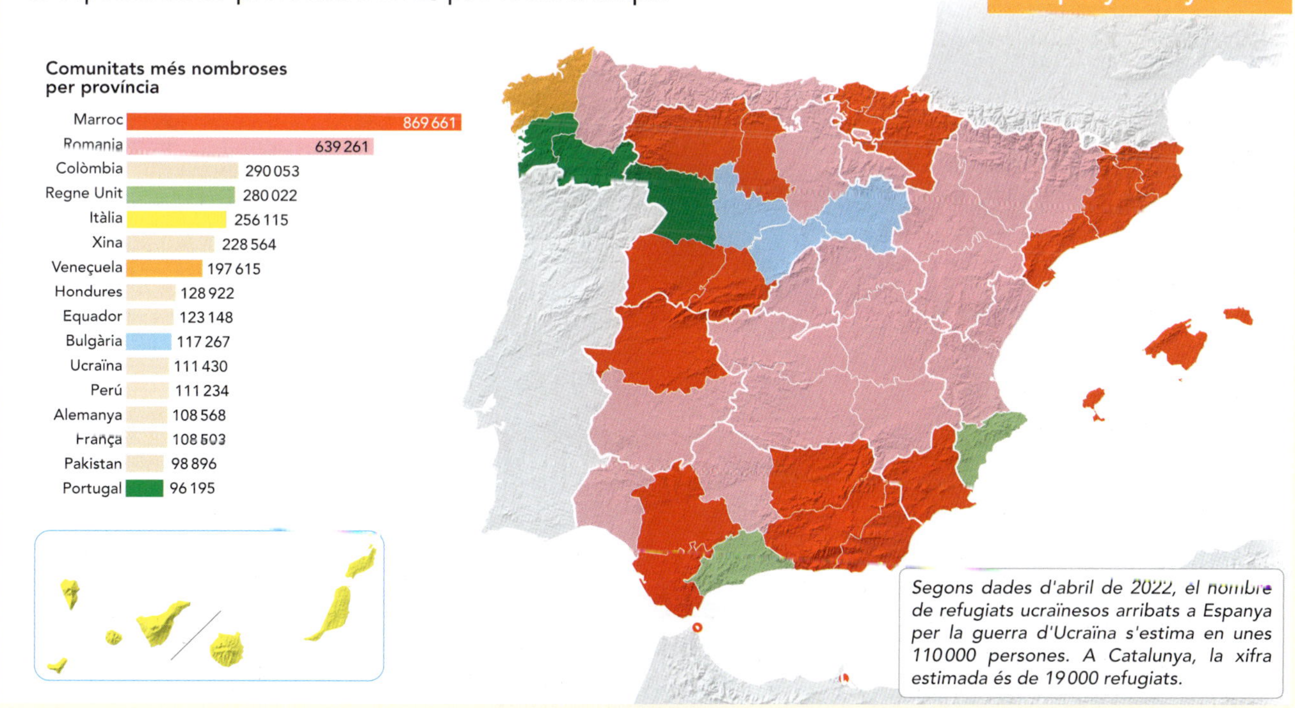

Segons dades d'abril de 2022, el nombre de refugiats ucraïnesos arribats a Espanya per la guerra d'Ucraïna s'estima en unes 110 000 persones. A Catalunya, la xifra estimada és de 19 000 refugiats.

5 El sector primari al món

Els nostres aliments procedeixen de l'agricultura, la ramaderia i la pesca.

Els moderns sistemes de producció de les activitats agràries proporcionen aliment suficient per a tota la població mundial; però mentre que algunes persones emmalalteixen pels excesos en la seva dieta, n'hi ha d'altres que moren de fam.

Les tecnologies modernes i les males pràctiques agrícoles, ramaderes i pesqueres sobreexploten i degraden el medi ambient. Per això la producció d'aliments de forma sostenible ha de ser una prioritat del sector primari.

Per començar:
L'alimentació, un problema de producció o de repartiment?

Cada any, al món, es malgasten uns 930 milions de tones d'aliments

Règim alimentari d'un habitant de la República Democràtica del Congo

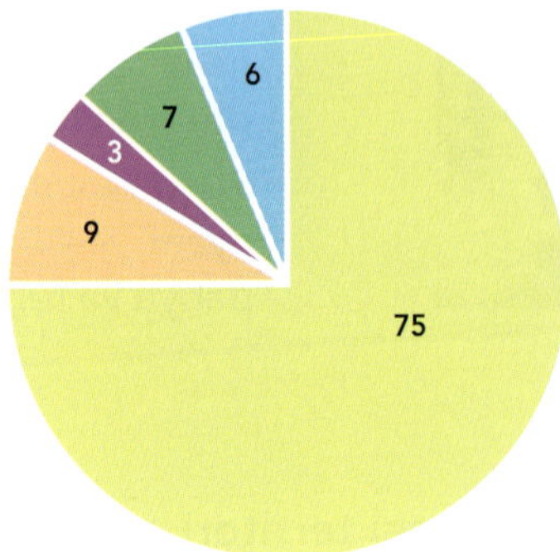

Règim alimentari d'un habitant de França

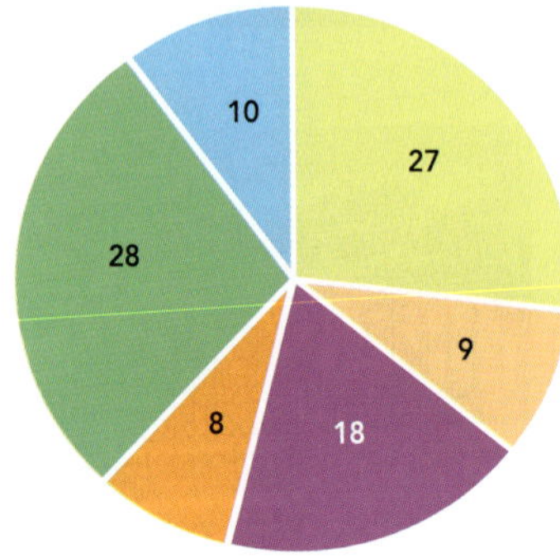

% de calories ingerides per grup d'aliments

- Cereals i fècules
- Fruites, verdures i llegums
- Carn
- Productes lactis
- Greixos i sucres
- Altres

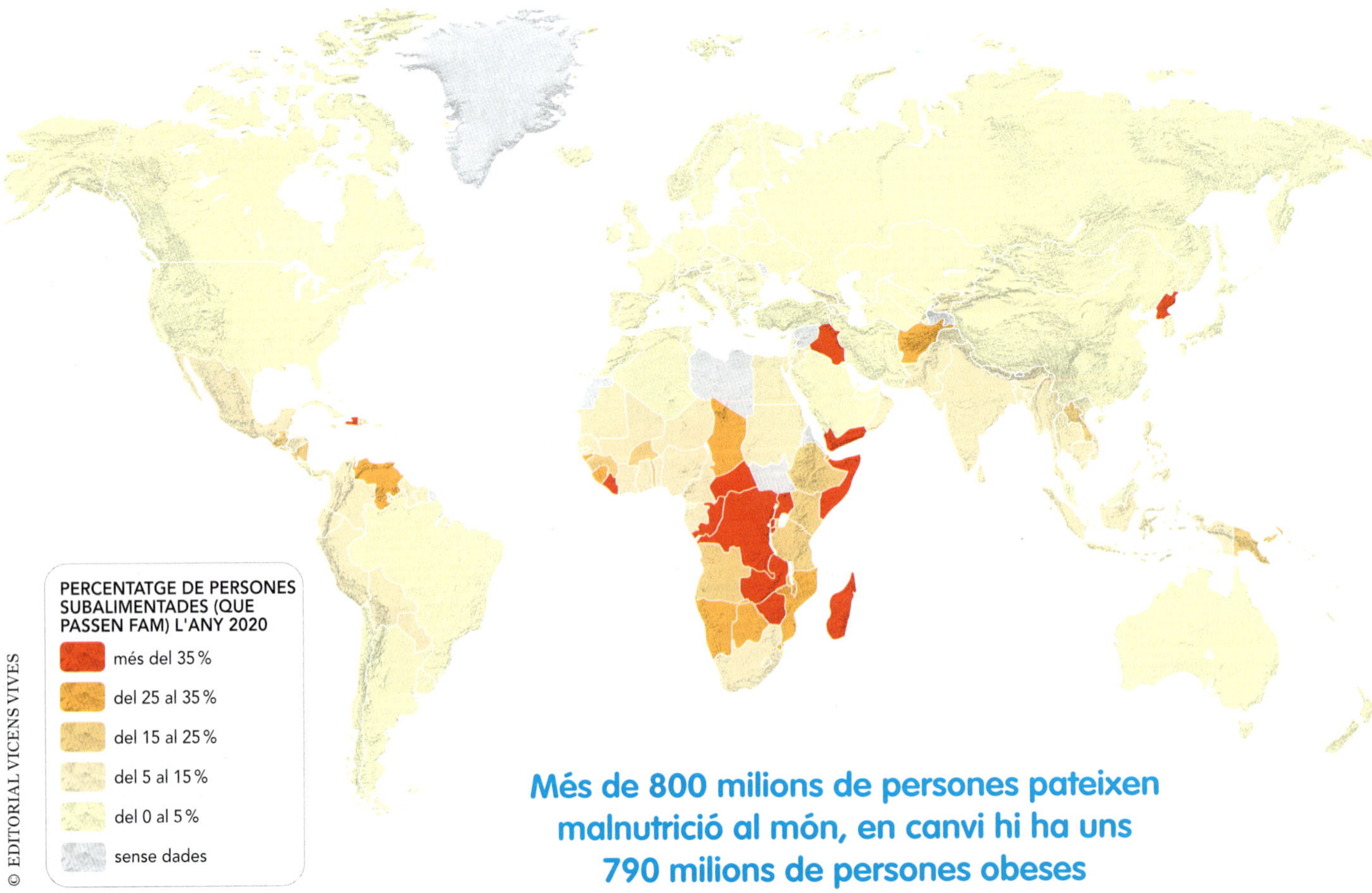

Més de 800 milions de persones pateixen malnutrició al món, en canvi hi ha uns 790 milions de persones obeses

1. D'on provenen els nostres aliments?

L'agricultura i la ramaderia, base del sector primari

El **sector primari** comprèn totes aquelles activitats que permeten obtenir recursos bàsics directament de la natura.

Les principals activitats que conformen aquest sector són:

- L'**agricultura**.
- La **ramaderia**.
- La **pesca**.
- L'**aprofitament dels recursos forestals**.

Dins del sector primari, l'agricultura i la ramaderia són les activitats més rellevants, perquè constitueixen la font principal d'aliments (cereals, hortalisses, carn...) de la població.

A més, una gestió correcta d'aquestes activitats contribueix, en gran manera, a la reducció de la fam, així com a la cura del medi ambient.

La població ocupada per sectors al món

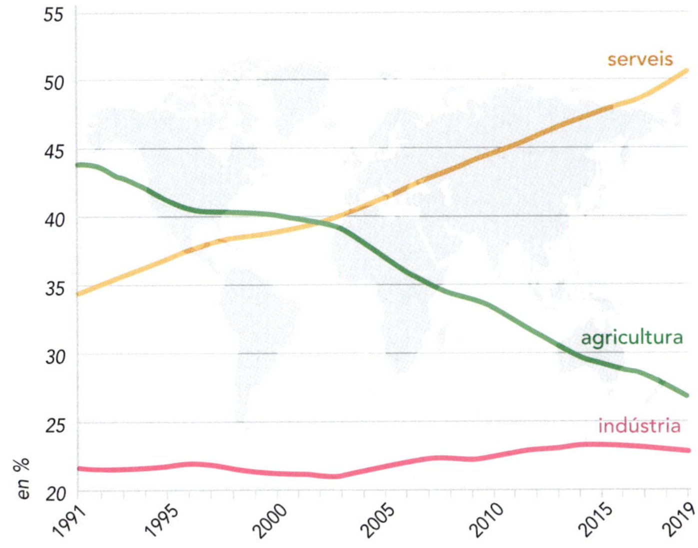

L'agricultura i l'alimentació mundial
tiching.com/784183

ELS CONTRASTOS DEL SECTOR PRIMARI AL MÓN

Països més desenvolupats.

Països menys desenvolupats.

Actualment existeixen contrastos ben marcats pel que fa al paper que desenvolupa el sector primari als diferents països del món:

- Als **països més desenvolupats**, el sector primari ocupa un percentatge molt baix de la població (el 3%) i la seva aportació al PIB és només de l'1,3%.

  Aquest sector es caracteritza per un grau de tecnificació alt, una gran productivitat i ingressos alts.

  En aquests països, els agricultors solen ser els propietaris de la terra i tenen accés fàcil a finançament i a mercats on vendre els productes.

- Als **països menys desenvolupats**, aquest sector ocupa el 55% de la població i la seva aportació al PIB és del 19,6%.

  Presenta un grau de tecnificació baix, una escassa productivitat i ingressos baixos.

  Les explotacions agràries solen ser de tipus familiar, amb dificultats en l'accés a terres, a finançament i a mercats.

2. Quins factors influeixen en les activitats agràries?

Les activitats més importants del sector primari son les agràries. La seva localització i desenvolupament depenen d'una sèrie de factors, tant físics com humans.

Conreu de blat.

Terrasses d'arròs.

Reg per degoteig.

Factors físics

El clima

És el principal condicionant de les activitats agràries, ja que cada espècie agrícola i ramadera es desenvolupa en funció d'unes condicions de **temperatura** i **humitat**. En conseqüència, cada clima acostuma a associar-se a uns conreus i a una mena de bestiar.

El relleu

Influeix en funció de l'altitud, l'orientació dels vessants i la inclinació del terreny. Les zones que es troben a menor **altitud** i els **vessants** més exposats al sol, amb temperatures més elevades, son els més adequats per conrear. Les planes són més favorables que les zones amb molt de pendent que dificulten les tasques i la mecanització.

El sòl i l'aigua

No tots els sòls són aptes per al conreu. L'aprofitament depèn de la **textura** (capacitat del sòl a la retenció de l'aigua), el **gruix**, la quantitat de **matèria orgànica i mineral**, i **l'acidesa** que limita la fertilitat del sòl.

La disponibilitat d'aigua, tant en superfície com al subsol, afecta la classe de conreu que es vulgui sembrar.

Condicionants humans de l'agricultura

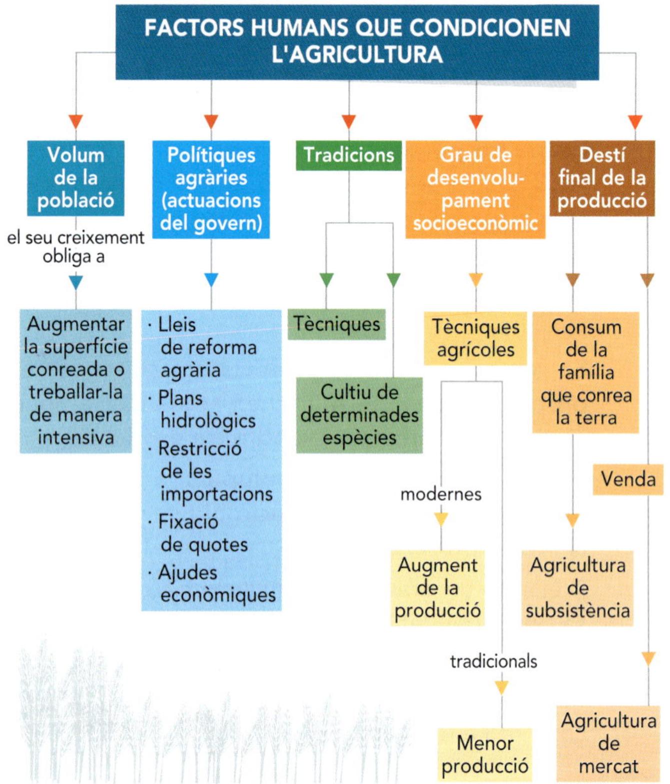

Factors humans

La pressió demogràfica

Els llocs **molt poblats** exigeixen explotacions agràries **intensives** que permetin alimentar tots els habitants. Això mateix passa amb l'arròs al Sud-est asiàtic. A les zones **poc poblades** hi predominen explotacions **extensives**, l'abandonament de terres, etc., com per exemple la ramaderia de les estepes àrides.

El desenvolupament tecnològic

La tecnologia aplicada a l'agricultura ha permès superar les limitacions físiques per al conreu, com la manca d'aigua que s'ha superat amb l'ús de **sistemes d'irrigació**, les baixes temperatures, amb la introducció dels **hivernacles** o l'escassa força humana, que s'ha superat amb l'ús de **maquinària**.

Els factors històrics, econòmics i polítics

Aquests factors han generat al llarg dels anys uns usos i costums agrícoles que han modelat els paisatges agraris i les formes de conreu i que sovint són mals de canviar.

3. Com forma l'ésser humà els paisatges agraris?

Les activitats del paisatge agrari

L'espai rural, l'espai agrari i l'espai agrícola presenten diferències entre ells.

L'**espai rural** és aquell territori en què s'estableixen els pobles i els espais naturals i, per tant, no és urbà.

A més d'acollir activitats del sector primari, l'espai rural també pot acollir funcions del sector secundari (indústria agroalimentària, producció d'energies renovables, etc.) o serveis (turisme, serveis socials, sanitaris o educatius, etc.).

Els **espais agraris** estan formats per aquells paisatges naturals que han estat modificats per l'acció de l'ésser humà, amb la finalitat d'obtenir productes del sector primari (agrícoles, ramaders o forestals). D'aquesta manera, l'espai agrari en què es desenvolupa l'agricultura rep el nom d'**espai agrícola**.

Espai rural, agrari i agrícola

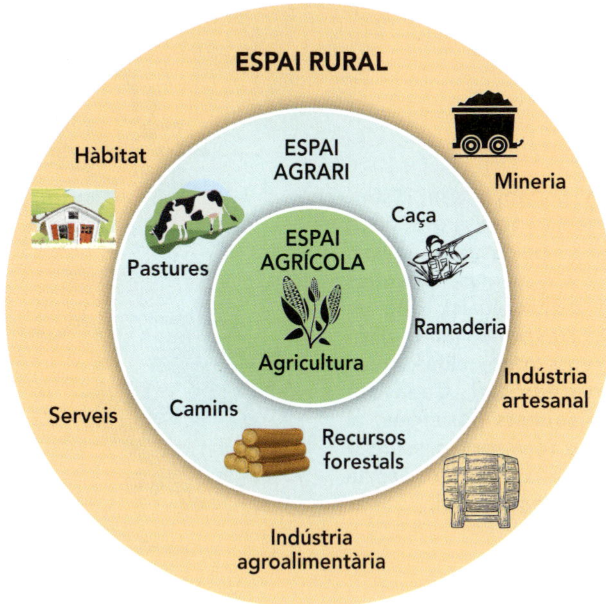

LA PARCEL·LA, FORMA BÀSICA DEL PAISATGE AGRARI

La **parcel·la** o **finca rústica** és una porció de terreny, delimitat per una boga, que té un ús agrari. Es diferencien les unes de les altres per:

- La **grandària:** podem distingir entre parcelles petites (inferiors a 1 ha), mitjanes (entre 1 i 10 ha) i grans (més de 10 ha).
- La **forma:** pot ser de tipus regular o irregular.
- Els **límits**: les parcel·les són **obertes** (*openfields*) quan no hi ha separacions físiques que les delimitin o **tancades** (*bocages*) que presenten separacions com tancaments vegetals, metàl·lics, de pedra, etc.
- L'**ús** ve determinat pel tipus d'explotació, i pot ser agrícola, ramader, forestal o mixt.

Un conjunt de parcel·les explotades per un mateix productor constitueix una **explotació agrària**. El productor pot:

- Ser el propietari de les parcel·les.
- Explotar-les en forma d'arrendament (mitjançant el pagament d'una renda) o en règim de parceria (pagament d'un percentatge del producte obtingut).

En funció de la grandària de l'explotació es pot distingir entre:

- **Minifundis** (menys de 10 ha).
- **Mesofundis** (entre 10 i 100 ha).
- **Latifundis** (més de 100 ha).

Camps tancats.

Camps oberts.

4. Paisatges agraris espanyols

A Espanya s'hi distingeixen tres grans tipus de paisatges agraris (mediterranis, atlàntics i subtropicals), que es corresponen amb diferents zones climàtiques del territori. Cadascun d'aquests paisatges, al seu torn, pot presentar peculiaritats a escala regional o local.

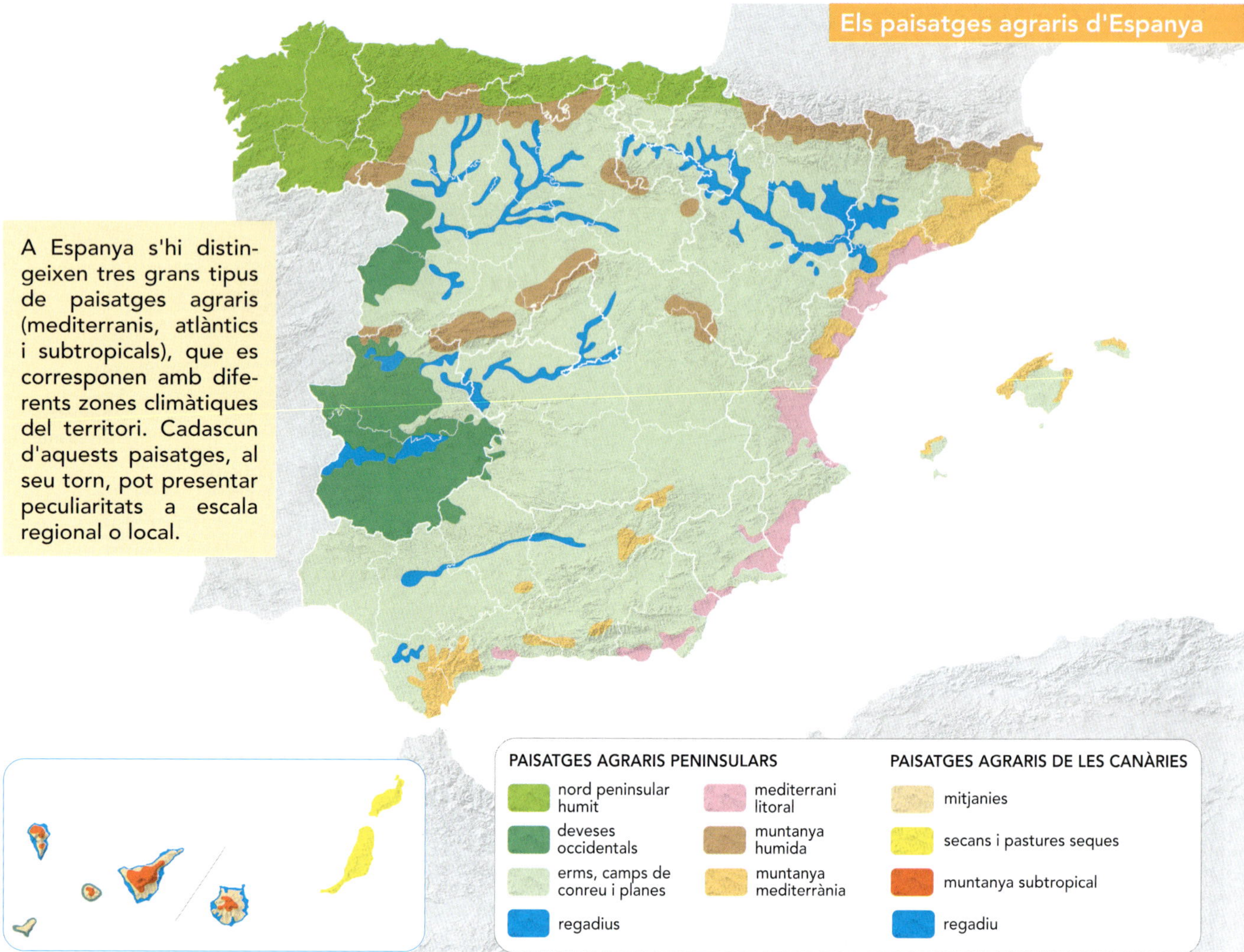

Paisatges agraris atlàntics

- **Localització**: comprenen tots els territoris de la zona nord peninsular.
- **Característiques**: hi predomina el minifundi de camps tancats, particularment a Galícia, en què es practica el policultiu per a l'autoconsum. El boví es destina a la producció de llet i carn.
- **Poblament**: dispers, en llogarets o poblets.
- **Paisatges**:
  - **Ramaderoforestals**, amb prats de conreus i cultius farratgers (orient d'Astúries, Cantàbria, País Basc i Galícia).
  - **Ramaderoforestals**, de muntanya, amb muntanyes baixes, boscos i pastures d'alta muntanya (muntanya occidental asturiana, valls pirinenques de Navarra i muntanya cantàbrica).
  - **Agrícoles** atlàntics, amb vinyes litorals (Ries Baixes).

Prats i conreus a Carmona, Cantàbria.

Vinyes a les Ries Baixes.

Paisatges agraris mediterranis

- **Localització**: es distribueixen per àmplies zones de l'interior peninsular i el litoral mediterrani i ocupen la major part de la superfície d'Espanya.
- **Característiques**: les explotacions varien des dels grans latifundis del sud peninsular fins als minifundis intensius de les planes litorals. En funció de la zona, hi trobem diferents tipus de ramaderia (extensiva d'oví a zones de secà i prats de muntanya; intensiva en granges industrials de porcí, boví i aviar; extensiva de porcí, boví i oví a les deveses).
- **Poblament**: a les regions litorals és dispers. A les regions de l'interior es concentra en petits nuclis rurals.
- **Paisatges**:
  - **Herbacis**, amb camps amplis de secà (blat i ordi a Castella-la Manxa, Castella i Lleó i Andalusia), regadius d'interior (blat de moro i patata) i hortes de regadiu (Ebre, Guadiana i Guadalquivir).
  - **Llenyosos**, amb oliverars (Còrdova i Jaén), vinya (Castella-la Manxa, Castella i Lleó i La Rioja), cítrics (Comunitat Valenciana i Regió de Múrcia) i altres espècies, com els cirerers a la vall del Jerte, a Extremadura.
  - **D'horticultura**, tant a l'aire lliure (hortes de Múrcia i València) com sota plàstic (el ponent d'Almeria).
  - **Forestals**, amb boscos de coníferes (Tierra de Pinares).
  - **Ramaders**, on es troba la devesa, model d'explotació ramadera que combina superfícies de pastura i arbres com les alzines i les alzines sureres, en què es practica la ramaderia extensiva (Extremadura, Castella i Lleó i Andalusia).

Horta de València.

Tierra de Campos.

Devesa extremenya.

Vinyes a Lanzarote.

Plàtans.

Paisatges agraris subtropicals

- **Localització**: es troben a les illes Canàries. Malgrat la poca extensió, presenten una gran diversitat.
- **Característiques**: les parcel·les, de diverses mides, acullen conreus intensius altament productius, destinats a l'exportació.
- **Poblament**: de tipus concentrat. A les últimes dècades, els espais de cultiu s'han reduït en detriment de la construcció d'àrees residencials, recreatives i infraestructures.
- **Paisatges**:
  - **D'agricultura àrida**, a Fuerteventura i Lanzarote, en què l'escassesa de precipitacions no és un obstacle per a les plantacions de vinya, gràcies a la tècnica de l'arenament (cobrir la terra orgànica amb sorra, per conservar-ne la humitat).
  - **De regadiu intensiu de costa**, a Canàries, amb productes com plàtan, pinya, mango, alvocat i conreus d'hivernacle (cogombres i flors).

5. Com es conrea al món?

Agricultura tradicional i agricultura moderna

Sistemes de conreu de les parcel·les

Els productors agrícoles empren diferents sistemes de conreu a les parcel·les, la qual cosa confereix diferents aspectes als paisatges agraris:

En funció dels sistemes de reg utilitzats

- Conreus de **regadiu**. Creixen per l'aportació d'aigua que s'efectua de manera artificial. El reg pot ser per degoteig, aspersió o inundació.
- Conreus de **secà**. Només reben l'aigua de la pluja.

Regadiu.

Secà.

En funció de la varietat d'espècies conreades

- El **monocultiu**: les parcel·les estan dedicades a un únic tipus de conreu.
- El **policultiu**: quan es conreen espècies vegetals diferents.

Monocultiu.

Policultiu.

En funció de l'aprofitament de les parcel·les

- L'**agricultura intensiva**, que aprofita al màxim la parcel·la per mitjà de l'ús de mitjans tècnics avançats (moderns sistemes de reg, fertilitzants, productes fitosanitaris...), amb la finalitat d'obtenir la màxima productivitat (major rendiment per hectàrea).

Intensiva.

Extensiva.

- L'**agricultura extensiva**, que requereix grans parcel·les, però no utilitza mitjans avançats. La producció és alta perquè l'extensió de la parcel·la és gran, però no aconsegueix la màxima productivitat (menor rendiment per hectàrea).

Tipus de sistemes agraris

La combinació dels diferents elements del paisatge agrari i de les diferents maneres de conrear la terra ha donat lloc a dos tipus de sistemes agraris al món:

- Els **sistemes agraris tradicionals** tenen com a objectiu fonamental l'autoconsum familiar i, en alguns casos, la comercialització en l'àmbit local. Les explotacions solen ser petites i es caracteritzen per:
  - El conreu de diversos productes (policultiu) en una mateixa parcel·la.
  - L'ús de tècniques rudimentàries i l'escassa mecanització.
  - L'absència de fertilitzants i productes fitosanitaris.
  - L'escassa inversió, que suposa una productivitat baixa.
- Els **sistemes evolucionats de mercat:** la producció es dirigeix fonamentalment a la comercialització, fins i tot a escala internacional. Les explotacions es caracteritzen per:
  - Les parcel·les són generalment de gran grandària, especialitzades en un únic conreu (monocultiu).
  - L'ús de tècniques avançades, com l'agrobiotecnologia, que permet obtenir conreus resistents a les plagues.
  - La mecanització de les tasques agrícoles i l'ús dels fertilitzants i productes fitosanitaris més avançats.
  - Unes grans inversions que generen una gran productivitat.

Agricultura tradicional.
Agricultura evolucionada.

El treball manual de l'agricultura tradicional contrasta amb la utilització de drons per a la fertilització en l'agricultura evolucionada.

L'agricultura al món

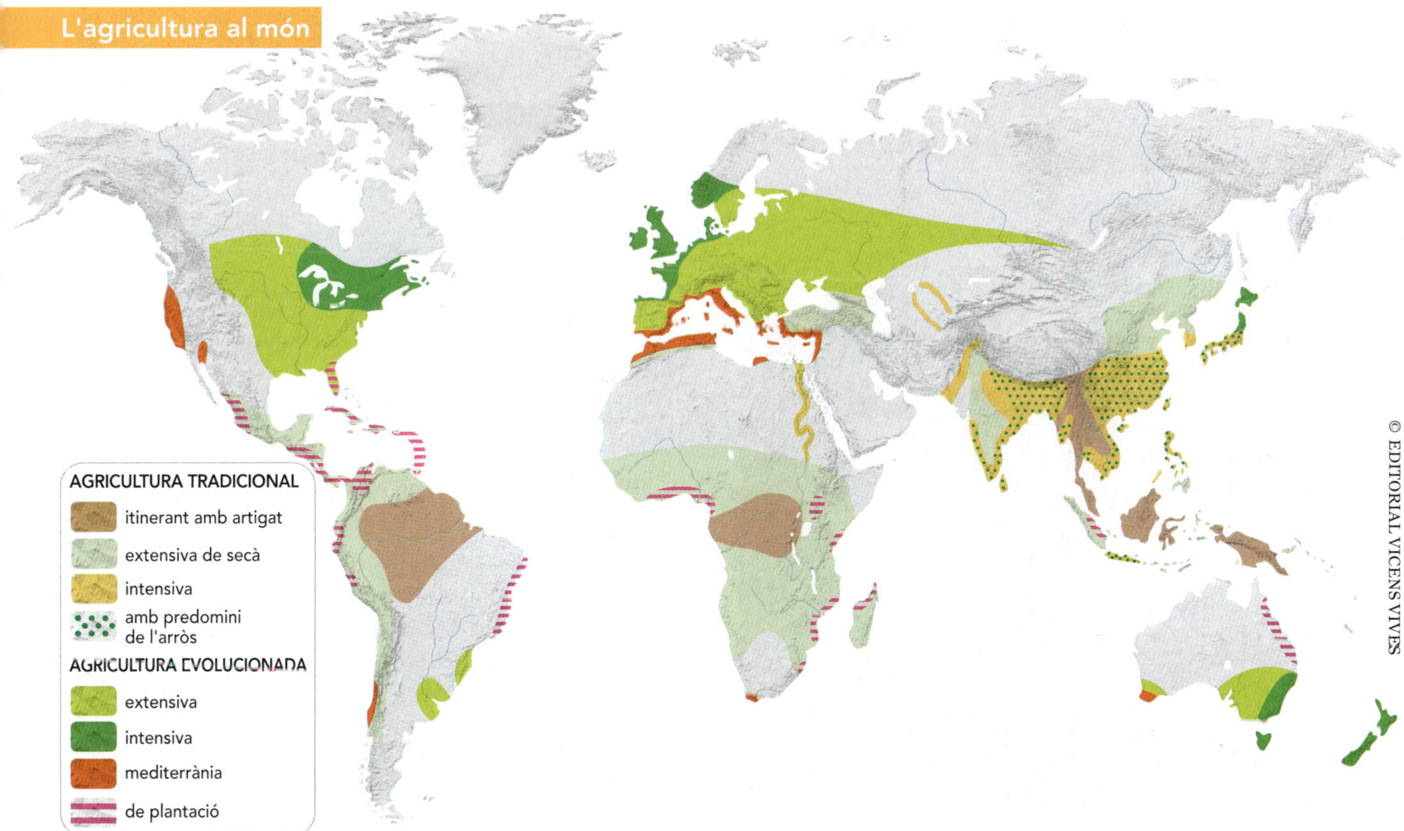

6. Per què produeixen menys els sistemes agraris tradicionals?

Sistemes agraris tradicionals

Milions de persones al món viuen de l'agricultura tradicional, caracteritzada per l'ús d'eines senzilles, una gran dependència de factors físics, l'ús d'animals de tir i l'obtenció de rendiments escassos, la destinació dels quals és l'autoconsum.

Aquests sistemes agraris solen ser sostenibles amb el medi. Però, de vegades, no garanteixen el proveïment continuat d'aliments als agricultors més pobres, que depenen de la collita per subsistir. Aquesta situació pot provocar inseguretat alimentària i subalimentació.

Agricultura itinerant d'artigatge

- Es localitza a la conca de l'Amazones, l'Àfrica equatorial i el Sud-est asiàtic.
- Consisteix en la **tala** i **crema de zones boscoses** amb el propòsit d'obtenir petits camps en els quals es conreen mandioca, mill, melca, nyam...
- Les **cendres fertilitzen el sòl**, que es remou amb eines rudimentàries per poder sembrar les llavors.
- Aquests camps són productius durant tres o quatre anys perquè els sòls s'esgoten amb rapidesa. Llavors, l'agricultor els abandona temporalment i es trasllada a un altre lloc on torna a iniciar el procés.
- L'agricultura itinerant es caracteritza per mantenir l'**equilibri amb el medi** en el qual es desenvolupa, però en alguns llocs l'ús de motoserres i arades en lloc de matxets i aixades ha accelerat els processos de desforestació i la pèrdua de sòl.

Agricultura extensiva de secà

- Es localitza a les sabanes d'Amèrica, Àfrica i Àsia.
- Es basa en l'associació de l'**activitat agrícola i la ramadera**. L'adob que proporcionen els animals (fem) permet l'explotació permanent del sòl utilitzant un sistema basat en la rotació de conreus.
- Les terres es divideixen en tres parts: en una es conrea cereal, en una altra, mill o blat de moro i la tercera es deixa en guaret, és a dir, sense conrear, per recuperar la fertilitat del sòl.
- Les parcel·les segueixen una rotació de conreus triennal i així se n'assegura la fertilitat.

Agricultura irrigada monsònica

- Es desenvolupa als països de l'Àsia monsònica, com Vietnam i Cambodja.
- És un sistema agrari intensiu que es basa en el monocultiu de l'arròs.
- Les **parcel·les** són **petites**, estan voltades de dics i comunicades per canals que les **inunden d'aigua**. A les zones muntanyenques, on hi ha molt pendent, s'hi construeixen bancals per aprofitar el sòl.
- La mecanització és escassa i requereix molta mà d'obra.
- S'obtenen diverses collites a l'any.

Què frena la productivitat de l'agricultura tradicional? Hi ha alternatives?

Hi ha diversos factors que expliquen la menor productivitat dels sistemes agraris tradicionals:

- **Absència de tecnologia i formació**, que provoquen l'ús poc eficient de la terra i l'aigua disponibles.
- **Manca d'inversions**, que provoca el dèficit d'entrades (llavors, eines adequades, etc.).
- **Falta d'accés a la propietat de la terra**, especialment a joves i dones.
- **Mercats inaccessibles**, a causa de l'absència d'infraestructures que permetin connectar productors, intermediaris i consumidors.
- **Volatilitat dels preus** dels productes agrícoles als mercats globals, cosa que provoca inseguretat econòmica.
- **Violència** de tota mena, que genera inestabilitat i impedeix el desenvolupament normal de les comunitats rurals.

Infraestructures per al desenvolupament agrícola

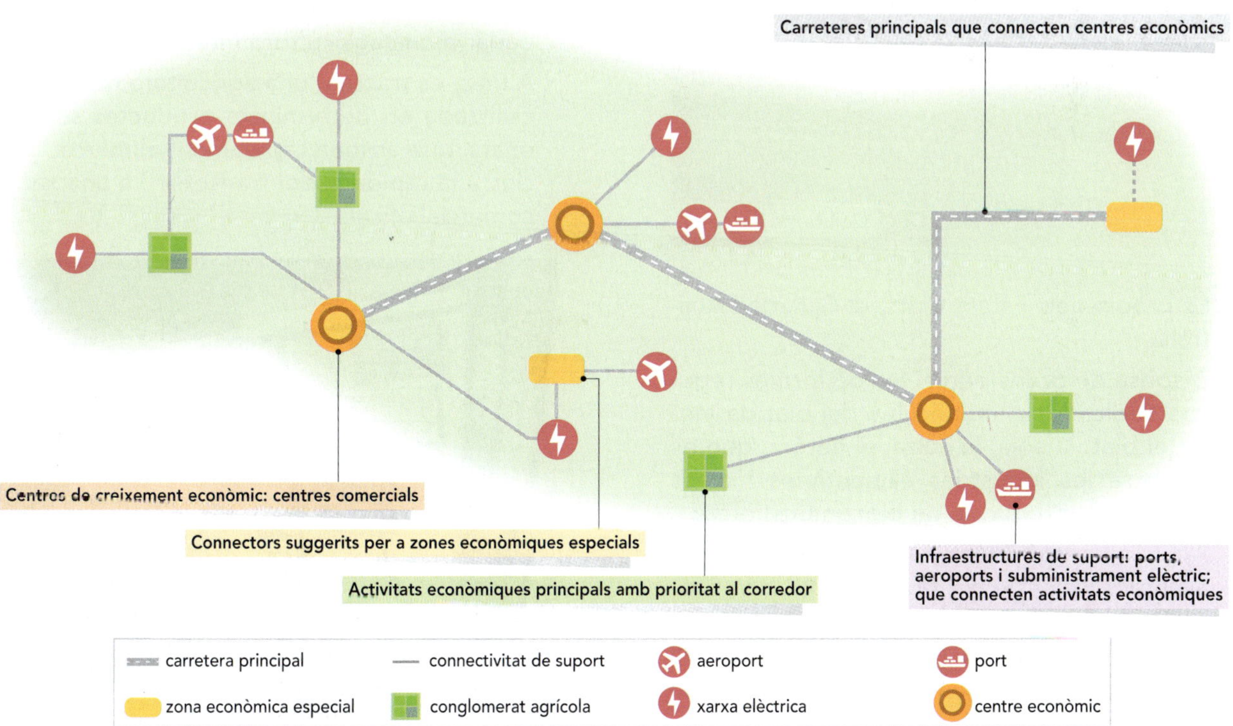

7. Cap a on es dirigeixen els sistemes agraris evolucionats?

Sistemes agraris evolucionats de mercat

El creixement de la població durant el segle passat va fer necessari crear nous sistemes agraris per produir aliments en gran quantitat.

La nova agricultura de mercat ha generat grans desequilibris i ha comportat una degradació creixent del medi natural, malgrat haver permès disposar d'aliments en abundància.

La solució passa necessàriament per la implantació de pràctiques agrícoles més sostenibles com l'agricultura ecològica i l'agricultura intel·ligent.

L'aplicació de les tecnologies de la informació i la comunicació al desenvolupament agrícola han portat a la denominada agricultura "intel·ligent".

L'agricultura "intel·ligent"

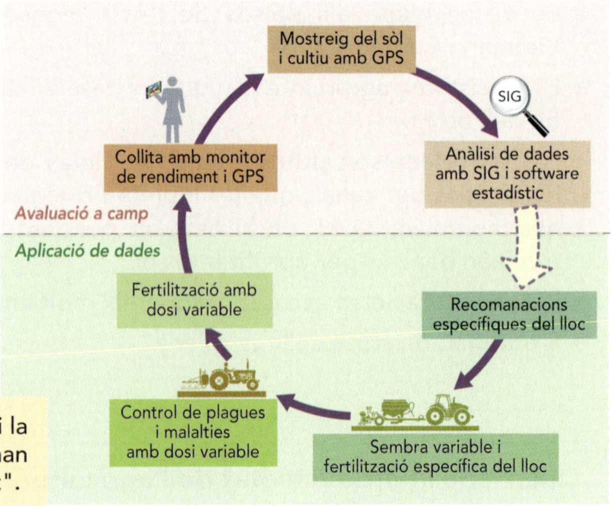

Agricultura extensiva dels països nous

Collita de llegums.

- És pròpia dels Estats Units, el Canadà i Austràlia.
- Disposa de **grans parcel·les** de formes regulars dedicades al monocultiu del blat de moro, el blat, la soja, la colza, el cotó..., que es venen a les indústries alimentàries i a les centrals de producció de biocombustibles.
- Aplica les tècniques i coneixements més avançats (selecció de llavors, productes fitosanitaris...) i obté una producció molt elevada amb escassa mà d'obra, una destacada mecanització de les tasques i la utilització del guaret.

Agricultura comercial tecnificada

- Es practica a l'Amèrica del Nord, Europa, el Japó, Nova Zelanda i a zones d'Austràlia, l'Argentina i el Brasil.
- Es caracteritza per l'ús de **pràctiques agrícoles avançades**, que permeten obtenir rendiments elevats per hectàrea: ús de maquinària d'última generació, selecció de llavors i ús de productes fitosanitaris i fertilitzants avançats. L'ús d'aquestes tècniques permet parlar d'una **agricultura intel·ligent**.
- A més, es tracta d'una agricultura molt especialitzada en determinats productes seleccionats, que arriben ràpidament al mercat gràcies a la rapidesa del transport i a una xarxa comercial eficaç.

Tractor tecnificat.

Plantació de palma d'oli.

Agricultura extensiva de plantació

- És característica de les zones tropicals. Es tracta d'una agricultura molt **tecnificada** que produeix cacau, cafè, te, canya de sucre, cotó, etc., en règim de **monocultiu intensiu**.
- Les plantacions són majoritàriament propietat de multinacionals, que obtenen grans beneficis perquè ocupen mà d'obra local amb salaris minsos i amb costos de producció molt baixos.
- Encara que la presència d'aquestes multinacionals crea ocupació i infraestructures de transport, presenta alguns aspectes negatius com la pèrdua de biodiversitat d'espècies i la ruïna dels productors locals que no poden competir amb els preus de les multinacionals.
- La major part de la producció s'exporta i això comporta, de vegades, dèficit d'aliments per a la població local.

Què és l'agricultura ecològica?

12 PRODUCCIÓ I CONSUM RESPONSABLES

Consisteix en una combinació de diversos tipus de conreus en una mateixa parcel·la (policultiu), que afavoreix la biodiversitat i la resistència de les plantes.

Utilitza plantes silvestres, insectes i depredadors per garantir l'equilibri ecològic.

Aquest tipus d'agricultura cuida els sòls amb la rotació de conreus, la utilització d'adobs orgànics de procedència animal (fem) o vegetal (compost) i un treball escàs.

A més, no empra productes fitosanitaris ni espècies modificades genèticament.

Per poder ser considerats productes ecològics cal complir la normativa nacional i internacional sobre producció i etiquetatge de productes ecològics.

BENEFICIS

- Aliments d'òptima qualitat.
- Sostenibilitat mediambiental.
- Preservació de la biodiversitat.
- Optimització dels recursos naturals.
- Afavoriment del desenvolupament rural.

Camp de conreu ecològic.

8. És sostenible la ramaderia actual?

La ramaderia: explotacions i sistemes ramaders

La **ramaderia** és la cria d'animals per disposar d'aliments com ara carn, llet, ous i altres productes com el cuir i la llana. Els animals també s'utilitzen com a força de treball o s'exploten per a la seva reproducció.

Les explotacions ramaderes varien segons la mena d'animals que es crien (boví, caprí, porcí, avícola...) i si s'empren sistemes extensius (quan el bestiar pastura a l'aire lliure) o intensius (quan està estabulat).

Quant als sistemes ramaders, podem distingir entre els **tradicionals** i els **evolucionats**. Dins d'aquests últims, els anomenats "productivistes" (majoritàriament estabulats), han abaratit la carn, però plantegen greus problemes de sostenibilitat, per això la ramaderia ecològica es proposa com a alternativa.

SISTEMES RAMADERS

Tradicionals

Nens massais amb ramat a Tanzània, Àfrica.

- La ramaderia complementa l'agricultura i s'orienta a l'autoconsum, i l'excedent, al comerç local. Les explotacions són petites, de tipus familiar, i es crien animals de corral i de pastura, amb races autòctones.
- Els animals s'alimenten de les restes de les collites o pasturen per les terres marginals i els guarets.
- S'inverteix poc en maquinària i cures veterinàries.
- La ramaderia és majoritàriament sedentària, però en algunes zones molt seques o molt fredes, com els deserts càlids o la tundra, els ramats es desplacen a la recerca d'aigua o d'aliment.
- Es localitzen a les regions intertropicals d'Àfrica, Llatinoamèrica i del Sud-est asiàtic, i en alguns països del nord d'Àfrica i d'Àsia central i occidental.

Evolucionats

- Estan orientats a vendre els productes als mercats i obtenir el màxim benefici.
- Per això porten a terme inversions elevades en instal·lacions, automatització de les tasques, alimentació dels animals, hormones per fomentar el creixement i antibiòtics per prevenir malalties.
- Les explotacions són grans per millorar la rendibilitat.
- S'especialitzen en la producció de carn, llet i ous. Amb la finalitat d'obtenir una producció elevada seleccionen les races més productives, en detriment de les autòctones.
- Convé distingir entre ramaderia evolucionada extensiva i intensiva:
  - L'**extensiva** es localitza a les grans prades i estepes dels Estats Units, l'Argentina i Austràlia. S'especialitza en la cria de bestiar boví i oví per al mercat internacional.
  - La **intensiva**, també anomenada industrial, es dedica preferentment al bestiar boví, porcí i avícola. Els animals es crien en estables o granges en règim d'estabulació.

Gallines ponedores en una granja molt automatitzada.

Ramaderia evolucionada extensiva a l'Argentina.

La sostenibilitat de la ramaderia industrial

La ramaderia industrial destina grans inversions per fomentar el creixement dels animals a les granges. Controla l'alimentació i la salut del bestiar, així com la temperatura i la humitat dels estables i les hores de llum per agilitar l'engreixament dels animals per augmentar la producció.

La ramaderia industrial ha abaratit molt la producció d'aliments, però comporta seriosos problemes:

- És una ramaderia molt contaminant, ja que emet gasos d'efecte d'hivernacle i els purins dels animals contaminen el sòl i l'aigua.
- Es qüestiona el benestar del bestiar i les condicions en què viu, perquè a les naus s'hi allotgen milers d'animals en espais reduïts.
- És poc eficient. Per exemple, per obtenir 1 kg de carn de vaca es necessiten 15 kg de pinsos i farratges i milers de litres d'aigua.

Producció mundial de diferents tipus de carn

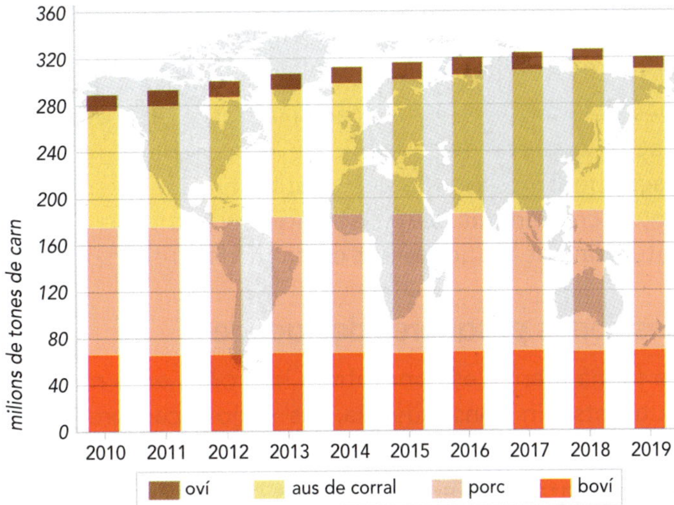

La ramaderia ecològica, una solució?

La ramaderia ecològica produeix aliments i recursos d'origen animal d'alta qualitat respectant el medi ambient i el benestar dels animals:

- El bestiar es cria a l'aire lliure on pastura lliurement. La qualitat de la carn o la llet és superior en els animals amb major benestar.
- Les granges ecològiques respecten el cicle de la matèria: els animals mengen herba o cereals de l'agricultura ecològica, que es fertilitzen i creixen amb el fem que produeixen, cosa que aporta nutrients nous al sòl.
- En aquest sistema ramader no s'empren hormones ni antibiòtics sinó que es potencia el sistema immunitari dels animals amb una bona alimentació i condicions de vida.
- Gairebé totes les explotacions són petites i de caràcter familiar. Els productes ecològics contribueixen a un desenvolupament sostenible.

A la ramaderia ecològica (esquerra) els animals compten amb un espai ampli de criança que afavoreix el benestar animal, mentre que a la industrial (dreta) tenen un espai molt limitat.

9. Existeixen alternatives sostenibles a la pesca de captura?

L'activitat pesquera: problemes i solucions

14 VIDA SUBMARINA

La pesca es basa en l'aprofitament dels recursos naturals que ofereix el mar, i proporciona aliments a les persones i matèries primeres a la indústria (congelats, conserves, olis...).

Des dels seus orígens, la caça i la pesca eren activitats de depredació. A partir del Neolític, la ramaderia va anar substituint la caça, però no ha passat el mateix amb la pesca. No obstant això, el creixement actual de l'aqüicultura obre una esperança de futur davant l'esgotament creixent dels recursos pesquers.

Aqüicultura.

Les zones pesqueres destacades

La fauna marina es concentra a les zones amb més abundància de nutrients. En conseqüència, les majors captures es localitzen en unes zones determinades, els **caladors**, que es troben a:

- Les **plataformes continentals**: àrees marines de poca profunditat i abundants nutrients aportats pels rius (mar del Nord, de la Xina, del Japó).
- Les **zones de contacte entre els corrents oceànics freds i càlids**, com ocorre a l'est d'Amèrica del Nord i el nord-est d'Àsia.
- Les **zones d'aflorament d'aigües profundes i corrents freds**: costes del Perú, Xile, Mauritània, Namíbia...

Pesca costanera.

On es pesca al món?

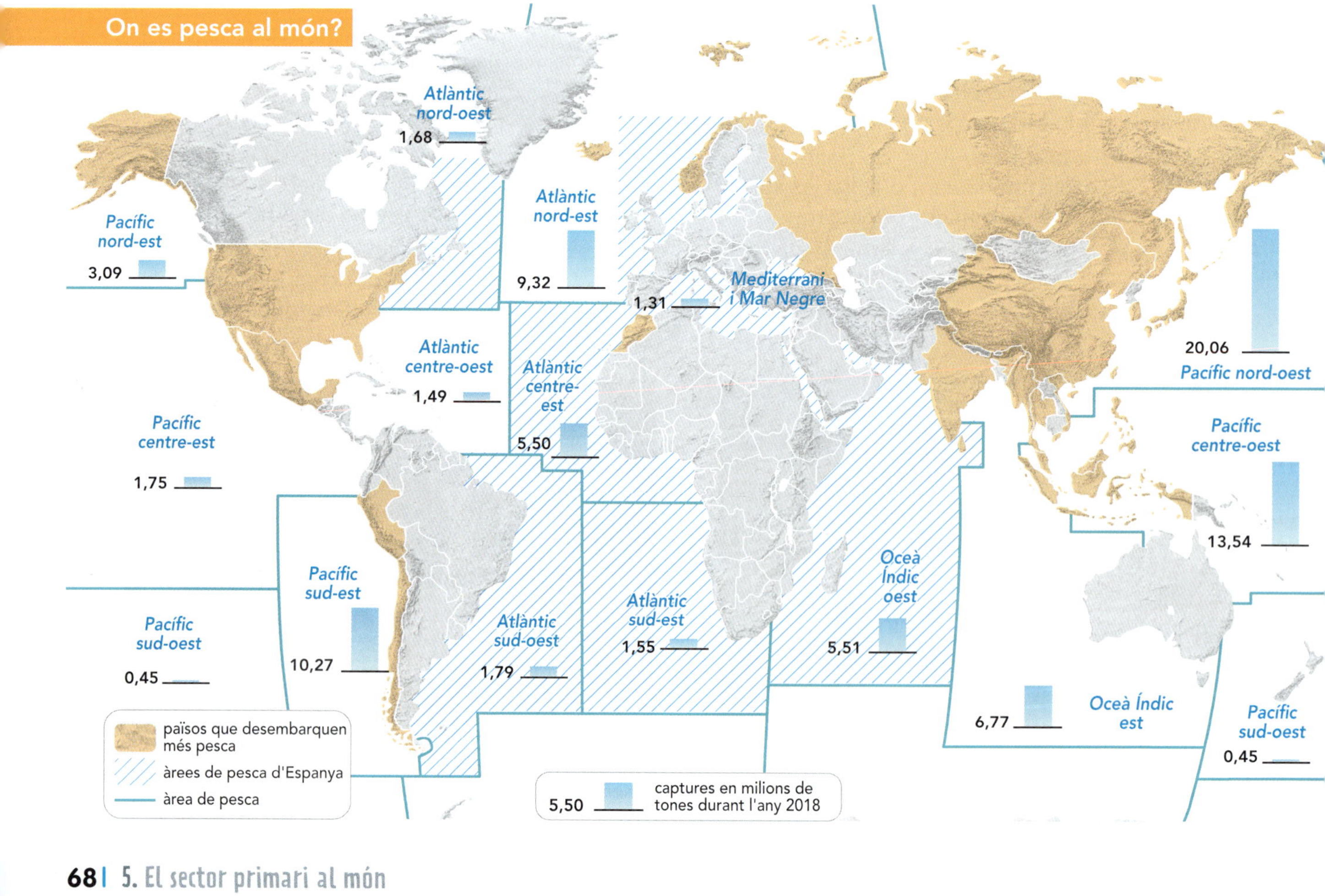

SISTEMES DE PESCA

En funció de les embarcacions pesqueres i de l'abast dels desplaçaments que fan es distingeixen tres tipus de pesca marítima:

Pesca litoral o costanera. Es fa amb embarcacions petites o mitjanes que amb prou feines s'allunyen de la costa durant el dia.

Pesca costanera.

Pesca d'altura. Es porta a terme amb embarcacions grans i estan diversos dies i, fins i tot, setmanes al mar.

Pesca d'altura.

Pesca de gran altura.

Pesca de gran altura. S'utilitzen vaixells enormes, veritables fàbriques de peix, i poden estar pescant en alta mar durant mesos.

Segons el nivell tecnològic i el destí de la producció, la pesca pot ser:

Artesanal. Utilitza aparells de pesca senzills i les captures són molt reduïdes i es destinen al mercat local.

Industrial. Es fa amb vaixells grans i aparells complexos, amb tecnologia d'última generació que permet obtenir gran quantitat de captures. Comercialitzen el peix a escala mundial i el subministren també a la indústria.

L'aqüicultura, una alternativa a la pesca de captura

L'eficàcia de les tècniques i equipaments pesquers ha comportat la sobreexplotació de molts caladors. L'excés de captures, la degradació dels fons marins i la contaminació estan posant en perill el futur de moltes espècies marines.

Una alternativa a la pesca de captura és l'aqüicultura, que consisteix en la cria d'animals i plantes en aigua dolça o salada. Aquesta tècnica està molt desenvolupada a Àsia, i la Xina n'és el líder mundial.

Malgrat tot, l'aqüicultura presenta alguns problemes: amenaces als ecosistemes costaners, captura en excés de larves salvatges o la paradoxa que molts peixos en captivitat, com el salmó, s'alimentin en part amb pinsos obtinguts de peixos capturats.

Nivell d'explotació de les poblacions pesqueres

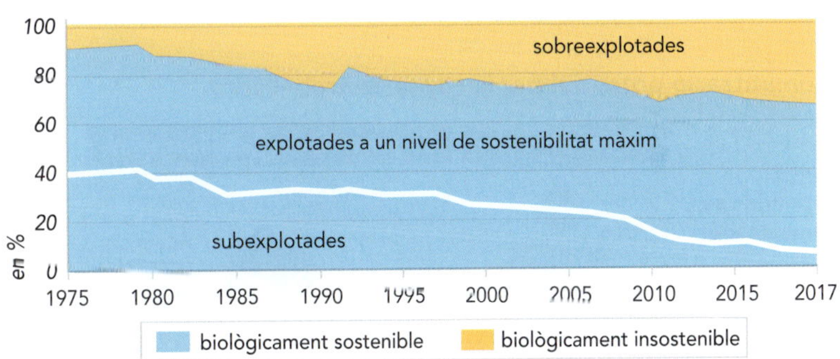

Evolució mundial de la pesca de captura i l'aqüicultura

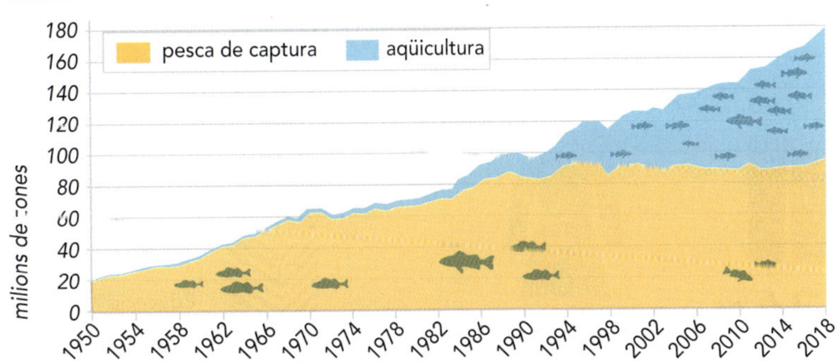

6 El sector secundari al segle XXI

El sector secundari inclou la producció d'energia, la mineria, la construcció i la indústria.

Les activitats industrials transformen les matèries primeres en productes elaborats que poden utilitzar-se o consumir-se directament o bé que són part de l'elaboració d'altres productes industrials.

La indústria ha anat canviant amb l'evolució dels processos de producció. Actualment, les activitats industrials es caracteritzen per l'augment de l'automatització industrial i la robotització i pel trasllat de moltes fàbriques a països on la mà d'obra és més barata i les lleis són més permissives.

Els canvis continuen, i així, els efectes que la robotització planteja en el futur de la indústria són incerts.

Per començar:
La robotització, una amenaça o un repte de futur?

El nombre de robots industrials creix anualment un 12 % del 2020 al 2025

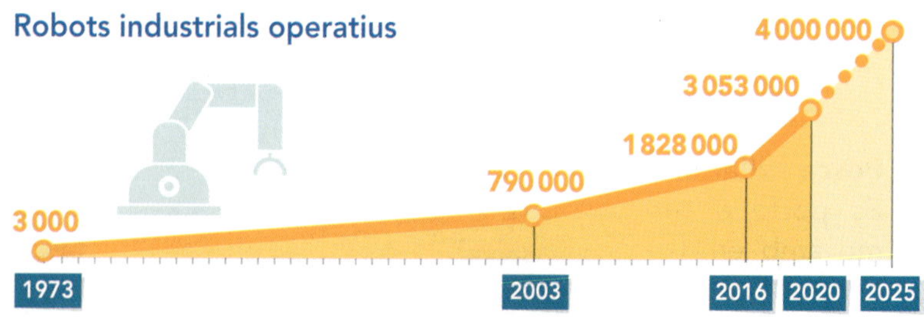

L'any 2050, els robots podrien ocupar la meitat dels llocs de treball en les economies més desenvolupades

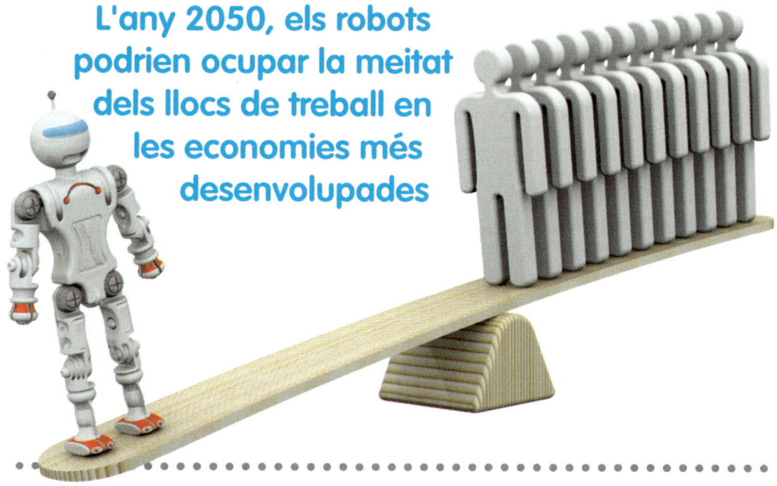

Automatització potencial per la classe de treballador

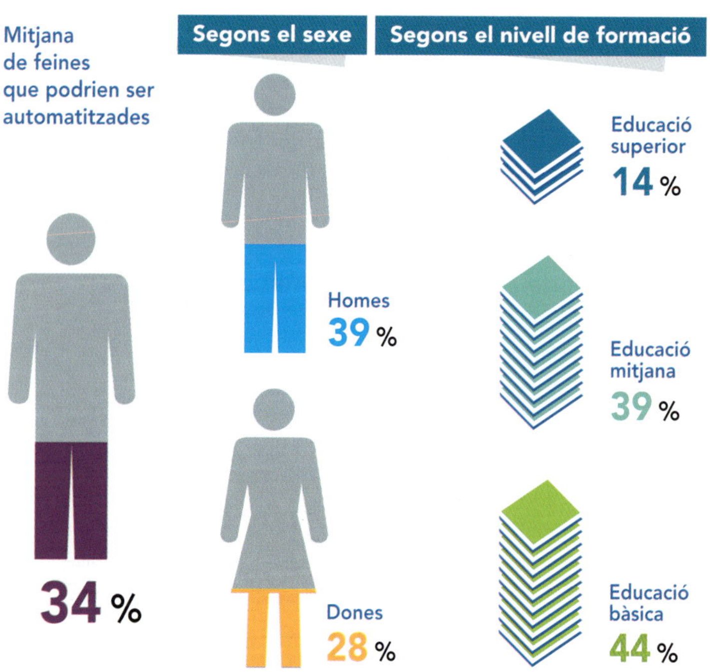

La robotització afectarà més les feines menys qualificades

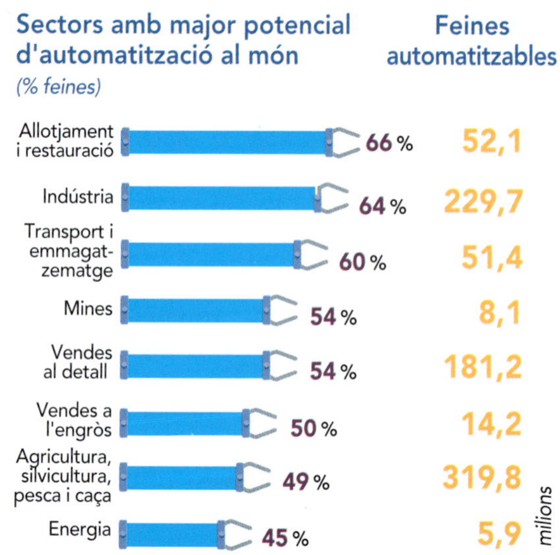

1. Quines activitats inclou el sector secundari?

Les activitats del sector secundari

El sector secundari comprèn les activitats econòmiques dedicades a transformar els recursos naturals (matèries primeres) en nous productes elaborats que satisfan necessitats humanes.

Aquest sector inclou la **indústria**, la **producció d'energia**, la **mineria** i la **construcció**:

- L'activitat industrial és la més important perquè transforma els recursos naturals i crea productes nous.
- La producció d'energia, com la generació d'electricitat, és necessària per desenvolupar el treball.
- La mineria és un conjunt d'activitats que utilitza diferents mètodes per a l'extracció de minerals necessaris per a la indústria i la construcció.
- La construcció crea diferents tipus d'edificis (cases, gratacels...) i infraestructures (ponts, carreteres...).

L'activitat industrial

Les indústries es classifiquen:

- Segons els productes que fabriquen: de base (siderúrgica, metal·lúrgica, etc.); de béns d'equip (maquinària per a altres indústries, motors...), i d'ús i consum (alimentària, automobilística...).
- Segons el nivell tècnic: madures (tèxtil...) i de tecnologia punta (microelectrònica, robòtica...).
- Segons el volum de les matèries primeres que manegen: pesants, semipesades i lleugeres.
- Per la grandària: grans (més de 1 000 treballadors), mitjanes (de 50 a 1 000) i petites (menys de 50).

Les indústries papereres transformen la fusta en paper i cartó, amb els quals altres indústries produiran llibres, diaris, capses, mocadors, etc.

COM ÉS EL PROCÉS ACTUAL DE PRODUCCIÓ INDUSTRIAL?

L'actual **producció industrial** combina els **recursos naturals**, l'**element humà**, el **capital** i la **tecnologia** amb una **organització empresarial**.

La finalitat de la indústria d'avui és proveir de productes de qualitat a preus competitius i destinats a un mercat global.

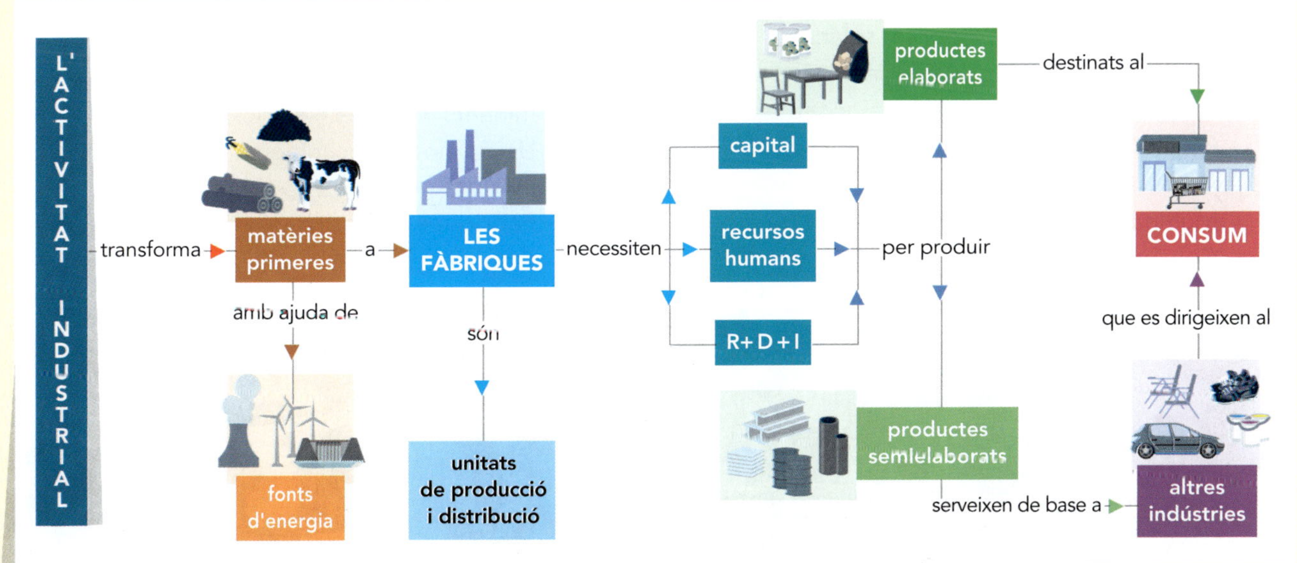

2. Com ha evolucionat l'activitat industrial?

1a Revolució Industrial (1770-1870)

- Comença a la Gran Bretanya, on sorgeixen les primeres fàbriques (tèxtils i metal·lúrgiques), impulsades per màquines de vapor i els primers ferrocarrils.
  - Font d'energia: carbó.
  - Màquina de vapor per filar i teixir i energia hidràulica.
  - Ferrocarril i vaixell de vapor.
  - Divisió del treball.
  - Fàbrica amb maquinària i treballadors no experts.
  - Mecanització de la producció.

2a Revolució Industrial (1870-1945)

- S'estén per Europa, els EUA i el Japó. Es desenvolupa la indústria siderúrgica, dels béns d'equip (trens, transatlàntics, de guerra, etc.), i arrenca la indústria elèctrica, química i de l'automòbil.
  - Fonts d'energia: petroli i gas.
  - Energia elèctrica i motors elèctrics i d'explosió, acer.
  - Automòbil, avió...
  - Grans fàbriques amb producció en massa.
  - Primera cadena de muntatge (fordisme).
  - Taylorisme.

3a Revolució Industrial (1945-1990)

- S'inicia amb l'esclat nuclear a Hiroshima. Les grans potències són els EUA i l'URSS; el Japó i la UE s'hi afegiran més tard. Les indústries capdavanteres són la nuclear, aeroespacial, química del petroli i electrònica.
  - Font d'energia: urani.
  - Energies alternatives (eòlica, solar...).
  - Reactor nuclear, TIC i robòtica.
  - Avió de reacció, tren d'alta velocitat...
  - Petroquímica, plàstics.
  - Automatització i electrònica.
  - Multinacionals, deslocalització i R+D+I.
  - Consum de masses.

Indústria 4.0 (1990-fins avui)

- S'inicia amb l'aparició d'Internet i el desenvolupament de la robotització, les energies renovables, etc. La Xina es converteix en una gran potència industrial i lidera les economies properes (Corea del Sud, Taiwan...).
  - Energies renovables i materials nous.
  - Maquinària i productes intel·ligents.
  - Transports autònoms, eficients i no contaminants (vehicles elèctrics, híbrids...).
  - Ús de noves tecnologies (dades massives, Internet...).
  - Fàbriques robotitzades i hiperconnectades.

El futur de la indústria al segle XXI

L'activitat industrial es troba en un procés de transformació dels canvis productius i tecnològics, i constitueix un sector clau:

- Com proposa l'ODS 9, una **indústria innovadora** pot donar resposta als grans reptes mundials com ara acabar amb la fam i reduir la pobresa, millorar les condicions de treball i de vida de milions de persones, etc.
- Tot i que el sector industrial ha reduït la seva importància enfront del sector terciari (pels processos de desindustrialització i deslocalització), la indústria construeix **economies diversificades i més competitives**, i permet el **creixement dels països amb menor desenvolupament**.
- Exerceix un **paper estratègic en el comerç i la política internacional**, perquè el desenvolupament industrial exigeix l'accés a matèries primeres i energies a preus assequibles.

A diferència de l'elaboració artesanal del calçat, la producció actual es desenvolupa en fàbriques amb tecnologia moderna, capaces de fabricar grans produccions destinades a un mercat global.

PER QUÈ ÉS NECESSÀRIA L'ECONOMIA CIRCULAR EN EL PROCÉS DE PRODUCCIÓ INDUSTRIAL?

L'economia circular
ticking.com/784222

L'economia circular és un model de disseny, producció i consum que té per objectiu que els recursos continuïn generant valor en el temps. Així, es redueixen al mínim els residus dels processos productius i l'impacte que tenen en els ecosistemes.

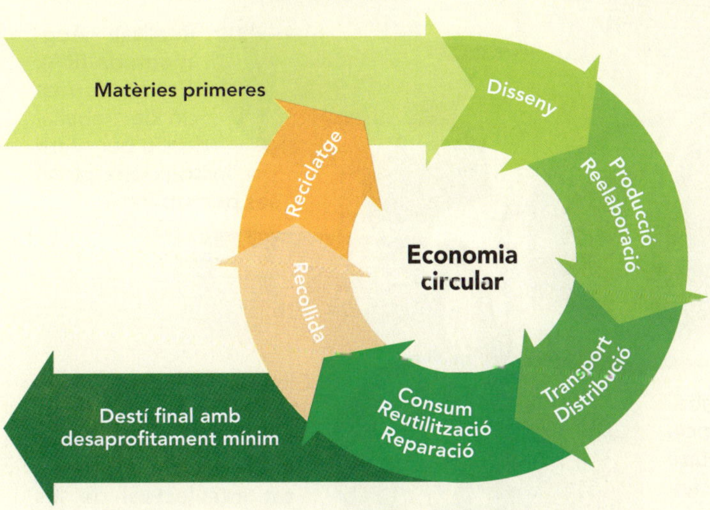

- **Millora el model existent.** L'economia circular substitueix el model lineal caracteritzat per "extreure, produir i rebutjar".
- **Promoure la innovació.** És una manera sostenible de promoure el creixement econòmic, el benestar social i el respecte al medi ambient.
- **Fa els recursos més valuosos.** En una empresa circular, el sistema sencer està preparat per reutilitzar, reparar, restaurar i reciclar els recursos perquè generin valor una vegada i una altra.

3. Estem immersos en la Quarta Revolució Industrial?

La Indústria 4.0.

En l'última dècada, els processos de producció industrial han evolucionat i s'ha creat el concepte d'Indústria 4.0. que es caracteritza per la transformació digital dels processos de producció industrial per la utilització de noves tecnologies connectades.

Algunes s'empren des de fa dècades, com els robots a la indústria automobilística, però és la interacció i connexió amb altres tecnologies el que fa que es parli de la **Quarta Revolució Industrial**.

Els avantatges dels actuals processos de producció industrial són: la **reducció de costos de producció**, per l'eficiència en el procés productiu i l'estalvi d'energia i matèries primeres, l'**augment de la productivitat i qualitat** dels productes i l'aparició de **productes nous**, com els teixits intel·ligents.

No obstant això, també hi ha una sèrie de desafiaments, com la reducció de **perfils professionals** en què es desenvolupaven tasques físiques, repetitives i d'escassa qualificació i la demanda de perfils professionals especialitzats formats per a aquest sector.

Flux d'informació entre els mons físic i digital

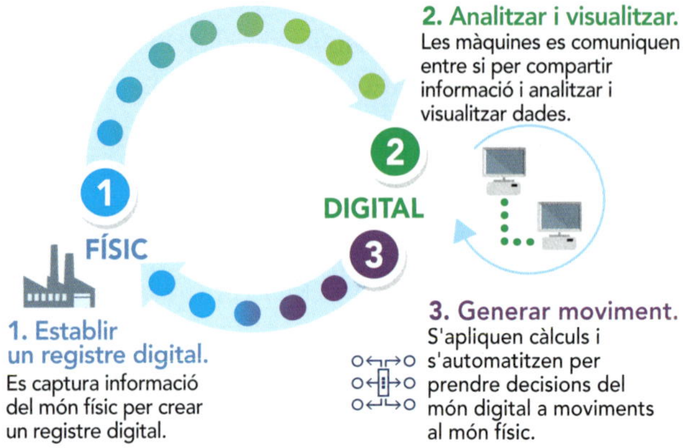

Les tecnologies de la Indústria 4.0 s'integren en un flux continu d'informació entre l'àmbit físic i el digital.

CARACTERÍSTIQUES DE LA QUARTA REVOLUCIÓ INDUSTRIAL

El **núvol**. S'emmagatzemen dades per intercanviar i accedir-hi a gran velocitat.

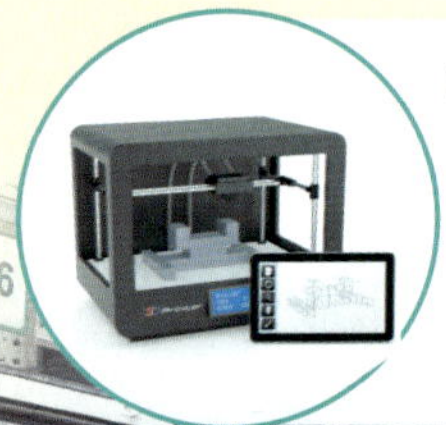

Impressió 3D. Permet elaborar prototipus i produir components senzills a un preu assequible.

Simulacions. Reprodueixen en entorns virtuals el funcionament de màquines.

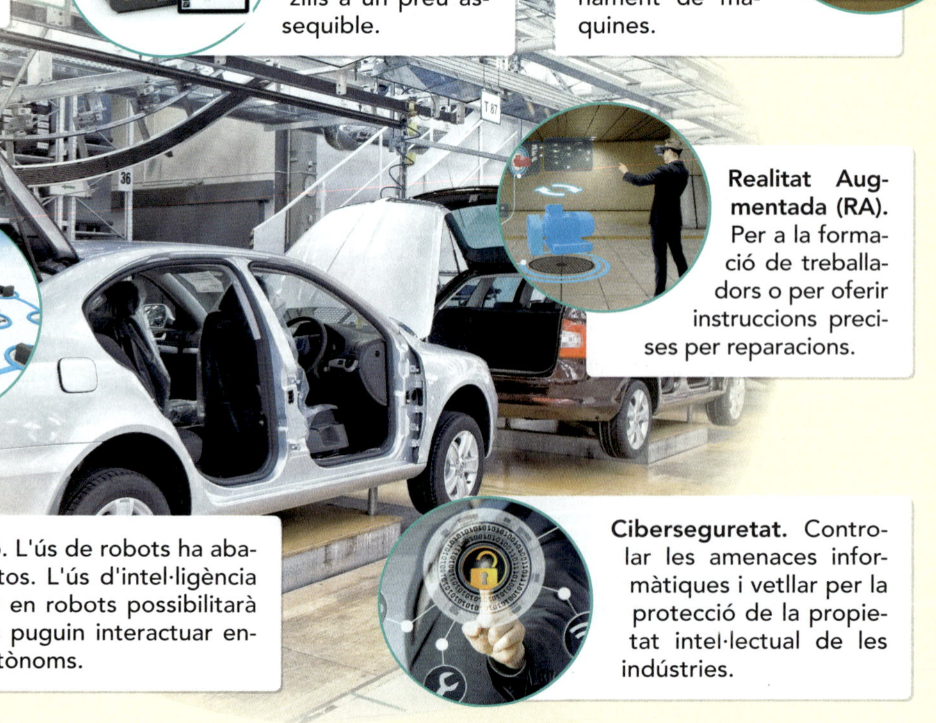

Dades massives. Les indústries obtenen informació sobre la seva producció i abarateixen costos.

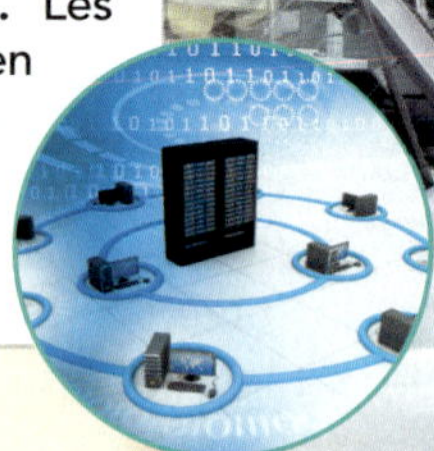

Realitat Augmentada (RA). Per a la formació de treballadors o per oferir instruccions precises per reparacions.

Robotització. L'ús de robots ha abaratit els costos. L'ús d'intel·ligència artificial (IA) en robots possibilitarà que aquests puguin interactuar entre si i ser autònoms.

Ciberseguretat. Controlar les amenaces informàtiques i vetllar per la protecció de la propietat intel·lectual de les indústries.

4. On es localitzen els espais industrials?

Els factors de localització industrial

Antigament, les indústries es localitzaven en espais amb matèries primeres i fonts d'energia. Actualment, la localització industrial depèn de:

- Factors **naturals**. La proximitat a les matèries primeres i fonts d'energia permet abaratir costos de producció. El comerç internacional fa que avui en dia ja no siguin factors importants.
- Factors **econòmics**. La disponibilitat de capital és fonamental per finançar l'empresa. A més, les infraestructures de transports són necessàries per connectar la producció industrial amb els mercats de consum i les indústries complementàries.
- Factors **polítics**. Aquells territoris que ofereixen avantatges comercials i fiscals, i amb plans d'ordenació que facilitin la disponibilitat de sòl industrial, atreuen les indústries. A més, la legislació també influeix en l'atracció amb incentius per a les empreses, legislació laboral, normatives mediambientals, etc.
- Factors **socials**. Les indústries més avançades requereixen poca mà d'obra però altament qualificada, mentre que les menys avançades necessiten mà d'obra abundant i amb escassa qualificació. Un darrer factor és l'acceptació de l'empresa per part de la societat on s'instal·la.

Població ocupada a la indústria

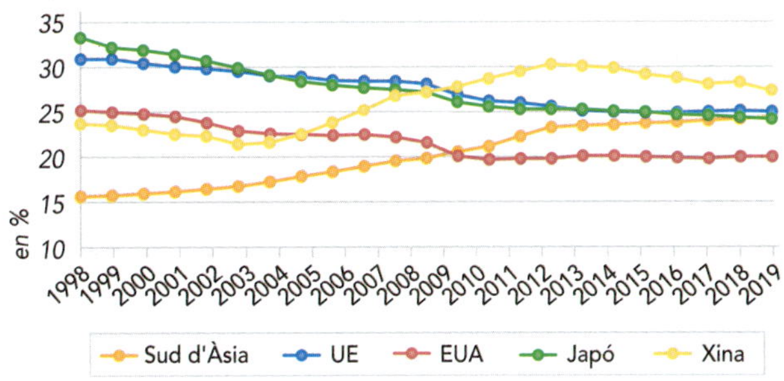

Regions industrials i clústers tecnològics

La coincidència de diversos factors fa que les indústries es concentrin en espais geogràfics determinats, les regions industrials. Si és una zona on es concentren indústries d'alta tecnologia i relacionades amb centres universitaris o de recerca, es diuen tecnòpolis o clúster tecnològic.

Producció i localitzacions: l'exemple d'Inditex

Inditex és una de les primeres companyies del món en el sector industrial tèxtil. Els treballadors es reparteixen per nombroses fàbriques dels diferents continents.

La localització de la producció global d'Inditex es concentra a 11 països, on no només hi ha fàbriques de confecció, sinó també de tintatge, rentada o estampació de teles.

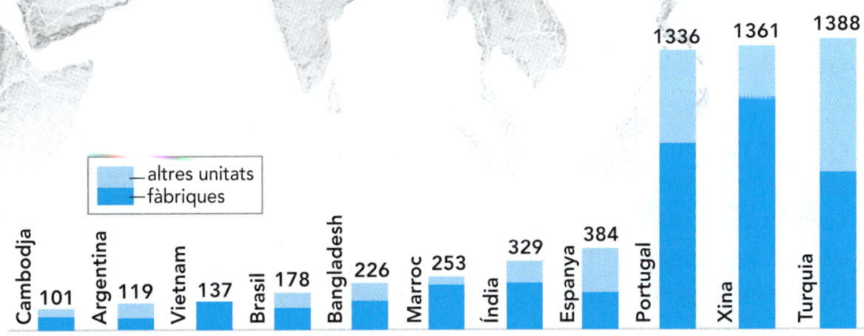

5. Quines són les grans regions industrials del món?

Els nous països industrialitzats

Regions industrials del món

Al món hi ha diferents regions industrials, que es classifiquen en funció del nivell d'industrialització. Així, distingim **regions industrials tradicionals** (l'Europa occidental, els Estats Units i el Japó), que són aquelles que han tingut un paper significatiu en les revolucions industrials, i **regions industrials emergents** (la Xina, Corea del Sud, el Sud-est asiàtic o el Brasil), sorgides durant les últimes dècades. Cal destacar-ne la Xina, ja que és la primera potència industrial avui dia.

La ciutat de Shenzhen és un dels principals centres de producció de la Xina.

Producció industrial en bilions de dòlars l'any 2020

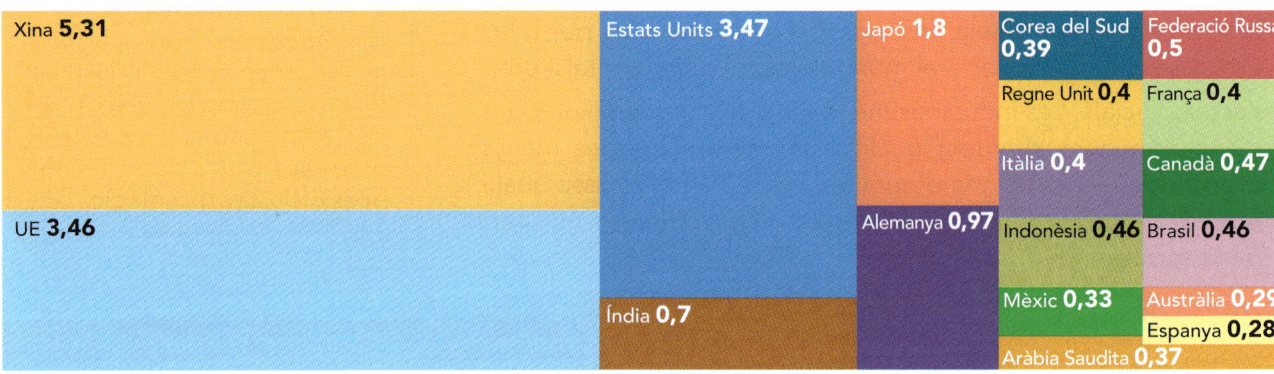

Què és la deslocalització industrial?

Les regions industrials no funcionen com a nodes aïllats, ja que gràcies a la millora de les comunicacions i la tecnologia poden interconnectar els llocs de producció i consum de manera eficient. Per això, és habitual la presència d'empreses multinacionals, de gran grandària i amb filials a diferents països.

Aquest procés es denomina deslocalització industrial, i consisteix en el trasllat de tota o part de la producció a altres països per tal d'obtenir beneficis més alts.

Com es deslocalitzen les empreses?

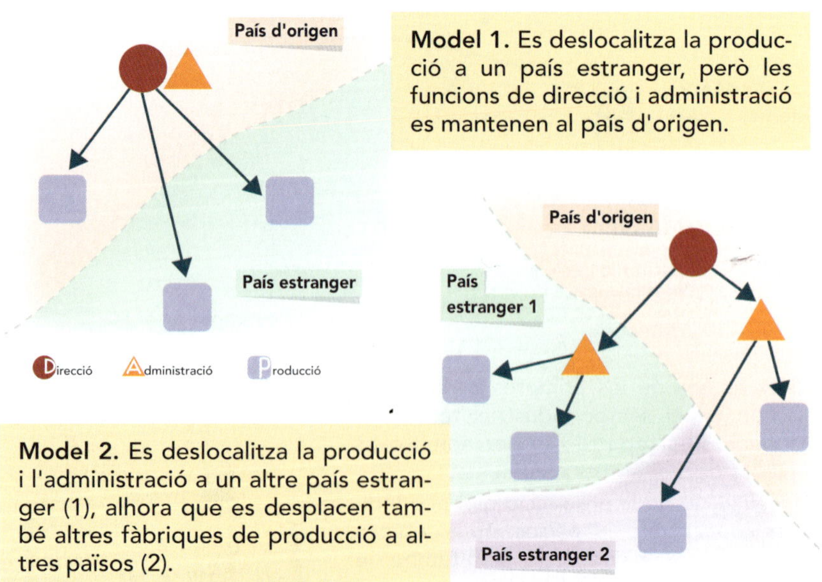

Model 1. Es deslocalitza la producció a un país estranger, però les funcions de direcció i administració es mantenen al país d'origen.

Model 2. Es deslocalitza la producció i l'administració a un altre país estranger (1), alhora que es desplacen també altres fàbriques de producció a altres països (2).

Zones industrials i deslocalització al món actual

L'impacte econòmic i social de la indústria

La cerca de beneficis més alts amb menors costos ocasiona un impacte molt alt en les economies dels països desenvolupats i emergents. Entre les **conseqüències positives** destaquen:

- La reducció dels costos de producció industrial, que permet a les empreses ser més competitives.
- La creació d'ocupació i la dinamització de l'economia als països emergents.

No obstant això, també comporta una sèrie de **repercussions negatives** com:

- L'explotació laboral als països emergents, perquè no tenen legislacions que garanteixin el benestar i una remuneració adequada.
- La pèrdua d'ocupacions directes i indirectes i el tancament de fàbriques als països desenvolupats.

9 INDÚSTRIA, INNOVACIÓ I INFRAESTRUCTURA

El repte mediambiental

Les activitats del sector secundari tenen un alt impacte mediambiental, per les emissions i la sobreexplotació de les matèries primeres. A més, la deslocalització industrial afecta el medi ambient:

- Els països emergents solen tenir legislacions menys respectuoses, per la qual cosa es produeixen agressions al medi ambient, com ara abocaments a l'atmosfera, aigües i sòls, desforestació...
- El desplaçament dels productes a milers de quilòmetres de distància comporta una despesa energètica més gran i, per tant, més emissions.

La sostenibilitat mediambiental constitueix un dels principals reptes de la indústria; cal un canvi de model cap a indústries més respectuoses amb el medi ambient i menys depredadores dels recursos naturals.

Agbogbloshie és un barri d'Accra (Ghana), transformat en un abocador per a ferralla electrònica provinent d'Europa i de l'Amèrica del Nord.

6. Quines fonts d'energia mouen el món?

Les fonts d'energia

Les **fonts d'energia** són aquells recursos naturals dels quals és possible obtenir energia per fer-ne ús (industrial, domèstic, transports, etc.).

- Segons la disponibilitat, es diferencien entre **fonts d'energia no renovables** (perquè les reserves són limitades) i **fonts d'energia renovables** (ja que tenen una disponibilitat il·limitada).
- En funció de la procedència, es distingeixen: **energies primàries** (directament de la naturalesa, com la solar, l'eòlica, l'urani, el carbó o el petroli) i **energies secundàries** (procedents d'una energia primària: gasolina, electricitat...).

Evolució del consum energètic mundial

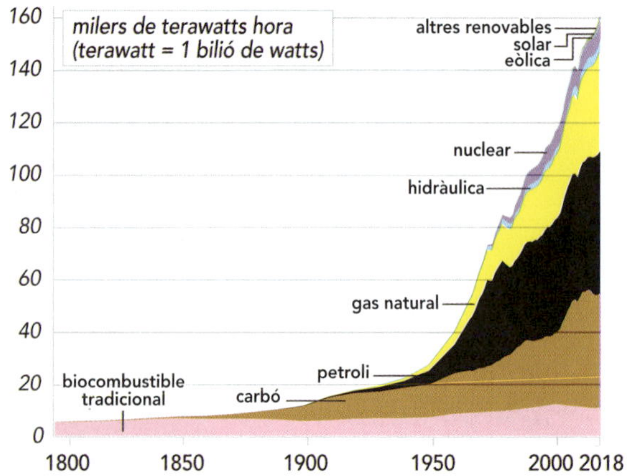

L'energia al món

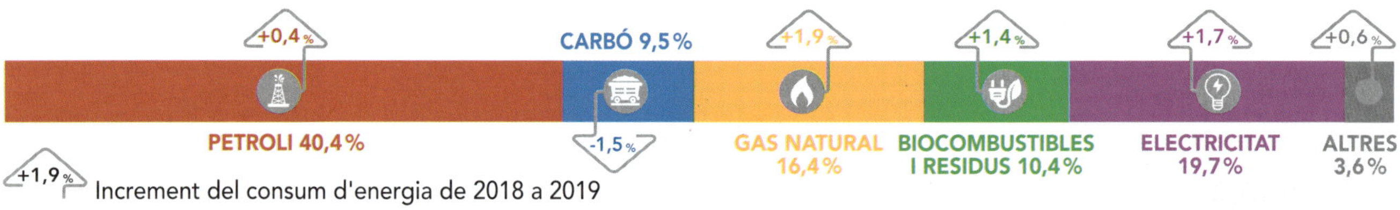

Energies no renovables

Carbó

És un combustible fòssil, originat fa milions d'anys per l'acumulació de vegetals al fons d'aigües poc profundes. Ha estat la principal font d'energia fins fa unes dècades, avui superada pel petroli. Continua sent molt utilitzat com a combustible de centrals tèrmiques que generen electricitat.

Petroli

Avui és el primer combustible fòssil. Té l'origen en l'acumulació durant milions d'anys de zooplàncton i d'algues al fons de mars i llacs. S'empra com a font d'energia en el transport, per obtenir electricitat i com a matèria primera en la indústria petroquímica (plàstics i asfalts).

Urani

Metall radioactiu utilitzat com a combustible a les centrals nuclears. La fissió controlada dels seus àtoms genera una temperatura elevada per produir electricitat. Origina residus radioactius que són molt contaminants i implica el risc d'accident nuclear.

Gas natural

És el tercer combustible fòssil i apareix sovint als jaciments associats al petroli. Molt menys contaminant que el carbó i el petroli, el seu ús ha crescut com a combustible per a calefacció i centrals tèrmiques.

7 ENERGIA ASSEQUIBLE I NO CONTAMINANT

Energies renovables

Eòlica

L'energia del vent ha rebut un gran impuls des de fa unes dècades, amb l'abaratiment de grans aerogeneradors o molins de vent que produeixen corrent elèctric.

Solar

La inesgotable energia del sol és aprofitable directament com a energia tèrmica (calefacció) i també per produir electricitat, bé amb cèl·lules fotovoltaiques o amb grans centrals termoelèctriques.

De biomassa

Molts productes orgànics (llenya, palla, pinyols d'oliva, fems...), es fan servir com a combustibles de calefacció, centrals elèctriques o biodièsel. Són energies renovables, però contaminen i no és eficient cremar, per exemple, oli de palma, a costa de la desforestació.

L'Agència Internacional de l'Energia
tiching.com/784223

Hidràulica

Des dels embassaments s'aprofiten els salts d'aigua per moure turbines que generen electricitat. Les centrals hidroelèctriques són fins avui la font d'energia renovable i neta més utilitzada i antiga.

Geotèrmica

L'energia geotèrmica aprofita la calor de l'interior de la terra mitjançant perforacions. S'explota per a la climatització d'habitatges i per alimentar centrals termoelèctriques.

Energies del mar (mareomotriu, de les ones, etc.)

El mar ofereix un gran potencial d'energia dinàmica (marees, ones...) que pot aprofitar-se mitjançant generadors elèctrics. Hi ha diversos projectes en marxa, però, majoritàriament, estan encara en fase experimental.

7. Existeix un problema energètic?

El consum d'energia

El consum d'energia al món va créixer a partir de la Revolució Industrial i es va accelerar enormement des del 1950, a causa de l'**augment de la població i de l'activitat econòmica**. Les fonts d'energia que avui utilitzem són majoritàriament **combustibles fòssils** altament contaminants i amb reserves exhauribles.

Actualment, s'estima que es consumeixen uns 166 milions de barrils de petroli diaris; és a dir, la humanitat està consumint acceleradament el que la naturalesa triga milions d'anys a produir i això pot provocar l'esgotament a mitjà termini de les reserves existents.

Els combustibles fòssils emeten un gran volum de **gasos d'efecte d'hivernacle (GEH)** que estan augmentant la temperatura mitjana de la Terra. També s'alliberen òxids de sofre i nitrogen, que són responsables de la pluja àcida que danya la vegetació i l'aigua.

La comunitat internacional planteja una reducció de les emissions de GEH i substituir les actuals fonts d'energia per altres de més netes i renovables. D'aquesta manera es pretén fer front a la situació mediambiental denominada emergència climàtica.

Com estalviar energia a la llar
tiching.com/784224

12 PRODUCCIÓ I CONSUM RESPONSABLES

És possible el canvi energètic?

El Protocol de Kyoto del 2004 i els acords de París sobre el canvi climàtic (2015), signats per una majoria de països, han posat en marxa una reacció mundial per detenir o alentir aquest canvi.

S'hi han acordat plans per reduir les emissions de GEH, ocasionades en un 60 % pel consum d'energies, i augmentar les energies renovables i no contaminants per al 2030.

Joves de diversos països fan una crida a adoptar mesures urgents contra el canvi climàtic durant la cimera del clima de l'ONU del 2019.

Els **principals productors d'energia** són la Xina, els Estats Units, la Federació Russa, l'Aràbia Saudita, l'Índia, el Canadà, Indonèsia, l'Iran i Austràlia. Alguns països del Pròxim Orient (l'Aràbia Saudita, l'Iran...) es troben des de la dècada de 1970 entre els grans productors de petroli, juntament amb els Estats Units i Rússia.

Països productors i consumidors d'energia

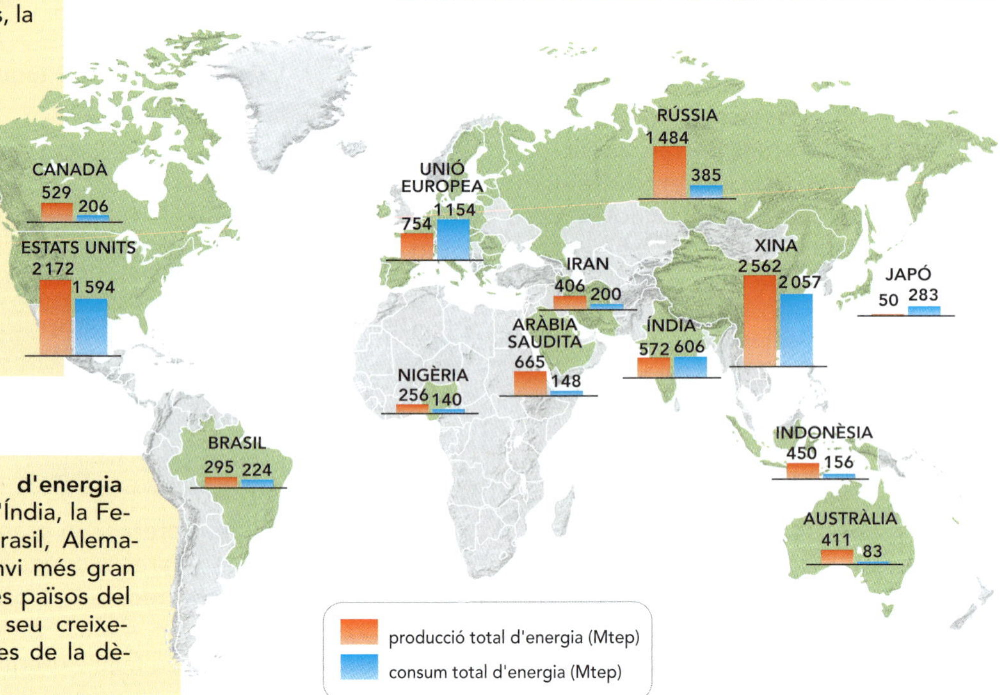

Els **principals consumidors d'energia** són la Xina, els Estats Units, l'Índia, la Federació Russa, el Japó, el Brasil, Alemanya, el Canadà i l'Iran. El canvi més gran s'ha produït a la Xina i a altres països del Sud-est asiàtic, a causa del seu creixement industrial i econòmic des de la dècada de 1990.

8. Com està canviant la indústria minera?

La importància dels recursos miners

La **mineria** és l'activitat encarregada d'obtenir recursos minerals de la naturalesa per al seu posterior ús industrial. Constitueix una activitat fonamental per al sector secundari, perquè a més de proporcionar fonts d'energia, subministra matèries primeres, entre d'altres, a les noves indústries tecnològiques. Pot ser de tres tipus:

- La **mineria energètica** proporciona petroli, gas natural, carbó i urani.
- La **mineria metàl·lica** extreu metalls preciosos (or, plata...), metalls per a la indústria tradicional (ferro, alumini...) i els obtinguts de terres rares (neodimi, terbi...), avui indispensables en la indústria electrònica.
- Entre els **minerals no metàl·lics** destaquen els que proveeixen la indústria química (sofre, fòsfor...) o les pedres precioses. Les roques constitueixen la matèria primera per a la construcció (granit, gres...) i la fabricació de ciments i ceràmiques (calcàries, argiles...).

El control dels jaciments miners i les tecnologies d'extracció tenen una **importància geoestratègica** creixent.

Tenir grans recursos minerals pot suposar una font d'ingressos pels països menys desenvolupats. Però, pel fet de ser essencials per a determinades indústries, l'explotació i comercialització d'aquests recursos solen estar controlades per empreses internacionals que imposen criteris propis.

Els alts costos de la mineria

De vegades, l'extracció de minerals provoca conflictes armats pel control dels jaciments, desplaçaments de la població, agressions ambientals...

Molts miners treballen en condicions laborals deplorables, gairebé de semiesclavitud, i també és molt freqüent el treball infantil.

A països com la República Democràtica del Congo, amb grans reserves de minerals imprescindibles per a les noves tecnologies, hi existeix una pobresa extrema i una explotació de la població.

LES TERRES RARES

El grup de les **terres rares** està format per disset elements de la taula periòdica, fonamentals en la fabricació de multitud de productes tecnològics com els telèfons mòbils.

No obstant això, no són terres exactament, sinó metalls de transició. Tampoc són escasses, encara que és poc freqüent trobar jaciments que en continguin grans concentracions i de bona qualitat.

Avui en dia, el proveïment dels minerals crítics és clau per a la indústria moderna. La Xina n'acapara el 80 % de la producció global.

Usos i aplicacions de les terres rares

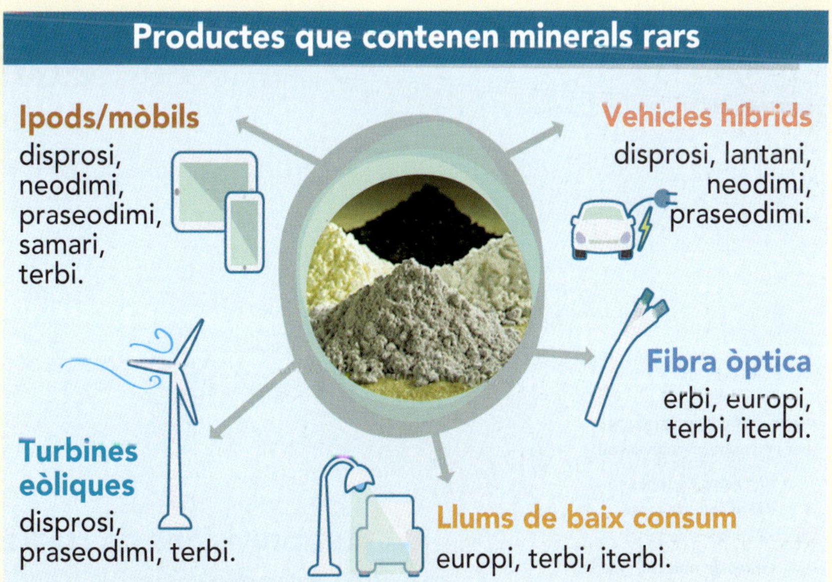

7 Els reptes del sector terciari

El sector terciari és un sector econòmic molt heterogeni que inclou activitats molt diverses com el comerç, el transport, l'educació, la sanitat, etc.

Ha estat l'últim a desenvolupar-se, però actualment és el més important, sobretot als països més desenvolupats, on s'ha produït la terciarització de l'economia, que suposa que la riquesa i l'ocupació d'un país es basen fonamentalment en el sector serveis.

L'evolució tecnològica i científica ha revolucionat el sector terciari, però ha afectat negativament el medi ambient i, per això, preocupa que els models actuals siguin sostenibles.

Per començar:
Quins són els desafiaments del sector terciari?

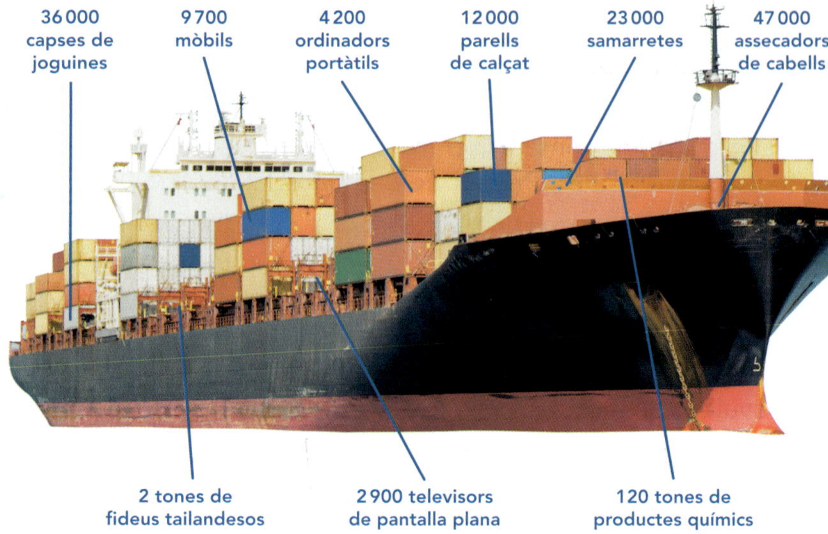

Cada any, més de 10 milions de productes es transporten dins de contenidors marítims.

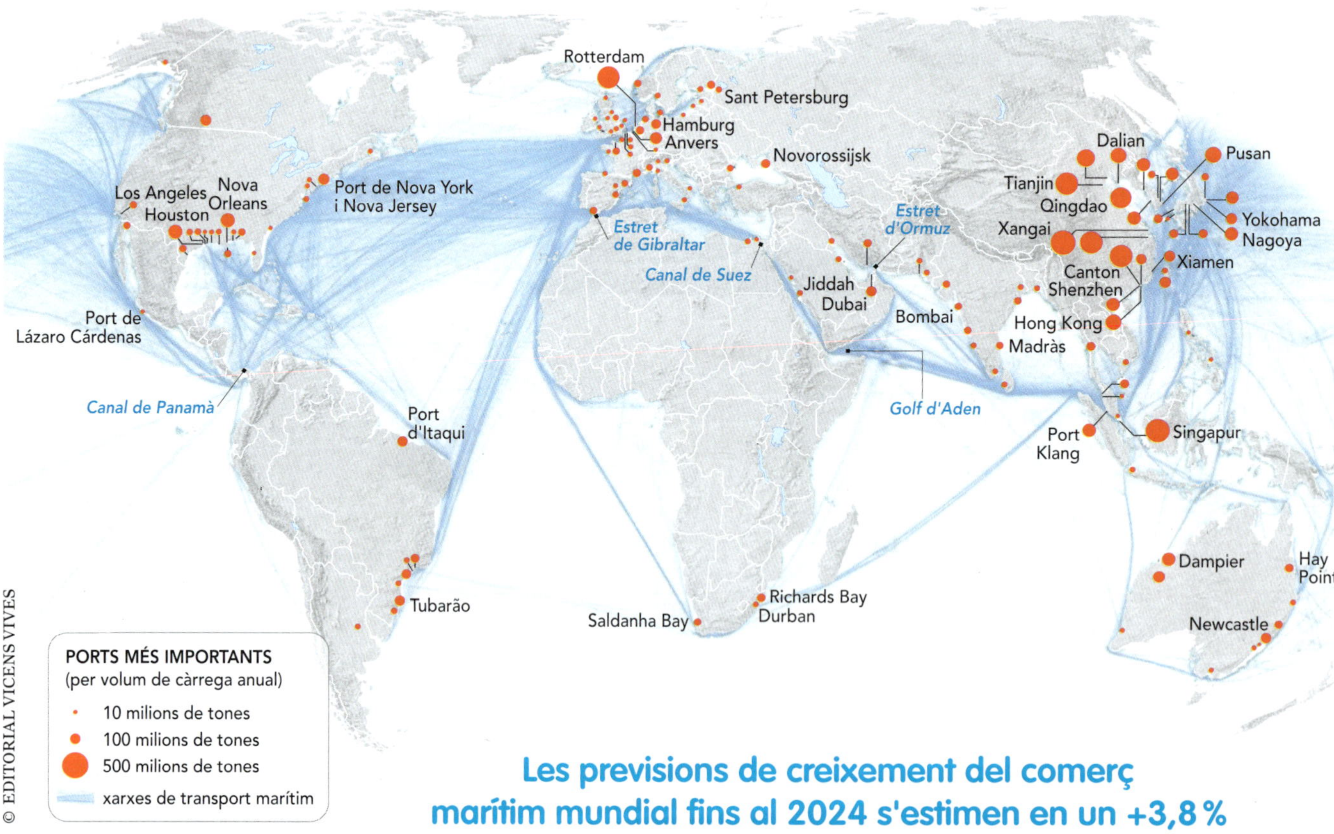

Les previsions de creixement del comerç marítim mundial fins al 2024 s'estimen en un +3,8 %

1. Quina importància té el sector serveis?

ELS SERVEIS SEGONS LA FUNCIÓ DE L'ACTIVITAT

El **sector serveis** o **terciari** agrupa les activitats econòmiques que no produeixen béns materials sinó que ofereixen serveis per cobrir les necessitats de les persones o altres sectors productius. Són activitats impossibles d'emmagatzemar i d'una expansió creixent a escala global.

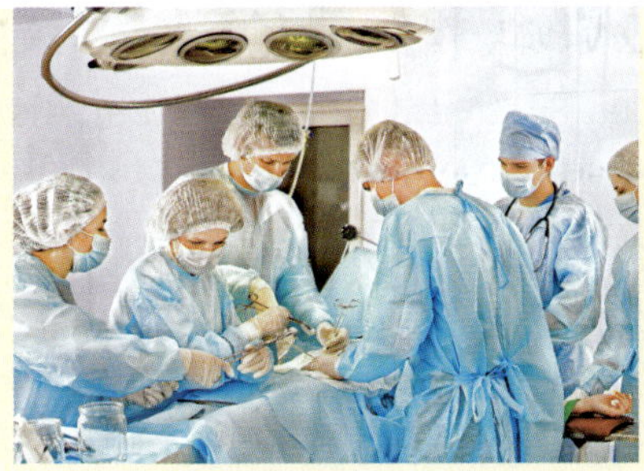

Els serveis sanitaris són necessaris per millorar la qualitat de vida de les persones.

Serveis socials

Són aquells serveis bàsics que s'ofereixen per vetllar pel benestar de la població i l'organització de la societat (sanitat, educació, administració, justícia...).

Serveis de distribució

Agrupen aquelles activitats que permeten el transport de persones, mercaderies i informació (transport, telecomunicacions...).

Serveis a les empreses

Les empreses necessiten serveis especialitzats com la recerca, la gestió, la publicitat, etc. Moltes empreses del sector primari i secundari incorporen aquestes activitats terciàries dins de la seva estructura.

Serveis al consumidor

Reuneixen activitats com el comerç al detall, l'oci (turisme i entreteniment), l'hostaleria (bars i restaurants), les reparacions i instal·lacions, etc.

Serveis públics o privats

Una altra classificació dels serveis és en funció de la prestació:

- **Públics**. Els ofereix l'Estat i es financen amb els impostos. Destaquen serveis com la sanitat, l'educació, l'administració, la justícia o els serveis socials.
- **Privats**. Els ofereixen les empreses privades i es mantenen amb els pagaments de qui contracta el servei.

Què és el tercer sector?

10 REDUCCIÓ DE LES DESIGUALTATS

A més dels sectors públic i privat, existeix el denominat tercer sector, format per entitats sense ànim de lucre que es financen amb donacions públiques i privades (ONG, associacions, fundacions, etc.), i que tenen l'objectiu de millorar el benestar de les persones.

El tercer sector
tiching.com/784402

L'ocupació al sector serveis

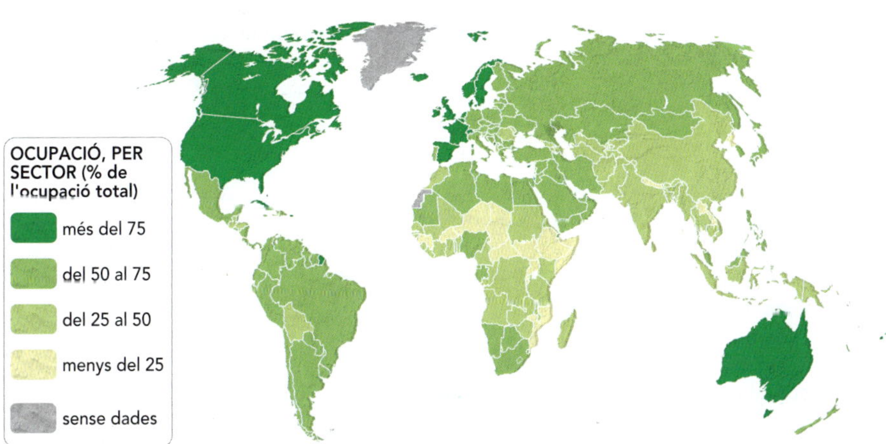

El creixement del sector terciari en les últimes dècades ha estat tan espectacular que s'ha convertit en un bon indicador de la riquesa i desenvolupament d'un país. Mentre que a l'Àfrica subsahariana i l'Àsia meridional la principal font d'ocupació continua sent el sector primari, a Europa, l'Amèrica del Nord o Oceania 3 de cada 4 persones treballen al sector serveis.

2. Per què el transport és un sector estratègic?

El transport i les seves funcions

El **transport** és l'activitat del sector serveis que permet el trasllat de persones i mercaderies utilitzant diferents mitjans de transport.

Constitueix un sector estratègic i compleix tres funcions:

- **Funció econòmica**. L'existència d'infraestructures com ara carreteres, ports o aeroports permet connectar els productes del sector primari i el secundari amb els consumidors. A més, el transport és fonamental en determinats sectors com el comerç i el turisme.
- **Funció política**. La disponibilitat de bones comunicacions permet la vertebració dels territoris i els seus habitants. D'altra banda, alguns països alberguen enclavaments geoestratègics (infraestructures, estrets, canals marítims, etc.).
- **Funció social**. El moviment de persones i mercaderies és molt enriquidor, perquè possibilita la connexió entre territoris i cultures.

L'ús de contenidors permet combinar diversos mitjans de transport per traslladar les mercaderies.

Les xarxes de transport

La xarxa de transport permet la circulació de vehicles i està formada per una sèrie de nodes o llocs principals (com, per exemple, ciutats, ports, aeroports, etc.), que estan units per un conjunt d'eixos o rutes (carreteres, rutes aèries, marítimes, etc.).

D'entre els factors que contribueixen al creixement de les xarxes de transport en destaquen principalment la globalització, la deslocalització productiva, l'abaratiment dels transports o el comerç electrònic.

L'accessibilitat es defineix com la possibilitat que tenen les persones d'assolir destins, béns o serveis (per exemple, el temps que es triga en el desplaçament per arribar a la feina, a un centre mèdic, etc.) a través de determinades infraestructures.

Per tant, l'accessibilitat depèn directament de les xarxes de transport.

Les xarxes de transport i l'accessibilitat són un bon indicador de desenvolupament. Com més densa i interconnectada sigui la xarxa de transport d'un territori, més gran serà l'accessibilitat, i els seus habitants gaudiran de més possibilitats de desenvolupament econòmic i social.

Xarxa de transports i àrees d'influència

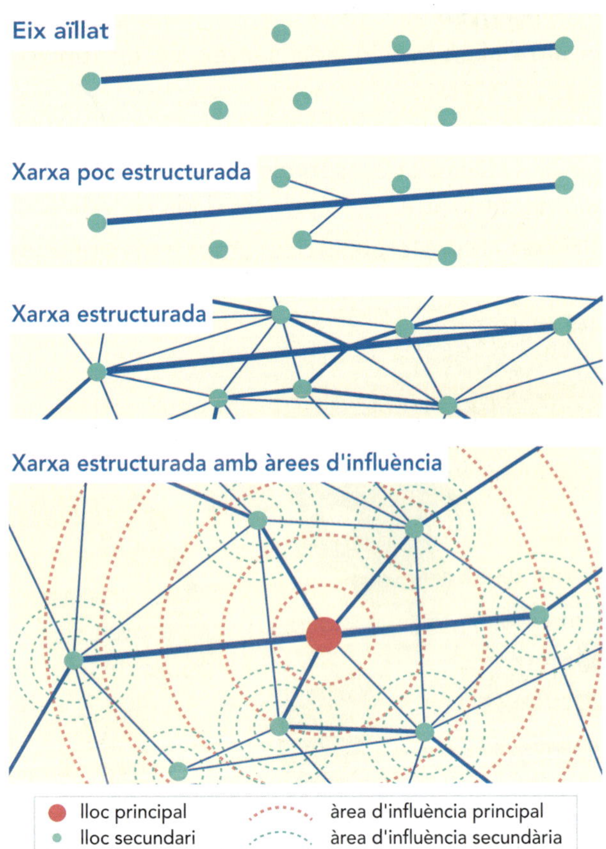

Els sistemes de transport estan formats pels mitjans de transport (automòbil, vaixell, etc.) i les infraestructures per les quals transiten (carreteres, ports, etc.).

Així, distingim entre sistemes de transport terrestre (que inclou el transport per carretera i el ferroviari), sistemes de transport maritimofluvial i sistemes de transport aeri.

Marítimofluvial

- **Infraestructures**: ports marítims i fluvials.
- **Usos**: trasllat de mercaderies pesants i voluminoses a mitjana i llarga distància.
- **Avantatges**: gran capacitat de càrrega; estandardització de vaixells i contenidors.
- **Inconvenients**: lentitud; emissions contaminants a l'atmosfera i a les aigües.

Carretera

- **Infraestructures**: carreteres, autovies i autopistes.
- **Usos**: trasllat de passatgers i mercaderies a curta i mitjana distància.
- **Avantatges**: accessibilitat i disponibilitat; flexibilitat horària.
- **Inconvenients**: congestió de trànsit; sinistralitat; emissions contaminants...

Ferroviari

- **Infraestructures**: vies fèrries de mitjana i alta velocitat; línies de rodalia i metro.
- **Usos**: trasllat de passatgers i mercaderies a curta i mitjana distància.
- **Avantatges**: rapidesa; gran capacitat de càrrega; seguretat; poc contaminant.
- **Inconvenients**: limitada flexibilitat horària i de traçats; alta inversió en infraestructures i manteniment.

Aeri

- **Infraestructures:** aeroports.
- **Usos:** trasllat de mercaderies poc voluminoses i passatgers a mitjana i llarga distància.
- **Avantatges:** immediatesa i abast global; abaratiment de preus a causa de la competència de les companyies de baix cost.
- **Inconvenients:** alta inversió en infraestructures i manteniment; emissions contaminants i contaminació acústica.

3. Hi ha una revolució en les formes de mobilitat?

Els avenços en el transport

Durant els darrers anys, el transport ha experimentat uns progressos tan significatius que permeten parlar d'una autèntica revolució. Alguns avenços són:

- **Desenvolupament de la intermodalitat.** El transport intermodal permet el trasllat de béns o persones combinant diferents mitjans de transport en un sol desplaçament (per exemple, un viatge en què utilitzem el metro i el tren de rodalia).
- **Sistemes intel·ligents de transport (SIT).** Estan formats per solucions tecnològiques que permeten millorar l'experiència en la conducció i la seguretat de les infraestructures de transport i els vehicles (navegadors, sensors d'obstacles a la via, ordres orals, panells amb informació sobre trànsit, etc.).
- **Inversió en R+D+I.** La competència entre les empreses i la necessitat de noves formes de transport més sostenibles contribueixen al desenvolupament de tecnologies com els vehicles elèctrics i/o autònoms.

Malgrat aquests progressos, el sector del transport encara ha d'afrontar reptes, com la reducció d'emissions, els problemes de mobilitat urbana o l'accessibilitat a la xarxa de transport per part del medi rural.

Transport intermodal
tiching.com/784400

Les noves formes de mobilitat

11 CIUTATS I COMUNITATS SOSTENIBLES

Avui dia s'estan produint canvis importants en la mobilitat de les persones a conseqüència de diversos factors: l'augment creixent de població urbana mundial, la congestió del trànsit o l'increment d'emissions contaminants relacionades amb el transport.

Aquests factors expliquen el sorgiment de noves formes de mobilitat sostenible. En aquest àmbit destaca el foment del transport públic, la construcció de carrils bici, la conversió en zona de vianants de centres urbans, el lloguer de vehicles elèctrics (automòbils, motocicletes o patinets) i l'ús de vehicles compartits.

Noves formes de mobilitat sostenible i de l'ús dels espais urbans.

La transformació en l'enviament de les mercaderies

Com és possible rebre un paquet de qualsevol part del món en pocs dies? L'auge del comerç digital i les noves formes de consum han introduït noves maneres d'organització en el transport.

Així, la logística del transport s'encarrega d'organitzar l'emmagatzematge, gestió i enviament de mercaderies amb la major rapidesa i el menor cost possible, i permet localitzar la comanda pràcticament en temps real.

En la constant evolució del sector hi destaquen:

- L'ús de plataformes logístiques, espai on es porten a terme tasques com l'emmagatzematge de mercaderies o la preparació de comandes. Es localitzen en zones ben comunicades, que permeten connectar diferents mitjans de transport i optimitzar els temps de lliurament de les comandes.
- Els processos relacionats amb l'"última milla", concepte relacionat amb la distribució del lliurament final d'una comanda al domicili d'un comprador. Aquesta fase ha d'afrontar diversos reptes com ara el descens del trànsit, la reducció del temps de lliurament...

Activitats de la cadena logística

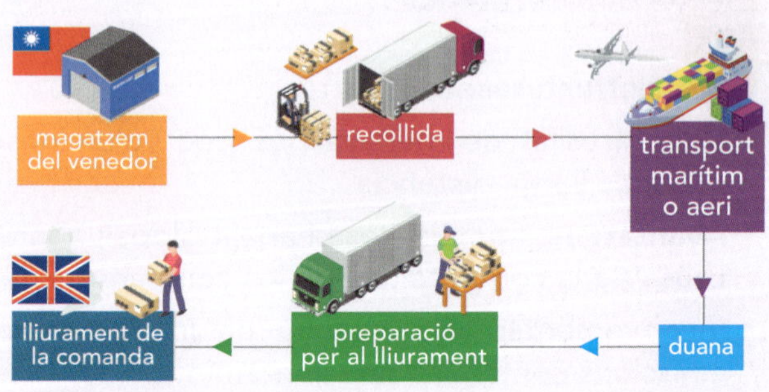

4. Quina importància tenen les activitats comercials?

El comerç és l'intercanvi de béns i serveis entre productors i consumidors. Per tal de desenvolupar-se són necessaris mitjans i infraestructures de transport eficients, telecomunicacions, una densitat de població i un nivell adquisitiu elevat i seguretat i confiança entre compradors i venedors.

TIPUS DE COMERÇ

Comerç interior

- És el que té lloc dins d'un mateix país. Se'n distingeixen dos tipus:
  - **Comerç majorista**, que adquireix el producte directament del productor en grans quantitats per vendre'l al comerç al detall.
  - **Comerç al detall**, que consisteix en la venda de petites quantitats al consumidor en botigues, supermercats, grans magatzems i hipermercats. El comerç electrònic, basat en grans plataformes logístiques i el lliurament directe per missatgeria, afecta el comerç al detall.

Comerç exterior

- És el que es du a terme entre països i s'hi inclouen les importacions (compra de productes estrangers) i les exportacions (venda de productes a altres països).
- Les importacions i les exportacions mostren el valor del comerç entre països, i queden registrades en:
  - **La balança comercial**, que és la diferència entre els productes que importa i exporta un país.
  - **La balança de pagaments**, que reflecteix tots els intercanvis d'un país amb l'exterior, perquè a més de les importacions i exportacions, també recull l'intercanvi de serveis (turisme, transports...) i capitals financers.
- En el comerç exterior o internacional, els governs poden fixar-hi **aranzels** o impostos de duana per encarir els productes estrangers i defensar els productors propis de la competència estrangera.

Intercanvis comercials internacionals
tiching.com/784401

Els intercanvis comercials internacionals

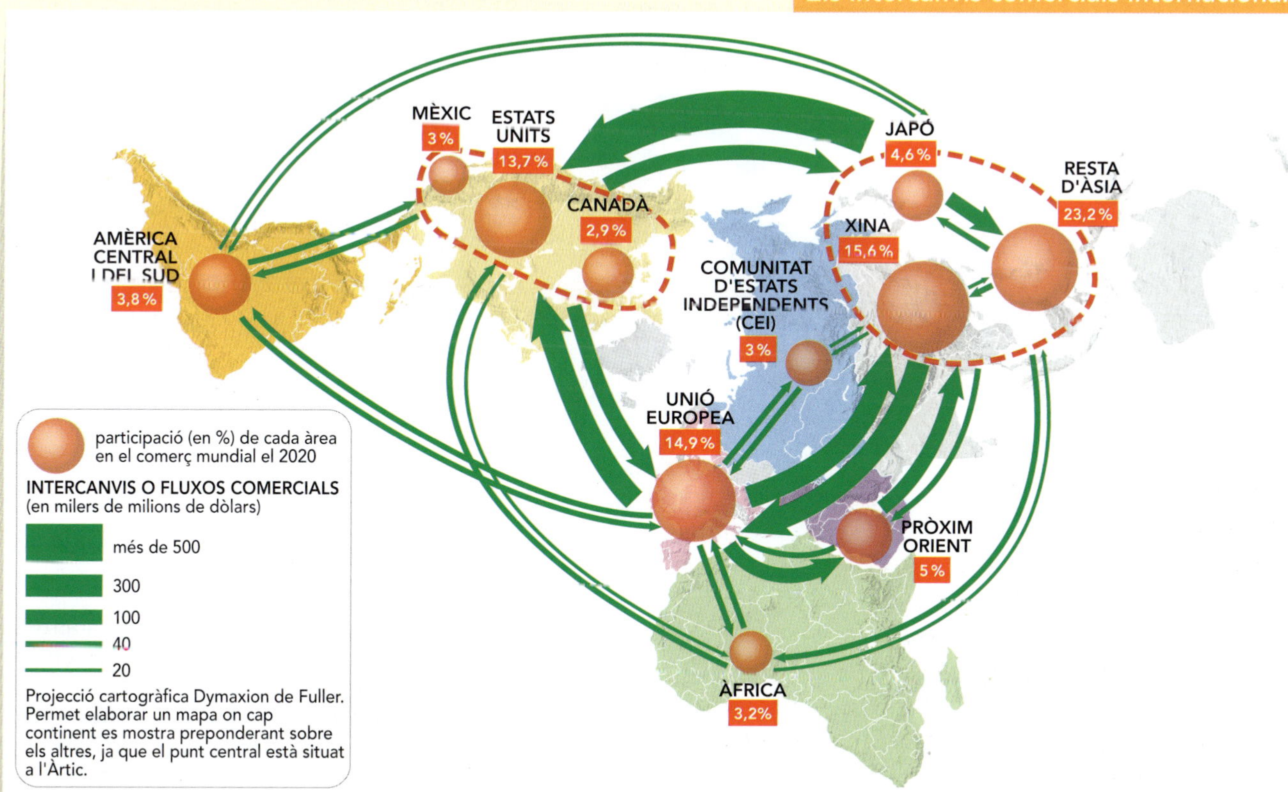

Projecció cartogràfica Dymaxion de Fuller. Permet elaborar un mapa on cap continent es mostra preponderant sobre els altres, ja que el punt central està situat a l'Àrtic.

5. Quines són les tendències del comerç de béns i serveis?

Les transformacions del comerç internacional

Durant les últimes dècades, el comerç de béns i serveis mundial ha experimentat una sèrie de transformacions:

- **Increment del comerç de serveis.** El comerç de serveis ha crescut amb més rapidesa que el de mercaderies. Actualment, el valor afegit dels serveis representa gairebé la meitat del valor del comerç internacional de béns i serveis; destaquen sectors com la distribució, els serveis financers o els mèdics.
- **Nous fluxos comercials.** La Xina s'ha convertit en el principal exportador de béns a mercats estratègics com Europa, l'Amèrica del Nord i el Sud-est asiàtic, i en un gran importador de matèries primeres i recursos energètics procedents d'Àfrica, Sud-amèrica i els països del Golf.
- **Adopció de mesures proteccionistes.** Enfront de la liberalització dels mercats i les aliances comercials de les últimes dècades, alguns països com els Estats Units i la Xina han establert aranzels a determinats productes, cosa que ha augmentat el risc d'una guerra comercial que afecta el comerç internacional. Per això, molts països s'agrupen en diferents aliances comercials, com les àrees de lliure comerç o les unions duaneres.

Una revolució en els serveis financers?

Un dels sectors més emergents dins dels serveis financers és el de la **tecnologia financera** o ***fintech***. L'ús de dispositius mòbils permet pagaments mòbils sense contacte basats en el codi QR, gestió de fons, obtenció de finançament, etc.

Aquests progressos suposen l'oportunitat d'accés als serveis financers a tot el món, però també un motiu d'exclusió.

Principals blocs comercials del món

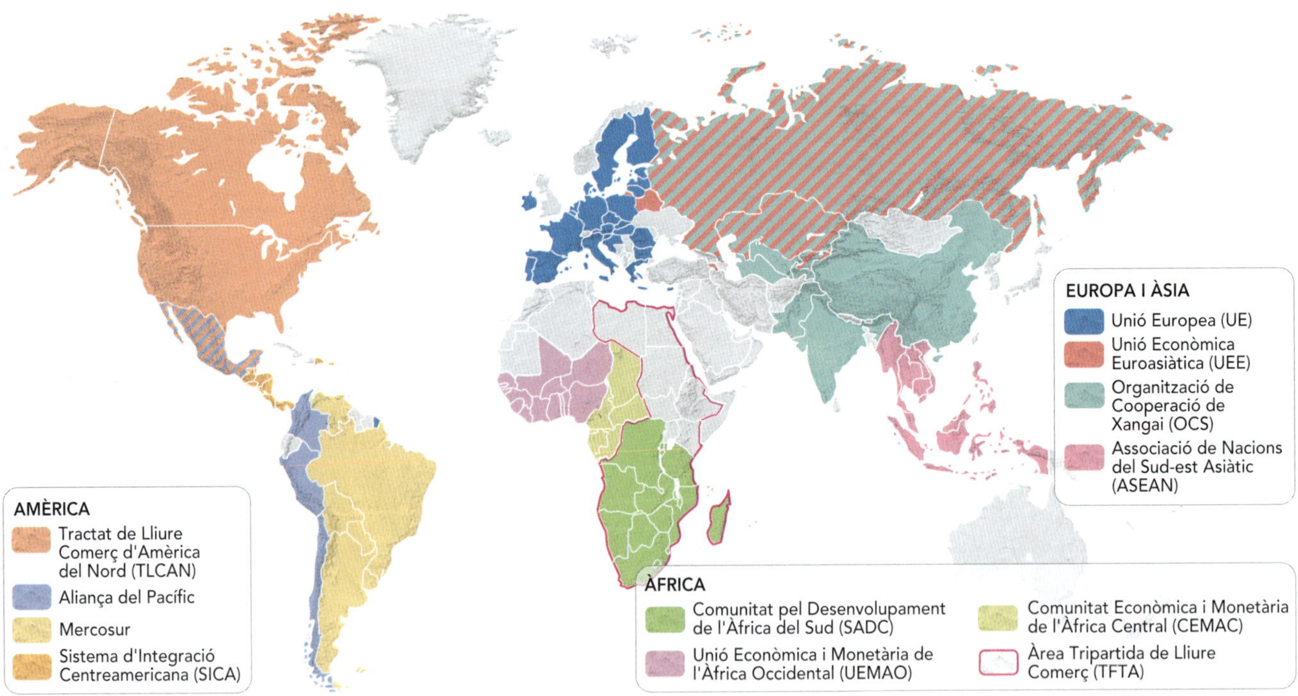

Formen aquest organisme 164 països, prop del 98% dels fluxos comercials del món.

- S'ocupa de les normes que regeixen el comerç entre països.
- S'encarrega que el comerç circuli de manera justa i fluïda.

WORLD TRADE ORGANIZATION

- **Àrea de Lliure Comerç.** No hi ha aranzels entre els països associats, però tenen llibertat per posar-ne a països tercers.
- **Unió Duanera.** No hi ha aranzels entre els membres i en el comerç exterior utilitzen els mateixos aranzels i altres mesures duaneres.

EL NOU COMERÇ ELECTRÒNIC

El **comerç electrònic** comprèn qualsevol compravenda de béns i serveis efectuada amb mitjans informàtics, principalment la que s'efectua a Internet, amb independència del mecanisme de pagament utilitzat.

Les transaccions del comerç electrònic solen consistir en **béns i serveis** (entre els quals sobresurten les reserves turístiques, els transports, la roba o les entrades per a esdeveniments), i tot i que la majoria d'aquestes compres es fa des d'un ordinador, cada vegada són més nombroses les transaccions que s'efectuen des del telèfon mòbil.

Les vendes en aquest tipus de comerç han augmentat molt significativament per la comoditat o l'estalvi de temps, i s'estan optimitzant aspectes com les despeses d'enviament, les garanties de canvi/devolució o el servei postvenda.

No obstant això, l'existència de grans comerços digitals té com a conseqüència un gran impacte ambiental (transport, embalatges, etc.) i la pèrdua de clients del comerç físic més tradicional, que haurà de buscar noves oportunitats en aquell sector del mercat que necessiti una atenció personalitzada i demani una oferta més especialitzada.

Vendes globals de comerç electrònic al món

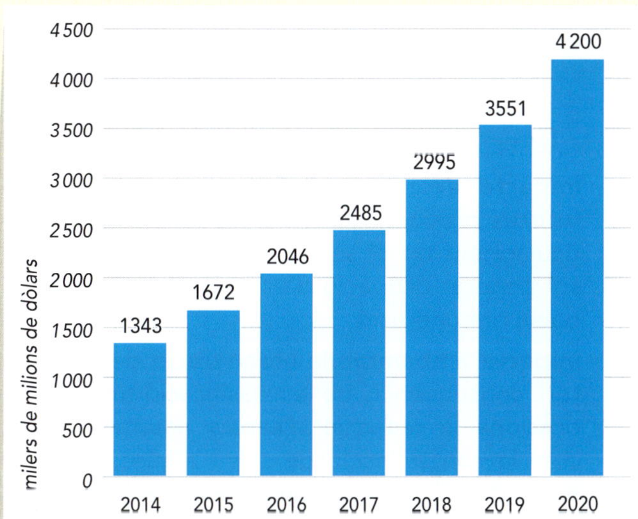

Les restriccions de mobilitat per la pandèmia de la COVID-19 han provocat un increment del comerç electrònic i han afavorit els grans operadors del sector.

Digitalitzar el comerç tradicional. Així poden ser les botigues de barri 4.0

El nostre objectiu és que es digitalitzin els comerços, perquè si no desapareixeran. El comerç és la identitat d'una ciutat i no ens interessa gens que l'analògic desaparegui, s'ha de fusionar.

No és només crear una web per al comerciant, es tracta de portar-hi la logística. Si li interessa, podem crear una botiga en línia amb la qual pugui ser a tots els mercats web (*marketplace*) del món. Els oferim digitalització del catàleg de producte, dades massives i màrqueting digital. Els nostres botiguers ja veuen els hàbits de compra, quin codi postal és més freqüent, per exemple. Compten amb una eina per viralitzar i optimitzar els seus continguts digitals. A més, els donarem geolocalització i activarem un sistema de fidelització.

Mariló GARCÍA: "Digitalitzar el comerç tradicional. Així poden ser les botigues de barri 4.0" (adaptació), *Retina. El País*, 30 de juny de 2018. Web [Consulta: 31 de març de 2020].

6. Quin impacte tenen les activitats turístiques?

Àrees de procedència mundial del turisme

El creixement del turisme

El turisme és el moviment temporal de persones fora del seu lloc de residència per motius d'oci o professionals. És una de les activitats terciàries més importants i, als anys previs a la crisi de la COVID-19, suposava un 10 % del PIB mundial.

Es tracta d'un fenomen de masses i durant dècades el nombre de turistes s'ha incrementat de forma continuada fins a arribar als 1 500 milions de turistes internacionals l'any 2019. Això es deu a:

- L'extensió de l'estat del benestar (poder adquisitiu més alt, vacances retribuïdes, jubilacions, etc.).
- L'abaratiment i la rapidesa dels transports.
- L'existència d'una àmplia oferta de serveis turístics, com ara agències de viatges, allotjaments, etc.

Turisme internacional

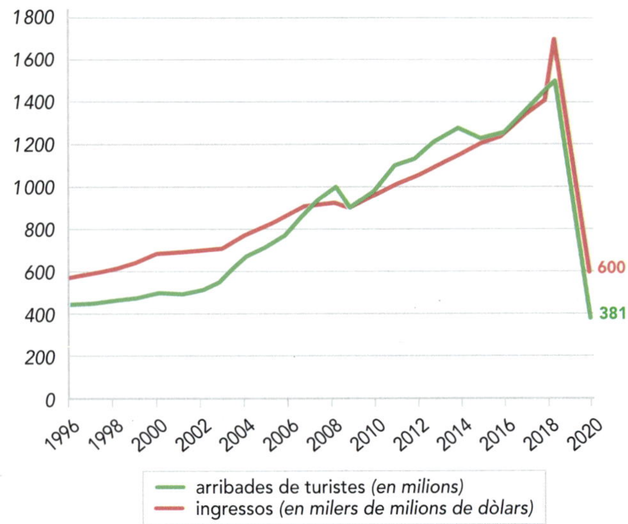

Efectes positius del turisme

- **Impacte econòmic:** les activitats turístiques produeixen l'augment de l'activitat econòmica per la demanda de béns i serveis (allotjament, transport de passatgers, agències de viatge o activitats culturals). Això contribueix a la creació d'ocupació i a l'arribada de divises als llocs de destinació.
- **Impacte demogràfic:** la dinamització de l'economia contribueix a l'augment de la població. A les zones rurals, la població flotant aporta recursos estacionals de gran importància.
- **Impacte sociocultural:** els desplaçaments de turistes permeten el contacte amb altres cultures, la preservació del patrimoni, la pràctica d'idiomes...

Efectes negatius del turisme

- **Impacte econòmic:** l'afluència massiva de turistes provoca l'increment dels preus, particularment en el sector immobiliari. També sol generar ocupació d'escassa qualificació i baixa remuneració.
- **Impacte ambiental:** la urbanització del territori, conseqüència de la massificació turística, ocasiona la reducció d'espais naturals, així com la contaminació de sòls i aigües, l'augment del consum d'aigua i energia i l'increment d'emissions de residus i sorolls.
- **Impacte sociocultural:** la massificació turística comporta la pèrdua d'identitat de les comunitats locals, així com la deterioració de la qualitat de vida dels residents.

És possible un turisme sostenible?

L'any 2020, arran de la pandèmia de la COVID-19, es va produir un descens del nombre de turistes internacionals del 74% i es va passar de 1500 milions de turistes l'any 2019, a tan sols 381 el 2020. Malgrat que actualment el sector està millorant, es preveu que la recuperació sigui lenta i progressiva i es proposa un nou canvi en la forma de fer turisme.

Així, es planteja un **turisme sostenible** que intenta reduir les repercussions negatives mitjançant la conservació dels recursos mediambientals, el respecte de l'autenticitat sociocultural dels llocs visitats i el repartiment equitatiu dels beneficis socioeconòmics del turisme.

Turistes fent-se una autofoto als paisatges naturals de Vietnam.

7. Quin paper juguen els serveis de comunicació?

Les TIC i les xarxes socials

El gran desenvolupament de les **tecnologies de la informació i la comunicació (TIC)** ha suposat la revolució dels serveis tradicionals i l'aparició de nous models de negoci.

També ha permès als usuaris de la web crear continguts (no només consumir-los) i ha transformat les formes d'oci i treball, d'informació, d'aprenentatge i fins i tot de relacionar-nos amb els altres, per la qual cosa es tracta d'un dels majors canvis de la humanitat.

El canvi més gran en els **mitjans de comunicació interpersonals** (correu i telèfon) s'ha produït amb l'expansió de les anomenades **xarxes socials**. Aquestes han ampliat la capacitat de comunicació individual en permetre l'accés a informació i la llibertat d'expressió, i han constituït així una eina de canvi social i polític.

Amb tot, la gran quantitat d'informació, la immediatesa i l'absència d'anàlisi han fet proliferar continguts i notícies falses (*fake news*) al servei d'interessos comercials, polítics o econòmics, per la qual cosa és necessari un major pensament crític.

1 minut a Internet el 2019

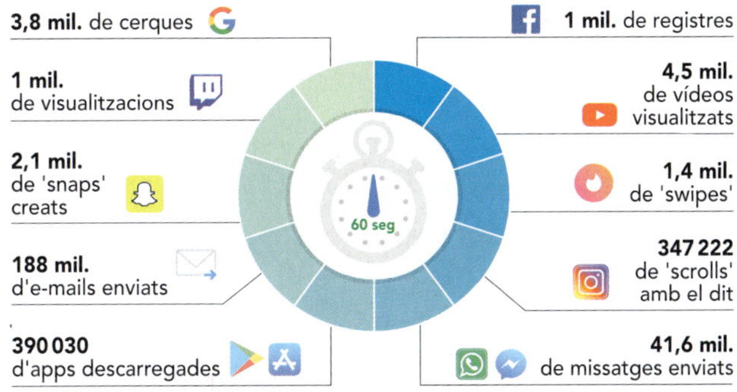

Durant la Primavera Àrab d'Egipte (2011), la població va utilitzar les xarxes socials com a mitjà d'empoderament.

LES TECNOLOGIES 5G I *BLOCKCHAIN*

Durant els pròxims anys, dues tecnologies emergents tindran un impacte molt alt a l'hora de generar canvis socioeconòmics: es tracta del 5G i el *blockchain*.

- El **5G** és una xarxa amb gran amplària de banda que connecta milions de dispositius en temps real, sense gairebé latència. Aquesta tecnologia possibilitarà el desenvolupament de la Internet de les coses (IoT) en àmbits com els vehicles autònoms, les ciutats intel·ligents, la cirurgia...
- La **tecnologia de cadenes de blocs (*blockchain*)** permet transaccions de manera segura gràcies al registre en una base de dades compartida en milions d'ordinadors connectats, sense intermediaris. Actualment, la seva principal aplicació és el món financer.

Els passos habituals en una transacció de cadenes de blocs

PAS 1
Es sol·licita una transacció...
- ...relacionada amb contractes, documents, criptomonedes...
- ...amb dades etiquetades i xifrades.
- ...on poder xifrar documents.

PAS 2
Les dades de la transacció es difonen a la xarxa d'igual a igual.

PAS 3
Es valida la transacció a través de nodes autoritzats que agrupen i es combinen amb altres transaccions per formar blocs.

PAS 4
El bloc validat...
- ...s'uneix a la cadena amb el bloc anterior.
- ...s'enllaça de forma permanent i inalterable.

8. Cap a un nou sector quaternari?

Coneixement, educació i ciència

El sector terciari també es pot classificar en funció del grau d'especialització. Així, se'n distingeixen:

- Els **serveis banals** o d'escassa especialització, com els serveis de neteja o la venda ambulant.
- Els **serveis avançats**, amb una major especialització, com l'ensenyament, la publicitat, etc.

Dins dels serveis avançats s'hi troben una sèrie d'activitats d'alt component científic i tècnic, sovint denominades **sector quaternari**.

Aquest sector es caracteritza per la rellevància de l'educació i la recerca científica. Alguns dels àmbits d'aquest sector estan relacionats amb la tecnologia (com la ciberseguretat, la Internet de les coses (IoT)...) o amb les humanitats (bioètica, consultoria geopolítica, etc.).

Les empreses més innovadores utilitzen el factor del coneixement per ser més competitives, per la qual cosa cada vegada tenen més importància **la recerca, el desenvolupament i la innovació (R+D+I)**, perquè permeten l'obtenció de nous productes i serveis d'alt valor afegit.

Sol·licituds de patents arreu del món el 2019

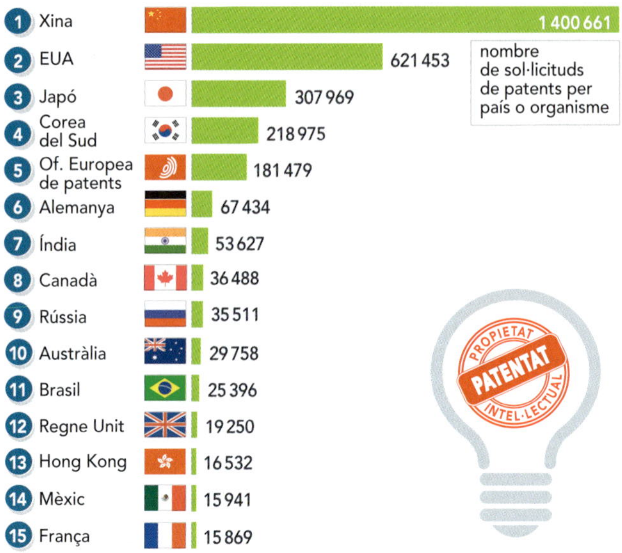

La propietat intel·lectual dels avenços de la investigació es protegeixen per mitjà de **patents**, que a més de suposar ingressos per als governs, empreses o universitats, són un bon indicatiu del nivell de desenvolupament i innovació d'un país.

LA TECNOLOGIA AL SECTOR QUATERNARI

Biotecnologia

Agrupa disciplines com la microbiologia, la bioquímica, la biogenètica, la biologia cel·lular, la tecnologia d'aliments, etc.

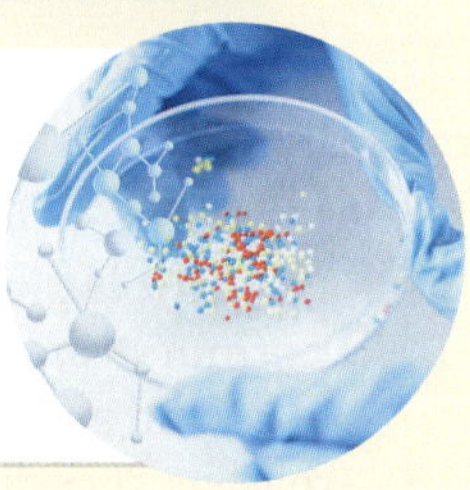

Intel·ligència artificial

Permet automatitzar nombroses activitats del sector industrial, la robòtica, l'enginyeria mecatrònica o els videojocs.

Ciberseguretat

La seva missió és vetllar per la protecció d'amenaces informàtiques dirigides a administracions, empreses i particulars.

Tecnologia 5G

La gran velocitat de transmissió de dades del 5G permet la Internet de les coses, el desenvolupament de la domòtica o els vehicles autònoms.

Aeroespacial

El disseny, construcció i manteniment de tota mena d'aeronaus i naus espacials constitueix un sector estratègic.

Internet de les coses

La tecnologia IoT permet la connexió de dispositius. Avui dia ja suposen una major eficiència per als processos de producció industrial.

Un mercat laboral emergent

El mercat laboral experimenta transformacions constants a causa de factors com el desenvolupament de la tecnologia, l'envelliment progressiu de la població, la demanda de nous serveis, etc. En aquest sentit, hi ha una sèrie de **sectors laborals emergents** que requereixen una formació i competències específiques:

- **Economia de les cures**: metges, fisioterapeutes, entrenadors, preparadors, assistents de la cura personal, etc.
- **Dades i intel·ligència artificial**: especialista en intel·ligència artificial (IA), científic de dades, desenvolupador de dades massives, analista de dades, etc.
- **Enginyeria i computació en el núvol**: enginyer de seguretat web, desenvolupador de programari, consultor en el núvol, etc.
- **Economia verda**: tècnic d'aerogeneradors, comercials, tècnics de processament de biocombustibles, especialistes en recursos hídrics, gerents de projectes d'energia eòlica, etc.
- **Recursos humans**: especialista en adquisició de talents, etc.
- **Desenvolupament de productes digitals**: avaluador de qualitat, analista de productes, gerent de projectes digitals, etc.
- **Vendes, màrqueting i continguts**: assistent de xarxes socials, creador de continguts, especialista en màrqueting digital, etc.

Els serveis de les activitats quaternàries es basen en tasques intel·lectuals i no en activitats mecanitzades o repetitives, i inclouen feines que creen, interpreten, organitzen, dirigeixen i ajuden a donar suport al coneixement científic i tècnic.

Quina relació hi ha entre els serveis socials i el desenvolupament?

Els **serveis socials** són fonamentals per al desenvolupament de les societats i comprenen diverses activitats:

- Activitats relacionades amb el que denominem **estat del benestar**, és a dir, sanitat, educació, protecció a pensionistes i persones desocupades, etc.
- Activitats relatives a les **administracions públiques** (central, regional i municipal), justícia, policia, etc.

El grau de cobertura dels **serveis socials** d'un país constitueix un bon indicador del seu desenvolupament. Així, mentre que el 53% de la població mundial no té accés a la protecció social, les societats més avançades es caracteritzen per disposar d'una bona cobertura sanitària, educativa, assistencial i administrativa.

El desenvolupament de l'estat del benestar suposa una gran **oportunitat de progrés econòmic i social**, ja que diversifica les economies i augmenta l'ocupació en serveis com ara l'atenció a les persones en situació de dependència per motius d'edat o diversitat funcional, la promoció de la igualtat de gènere, la integració de minories o l'augment de la protecció social (sanitat, educació, etc.).

8 El pes de la UE a l'economia global

El projecte europeu va sorgir després de la Segona Guerra Mundial, amb la creació de la Comunitat Econòmica Europea el 1957.

L'objectiu dels sis socis fundadors va ser crear un mercat comú, que avui aglutina prop de 450 milions de persones i disposa d'una moneda pròpia, l'euro.

Quin pes juga aquest gegant en l'economia global? Aconseguirà la UE una integració econòmica completa?

I, finalment, és possible arribar a conciliar el desenvolupament econòmic comunitari i la sostenibilitat mediambiental?

Per començar:
El paper de la UE en l'economia global

El sector terciari aglutina la major riquesa i el nombre més gran de persones ocupades

Persones ocupades per sectors econòmics a la UE el 2020

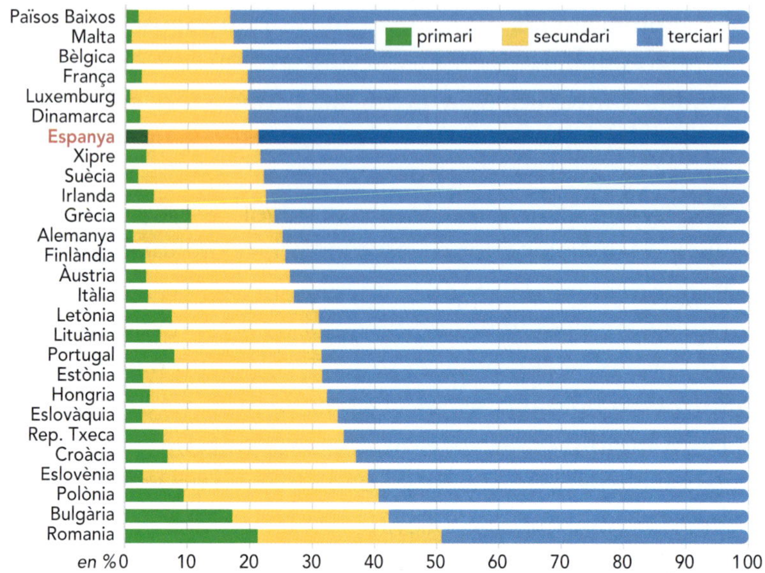

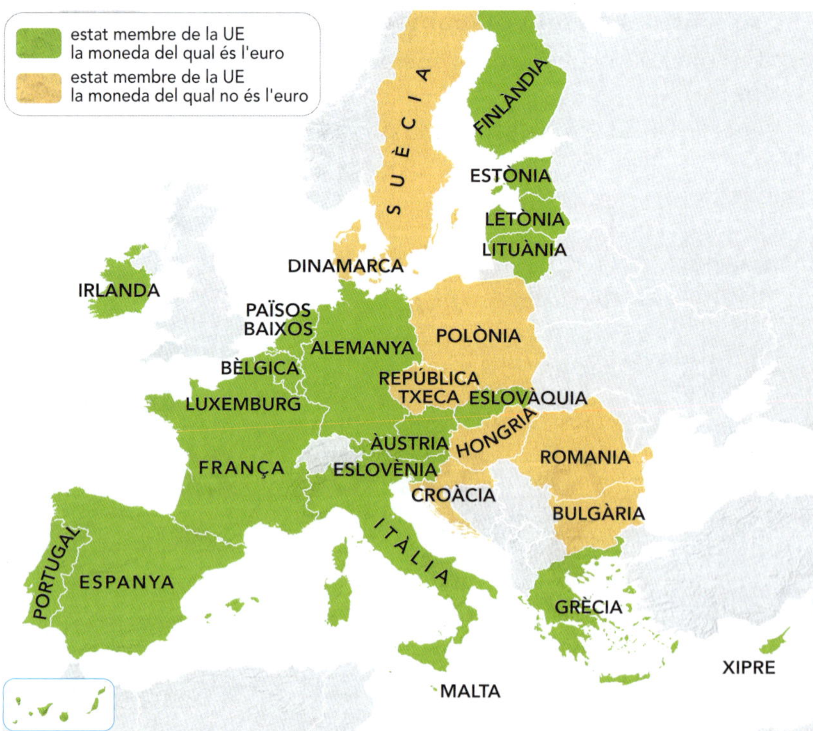

Els 27 països de la UE, juntament amb la Xina i els EUA, són les tres economies més importants a escala mundial

Els punts forts de la Unió Europea

- **500** milions de consumidors, cosa que representa el bloc comercial més gran del món
- **13,6** milions d'europeus viuen en països d'Europa diferent al seu, i **set** milions d'aquests treballen al país de destí
- **3** milions d'estudiants europeus gaudeixen de beques Erasmus
- **71 %** dels europeus veuen positiu l'ús de l'euro com a moneda única
- **25 000** euros de renda per capita, la més alta del món
- **14** bilions d'euros del PIB, cosa que suposa el triple que el 1992
- **21** milions de PIME que necessiten un accés a un mercat de capitals i laboral únics
- Pressupost de **30 600** milions d'euros en infraestructures de transports fins al 2027
- Pressupost de **88 200** milions d'euros en R+D fins al 2027
- **200 400** milions d'euros de pressupost pels fons regionals fins al 2027
- Estàndards elevats de **seguretat** per la producció i importació d'aliments i altres productes
- Les emissions de CO_2 s'han reduït un **24 %** entre el 1990 i el 2020

1. La Unió Europea en un món global

▶ | El Pacte Verd Europeu

La Unió Europea, amb només el 5,7 % de la població mundial, és un dels principals actors econòmics i el major mercat únic internacional, amb 27 països i gairebé 500 milions de consumidors potencials.

La UE en l'economia mundial

La UE ha permès als països membres tenir una posició destacada a escala mundial, juntament amb els **Estats Units** i la **Xina**, considerats els dos gegants polítics i econòmics. Actualment, aquests tres espais econòmics representen gairebé el 53 % del comerç internacional de mercaderies i el 57 % del PIB mundial.

El comerç mutu entre els països de la UE representa un 73 % del volum comercial, però també són molt importants les relacions comercials amb els Estats Units i la Xina. Els Estats Units són el principal consumidor de les exportacions europees, mentre que la Xina ocupa el primer lloc en les importacions.

Fins al 2014, la Unió Europea superava la Xina tant en importacions com en exportacions amb la resta del món. Tanmateix, en els últims anys, la Xina i els Estats Units han superat la UE en l'àmbit comercial. A més, la Unió Europea també ha cedit terreny en volum de PIB davant els dos gegants de l'economia mundial.

QUI LIDERA L'ECONOMIA MUNDIAL?

Països	PIB el 2000*	PIB el 2010*	PIB el 2020*
Xina	1,2	6,1	14,7
UE	7,2	14,5	15,1
EUA	10,2	15	20,9
Índia	0,5	1,6	2,6
Japó	4,9	5,7	5
Món	33,6	66,1	84,7

* En bilions de dòlars.

Què és el Pacte Verd Europeu

El Pacte Verd Europeu és la nova estratègia de creixement econòmic proposada per la Comissió de la UE per als pròxims anys. L'objectiu és transformar la Unió en una **economia sostenible per aconseguir els Objectius de Desenvolupament Sostenible (ODS)**.

També es proposa impulsar la transició digital i climàtica, i convertir-se en un centre dinàmic d'innovació tecnològica i científica, amb la promoció d'una economia social de mercat que garanteixi el benestar de la ciutadania. Tot això s'ha de vertebrar a partir de les quatre dimensions que pots veure en aquest gràfic.

El Pacte Verd Europeu
tiching.com/785552

Les dimensions del Pacte Verd Europeu

2. Quin paper juga el sector primari a la UE?

▶ La política regional de la Unió Europea

Un sector minoritari a la Unió Europea

Actualment, el sector primari té poca importància a la Unió Europea, perquè només aporta l'**1,3 % al PIB comunitari** i ocupa el **4,4 % de la població**.

El sector primari, però, és clau en el desenvolupament i abastiment de les indústries agroalimentàries de la Unió Europea, que juntament amb aquest sector, produeixen béns per valor de 418 000 milions d'euros.

A més, l'aportació del sector primari juntament amb les indústries agroalimentàries ascendeix al 6 % del PIB comunitari i genera 46 milions de llocs de treball.

A tot això, cal afegir-hi també que la UE és el major importador mundial d'aliments i un dels majors exportadors (fonamentalment cap als Estats Units).

La política agrària comuna (PAC)

Els Estats de la Unió Europea comparteixen polítiques comunitàries relacionades amb el sector primari.

La **política agrària comuna (PAC)** concedeix ajudes a les explotacions agràries, particularment a aquelles que desenvolupen pràctiques agrícoles sostenibles.

Els objectius prioritaris de la PAC són:

- Garantir un subministrament segur d'aliments de qualitat a preus assequibles per a més de 500 milions d'europeus.
- Ajudar a combatre el canvi climàtic i preservar els recursos naturals europeus.
- Conservar la diversitat i la vitalitat de l'agricultura europea.

La política pesquera comuna (PPC)

La **política pesquera comuna (PPC)** pretén que la pesca sigui sostenible, garanteixi aliments de bona qualitat i asseguri un nivell de vida just per a les comunitats pesqueres.

Per això, es promouen les bones pràctiques mediambientals, s'estableixen quotes que limiten les captures als caladors i es fomenta el desenvolupament de l'aqüicultura.

Població ocupada en agricultura de la UE el 2019

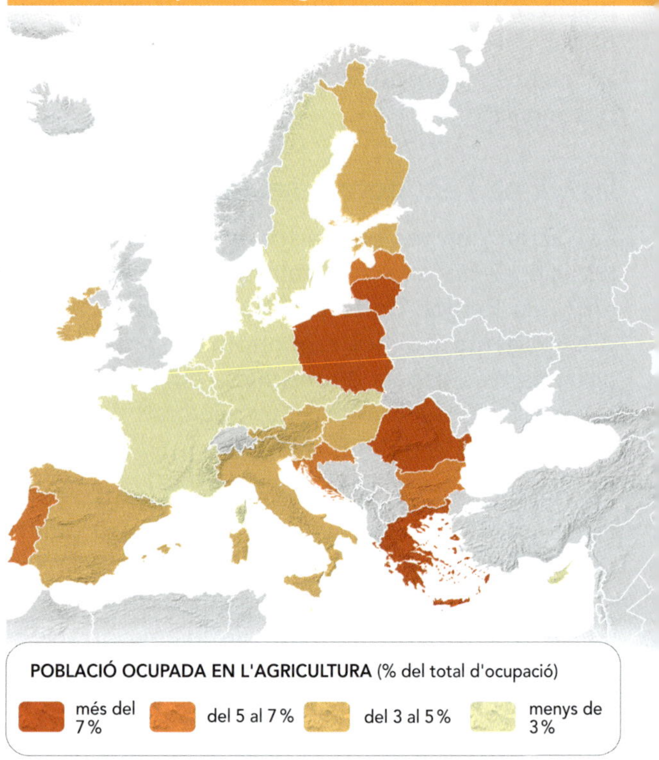

Les dones lideren la diversificació de conreus a Europa
tiching.com/785553

5 IGUALTAT DE GÈNERE

El valor de la producció agrària a la UE el 2019

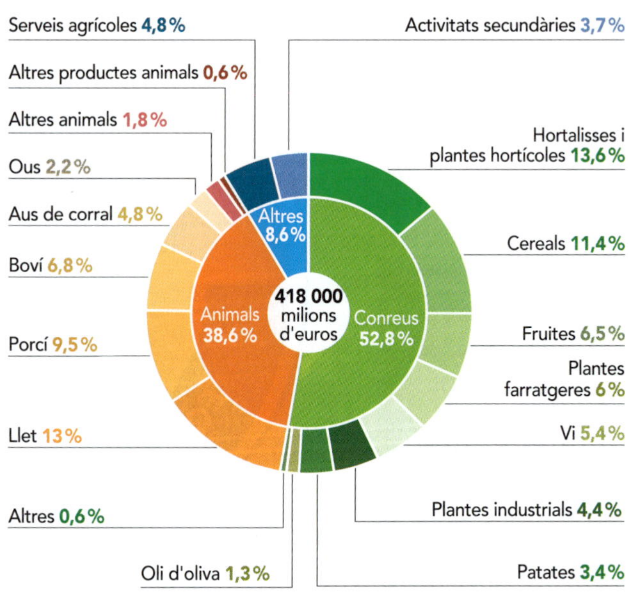

El comerç agrícola de la UE el 2019

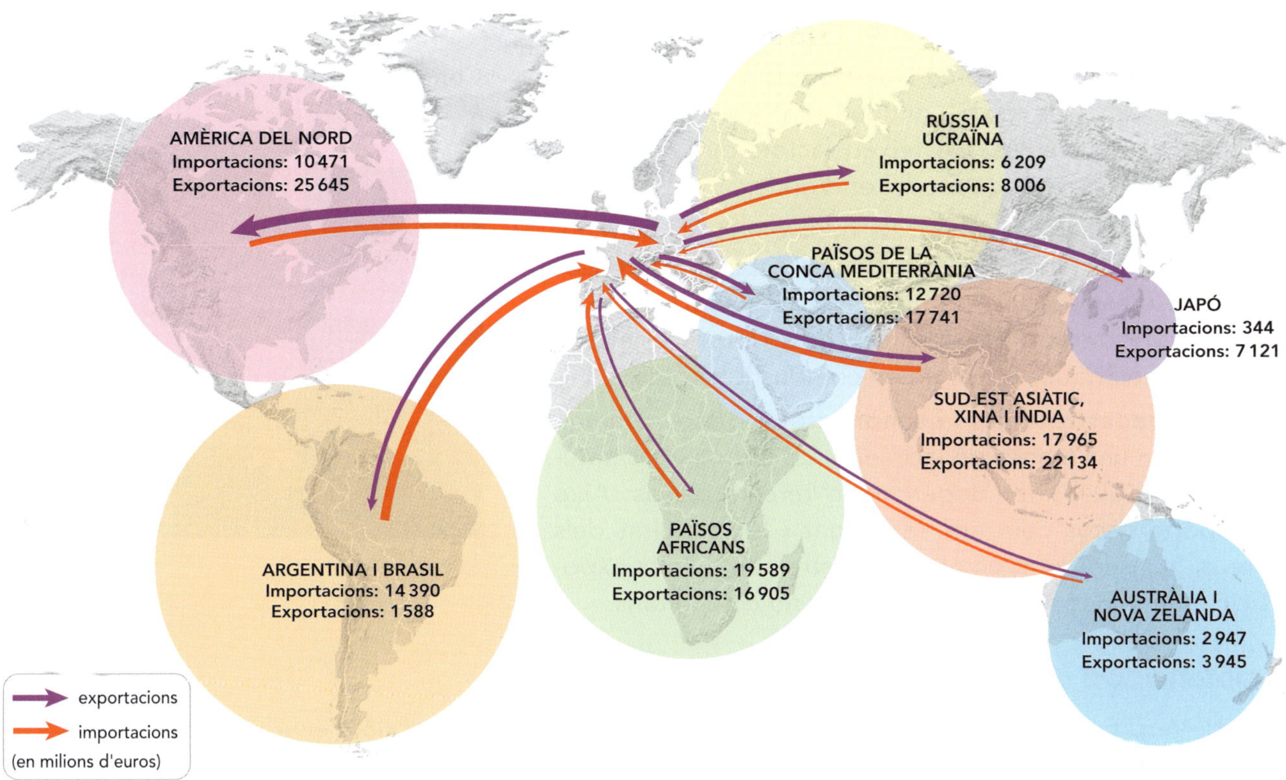

La producció agrària de la UE el 2019

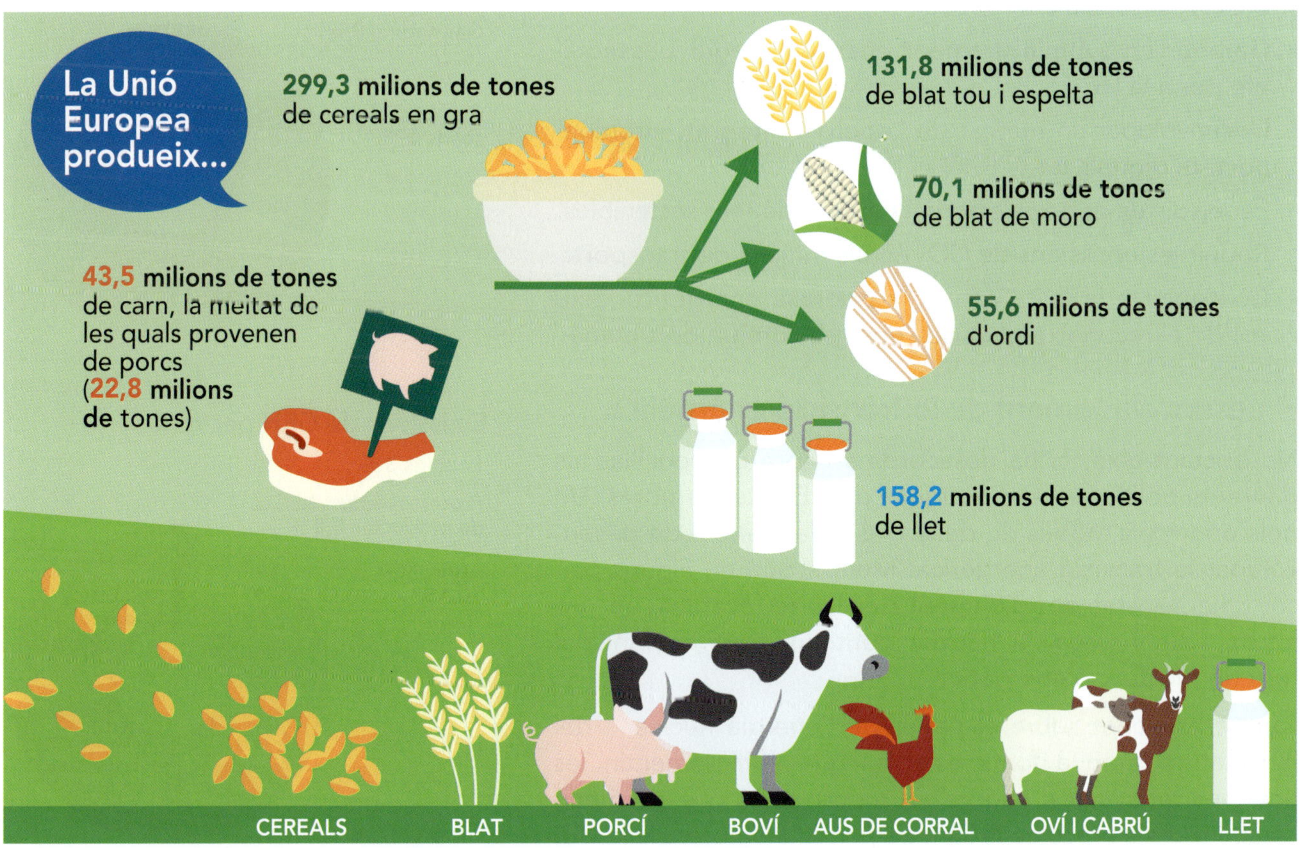

3. És possible una transició energètica a la UE?

Un canvi de model energètic

Malgrat les polítiques comunitàries dels últims anys, el consum d'energia de la UE continua sent a partir de fonts d'energia no renovables. Existeixen factors que expliquen la necessitat d'un canvi de model energètic:

- **Factors climàtics**: La producció i l'ús d'energia continuen representant més del 75% de les emissions de gasos d'efecte d'hivernacle de la UE. A més, gairebé el 40% de l'electricitat que es consumeix a la UE procedeix de centrals elèctriques que cremen combustibles fòssils.
- **Factors geoestratègics i econòmics**: Els països comunitaris tenen una manca de jaciments de petroli i gas natural, per la qual cosa depenen de tercers països. Això comporta riscos com ara l'augment i la volatilitat dels preus, la inseguretat en el subministrament i l'alta exposició a decisions polítiques de països no comunitaris.

Consum d'energia primària de la UE el 2019

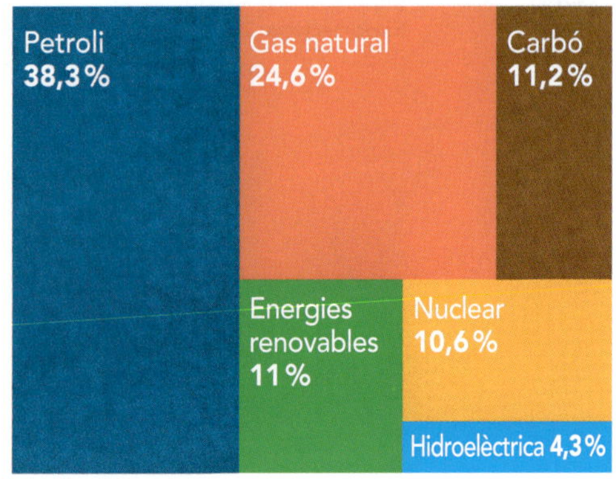

La potenciació de les energies renovables

El **Pacte Verd Europeu** vol convertir Europa en un continent climàticament neutre abans del 2050 i que per al 2030 el 27% de l'energia consumida a la UE sigui d'energies renovables. Alguns dels principis energètics d'aquest pacte són:

- Desenvolupar un sector energètic basat en fonts renovables i l'eficiència energètica.
- Garantir un subministrament energètic segur i assequible per a la UE.
- Desenvolupar un mercat de l'energia integrat, interconnectat i digitalitzat.
- Fer els sistemes de calefacció i refrigeració més sostenibles.
- Reduir les emissions de CO_2 en els mitjans de transport.
- Contribuir a la lluita contra la pobresa energètica, això vol dir el reconeixement de l'energia com un dret humà.

Producció d'energia i emissions de la UE el 2019

Producció d'energia per font

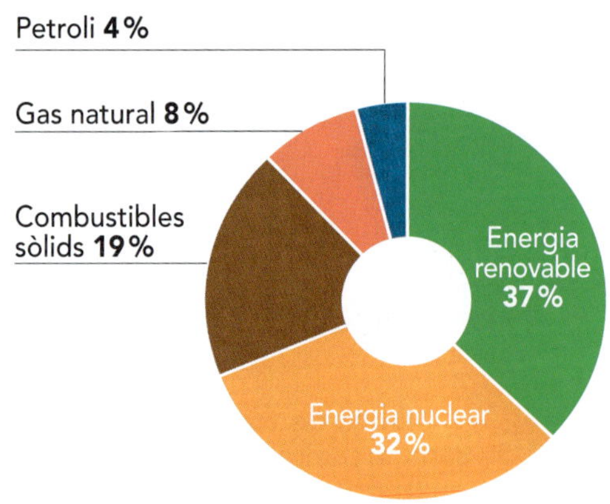

El desenvolupament de la transició energètica

No obstant això, hi ha desacords a l'hora de conciliar les diferents polítiques energètiques dels Estats membres. Un dels principals motius de desacord és la manera de desenvolupar la transició energètica. Mentre que en alguns països s'ha apostat decididament per les renovables, en uns altres, com França, la nuclear continua sent la principal font de producció energètica.

També es debat sobre el paper de l'energia nuclear i del gas natural com a fonts estables que complementin les energies renovables, i sobre els mecanismes que permetin estabilitzar els preus de la llum als països membres de la UE.

Emissions de GEH per font

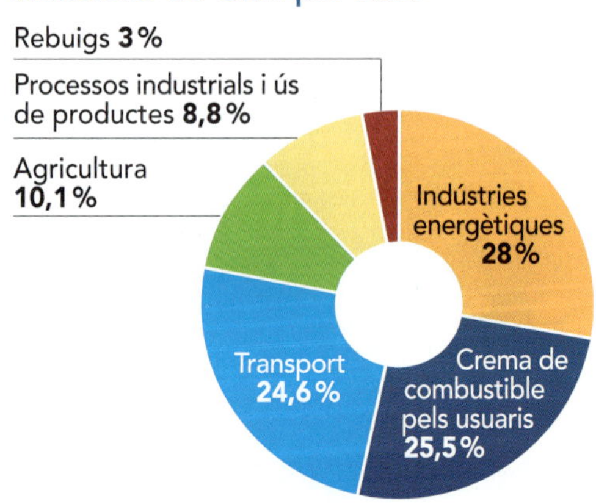

Importacions energètiques de la UE el 2019

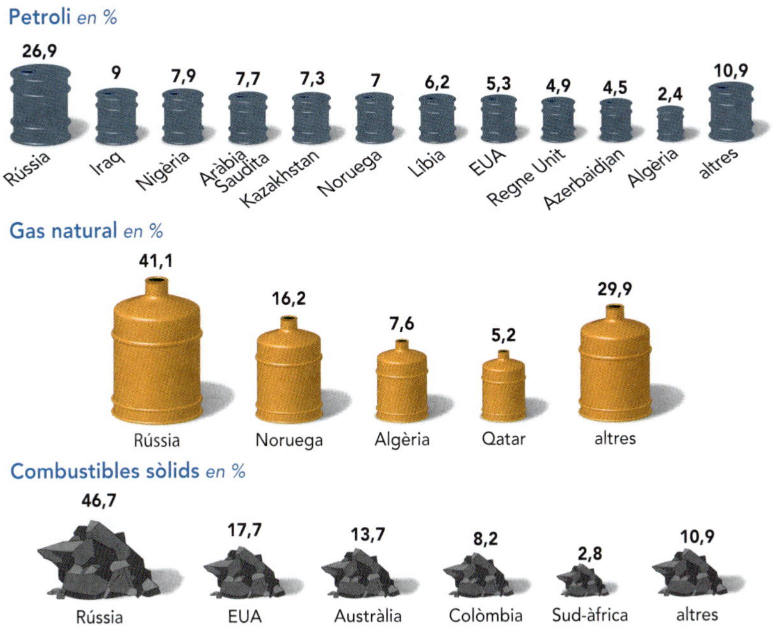

Per aconseguir aquests propòsits, la UE potencia l'ús de recursos com la biomassa, els biocarburants, els parcs eòlics marins, l'energia oceànica o l'hidrogen verd.

La dependència energètica

Les armes més poderoses de Rússia no són ni l'exèrcit ni la força aèria, sinó el gas i el petroli. Només els Estats Units la supera com a principal proveïdor mundial de gas natural. Com més bones són les relacions amb Rússia, menys es paga per la seva energia.

De mitjana, un 25 % del gas i del petroli d'Europa prové de Rússia, per això, com més a prop de Moscou es troba un país, més gran n'és la dependència. Gairebé la meitat del gas que es consumeix a Alemanya prové de Rússia.

Tim Marshall: *Presoners de la geografia* (adaptació). Ed. Península, 2017.

D'on procedeix el gas que es consumeix a Europa?

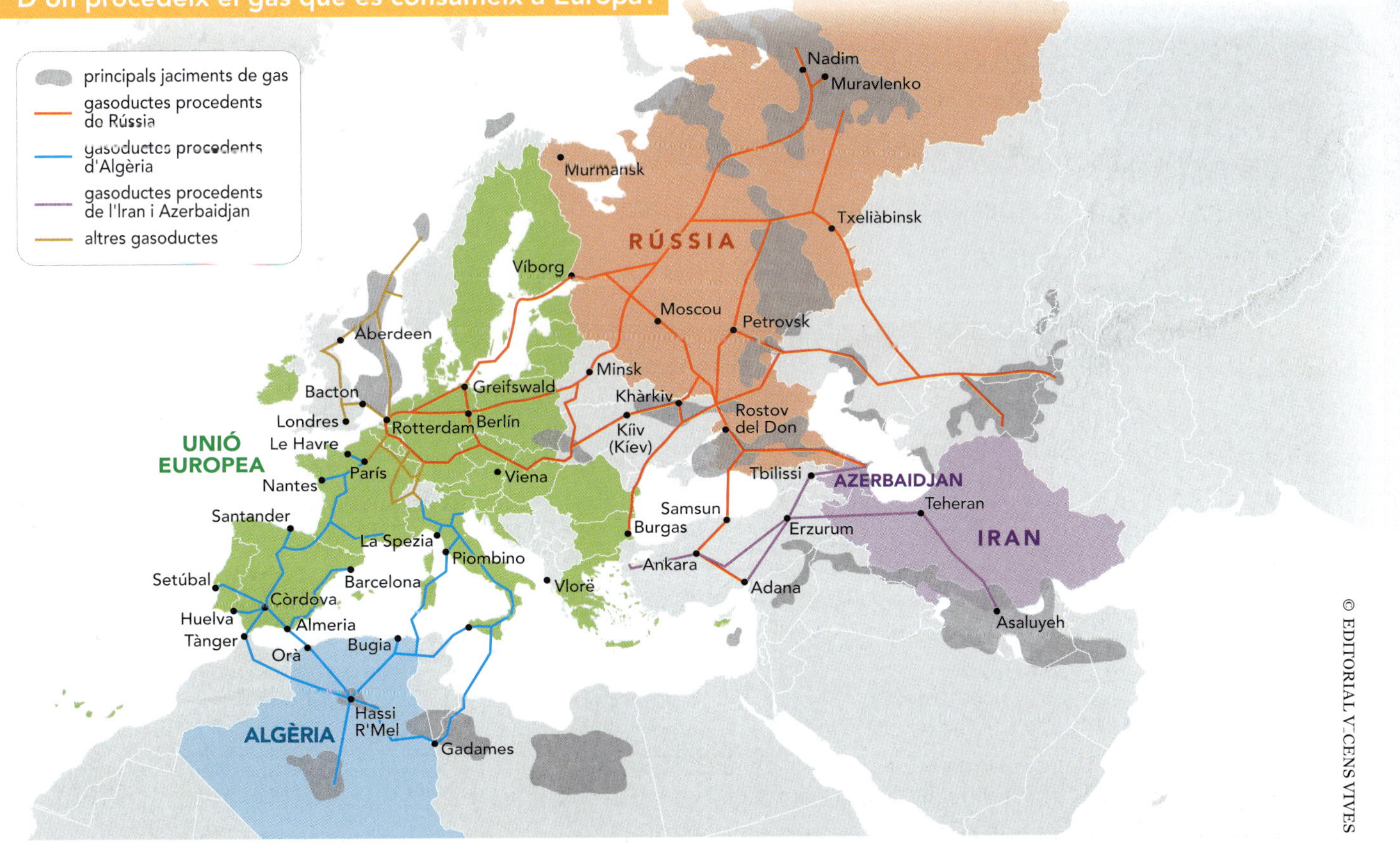

4. Quin paper juga el sector secundari a la UE?

La **indústria té un lloc destacat en l'economia de la UE** perquè hi aporta una tercera part del PIB i de l'ocupació. La creació d'un mercat comú ha facilitat la col·laboració industrial entre països i ha assegurat un mercat extens per a la seva producció.

Alta tecnologia per a la indústria europea

La reconversió industrial i la deslocalització de les dècades del 1980 i el 1990 van obligar a traslladar part de la indústria a països amb costos més reduïts. Això va suposar la reducció de l'ocupació industrial i l'aportació de la indústria a l'economia, en benefici del sector terciari.

Així i tot, la indústria europea ha mantingut un potencial innovador en branques d'**alta tecnologia i valor afegit** (informàtica, electrònica, aeronàutica, farmacèutica...) i de **tecnologia mitjana-alta** (automòbil, maquinària, equips elèctrics...).

Els reptes de futur de la indústria europea

Els problemes més urgents de la indústria europea són:

- La **dependència energètica i de matèries primeres** de tercers països que provoquen un augment dels preus i problemes en la cadena de subministraments.
- La **deslocalització industrial**, que redueix el pes de la indústria al continent, per la qual cosa cal emprendre reformes que n'augmentin la innovació i la productivitat.
- Els **desafiaments mediambientals**, entre els quals destaca la descarbonització.

Valor econòmic de la indústria en algunes potències mundials

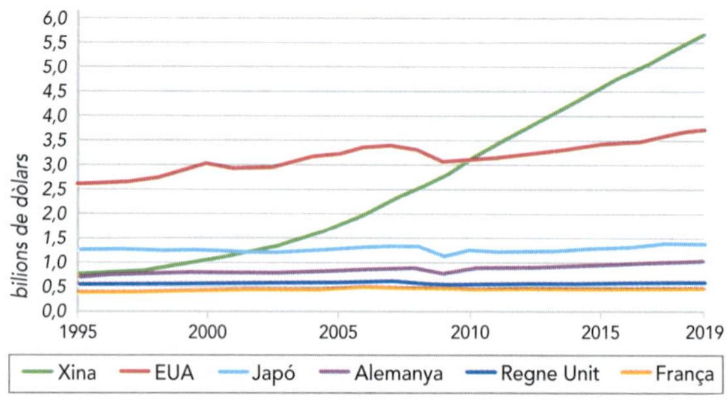

La crisi de subministraments industrials a la UE

El creixement de l'activitat de les empreses del sector manufacturer de la zona euro es va frenar a l'octubre fins al nivell més baix dels vuit últims mesos a conseqüència de l'impacte dels problemes en les cadenes de subministrament.

Els terminis mitjans de lliurament d'entrades es van allargar dràsticament, arran de la poca disponibilitat de contenidors, l'escassetat generalitzada de components i matèries primeres i els problemes amb el transport. Per això, tant els preus de venda com els preus de compra van augmentar a taxes rècord.

elconfidencial.com (adaptació),
2 de novembre del 2021.
Web [Consulta: 25 de novembre del 2021].

Vers una indústria menys contaminant

9 INDÚSTRIA, INNOVACIÓ I INFRAESTRUCTURA

El pla de *descarbonització* de la Unió Europea de cara al 2050 té com a objectiu reduir les emissions de GEH. Per aconseguir-ho, la UE es proposa:

- Millorar l'eficiència energètica, per exemple, aïllant més bé els edificis.
- Aconseguir una mobilitat neta.
- Assolir que l'any 2050 la meitat de l'energia consumida sigui renovable.

Descarbonització i electrificació de l'economia

ON ES LOCALITZA LA INDÚSTRIA EUROPEA?

La indústria tradicional europea del carbó i l'acer, juntament amb la metal·lúrgica i tèxtil, es va situar principalment a l'eix que va del Regne Unit al nord d'Itàlia.

Com que l'eix té forma corba i la bandera de la UE és blava, alguns han denominat aquest eix la "Banana Blava".

Al voltant dels centres industrials hi van créixer grans aglomeracions urbanes de gran riquesa.

Avui, la indústria europea té el nucli principal a Alemanya, a les regions de l'oest i sud (des d'Hamburg a Munic). També conserva una gran presència, malgrat haver-s'hi reduït, al Regne Unit, França, Itàlia i Espanya, i es manté als països de l'Europa central i oriental (Àustria, República Txeca i Polònia).

El **PIB** mesura l'activitat econòmica d'un país i fa referència al valor dels béns i serveis finals que produeix un país en un període determinat.

El volum de **PIB per habitant en estàndard de poder adquisitiu (EPA)** s'expressa en relació amb la mitjana de la UE, que és 100.

La competitivitat de la indústria i el foment de l'ocupació a la UE
tiching.com/785554

Principals àrees industrials d'Europa

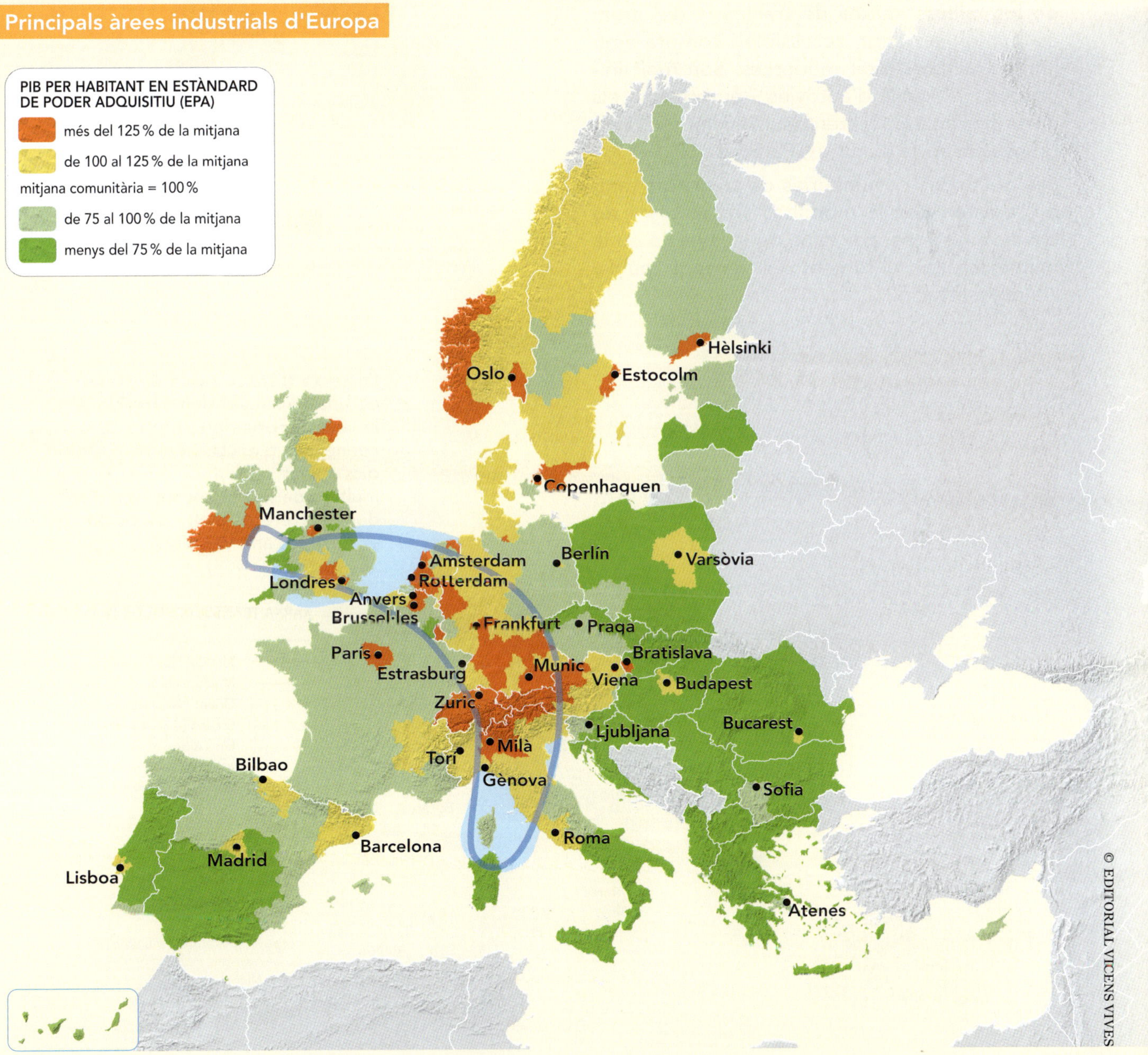

5. Quines fortaleses té el sector terciari a la UE?

El sector terciari constitueix la **principal font d'ocupació** per als països de la Unió Europea, ja que ocupa gairebé tres quartes parts de la població comunitària.

El pes econòmic del sector no és menor, perquè contribueix en gran part a la riquesa total de la UE, i li permet disposar d'una economia sòlida i diversificada per competir amb altres regions a escala global.

Els serveis de la Unió Europea el 2019

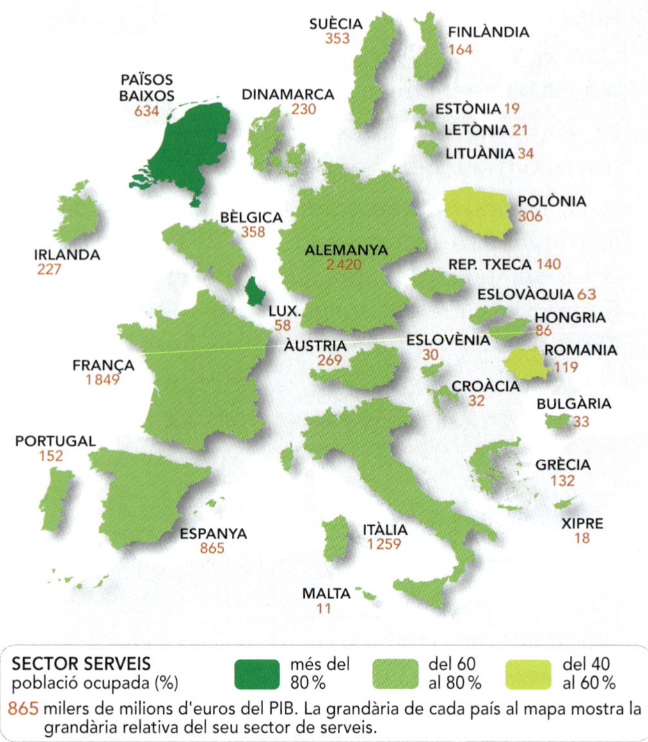

Una xarxa de transports ben articulada

Els estats de la Unió Europea disposen d'**una de les millors xarxes de transport del món**: és una xarxa densa, accessible i compta amb infraestructures molt modernes. Són molt importants la xarxa d'autovies i autopistes, els ports comercials (Rotterdam, Anvers, etc.) i els grans aeroports (Londres, París, etc.).

Les polítiques comunitàries de transport també aposten per la **mobilitat sostenible** i de baixes emissions, per mitjà de la inversió en la multimodalitat, el foment del transport públic i la digitalització.

Xarxa transeuropea de transport

La **xarxa transeuropea de transport** és una iniciativa molt ambiciosa de la Unió Europea que pretén la interconnexió d'enclavaments estratègics (ports, aeroports i plataformes multimodals) mitjançant eurocorredors (carreteres d'alta capacitat i vies fèrries d'alta velocitat).

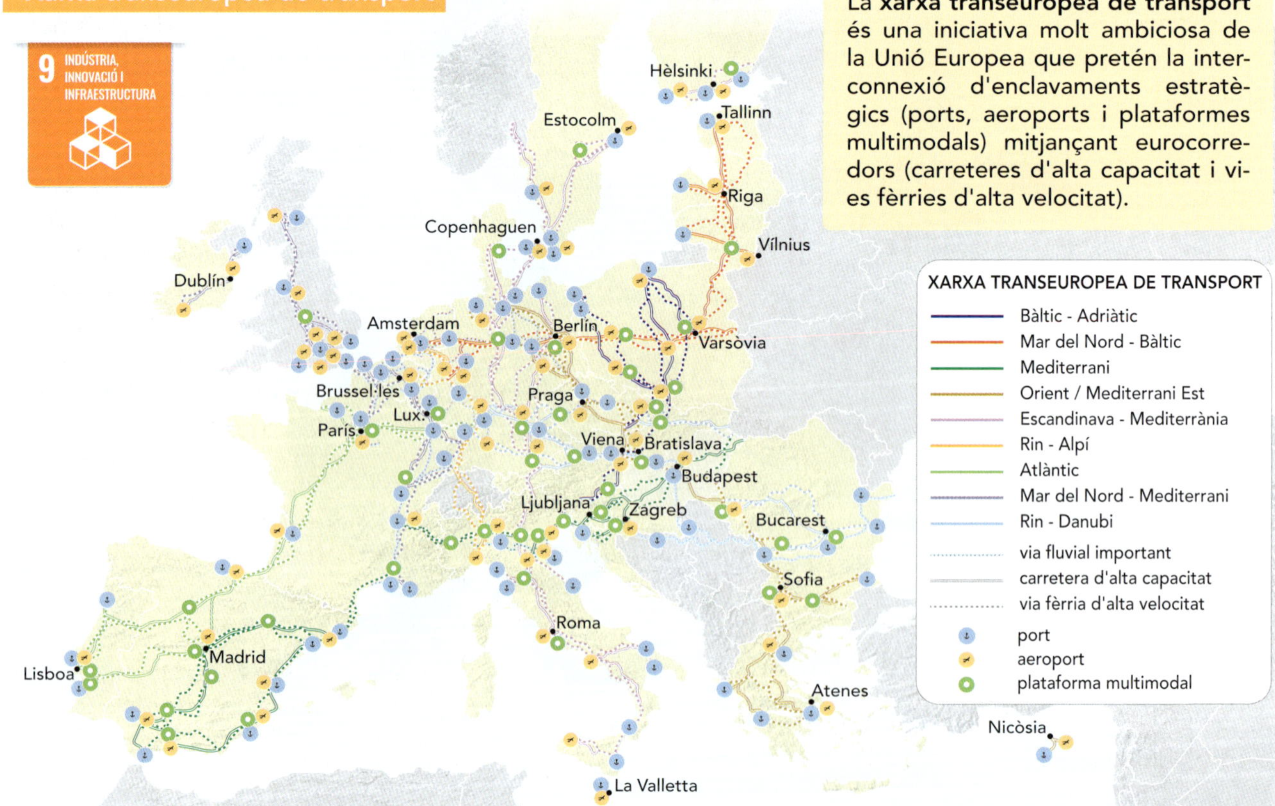

L'activitat comercial en el mercat únic més gran del món

La Unió Europea ha desenvolupat un paper fonamental en el comerç internacional des de la Segona Guerra Mundial i actualment constitueix una de les principals economies mundials.

PRINCIPALS SOCIS COMERCIALS DE LA UE EL 2020				
País	Exportacions (milions de €)	Importacions (milions de €)	Total	Balança comercial
EUA	1252192	2105919	3358111	−853727
Xina	2231862*	1848102*	4079964	+383760
Japó	561445	556296	1117741	5148
Corea del Sud	448879	409296	858175	39582

*La xifra de la Xina correspon al 2019.

- Quant al **comerç interior**, els estats comunitaris es beneficien del mercat únic més gran del món (més de 450 milions de persones), potenciat per la lliure circulació de mercaderies, l'harmonització de les legislacions nacionals i l'ús de l'euro com a moneda oficial a la major part dels estats membres de la UE.
- Pel que fa al **comerç exterior**, la UE és el major exportador de mercaderies després de la Xina, i té com a socis principals els Estats Units, la Xina i els països de l'Àsia del sud, entre d'altres. En aquest aspecte, tenen una gran importància els acords comercials amb altres països, que permeten reduir aranzels i assegurar uns estàndards de qualitat i la protecció del medi ambient.

El turisme, un sector fonamental per a l'economia

Europa és el principal focus receptor de turistes del món i, abans de la pandèmia de la COVID-19, rebia prop de 750 milions de turistes, gairebé la meitat del turisme internacional. La contribució del sector turístic suposava el 10% del PIB i l'11% de l'ocupació total de la Unió Europea.

Actualment, el sector turístic està iniciant una recuperació progressiva de l'activitat després de la pandèmia. Malgrat aquesta nova situació, la UE continua sent el principal receptor de turisme mundial gràcies al seu patrimoni històric i artístic, els seus espais naturals i les seves platges.

El turisme a Europa i al món el 2020

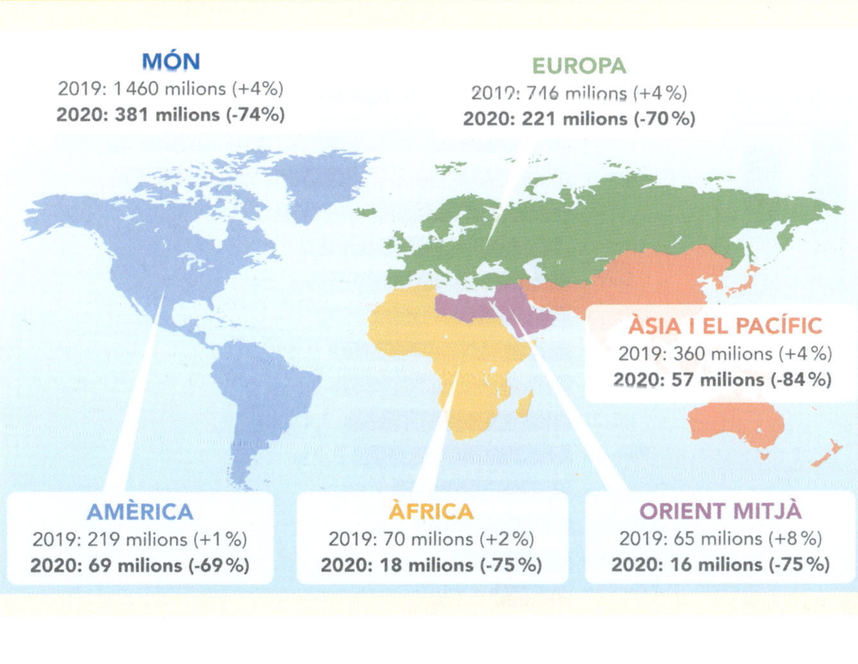

Les polítiques de la UE contribueixen al desenvolupament i la recuperació del turisme gràcies a una bona xarxa de transports, a la seguretat i facilitat de trànsit a través de les fronteres, o al finançament de projectes de turisme sostenible pel Fons Europeu de Desenvolupament Regional (FEDER).

Els efectes de la pandèmia de la COVID-19 van ser decisius en la disminució de l'activitat turística arreu del món, en especial a les zones d'Àsia-Pacífic i les Amèriques.

9 Espanya a l'economia global

L'economia espanyola està molt terciaritzada perquè la riquesa prové bàsicament de les activitats terciàries o de serveis, una altra part és resultat de les activitats industrials i el sector primari hi participa amb una aportació modesta.

Per començar:
La situació de l'economia espanyola

Com a membre de la UE, l'augment de la interdependència econòmica global en els darrers anys ha beneficiat Espanya.

La pandèmia de la COVID-19 ha colpejat durament l'economia espanyola, que actualment es troba en un procés de recuperació lent i progressiu. En el futur, Espanya haurà de fer front als nous reptes i oportunitats econòmics que es presentin aprofitant les fortaleses i corregint les debilitats.

La situació de l'economia espanyola

Oportunitats

- Recuperació econòmica internacional.
- Comerç exterior. Internacionalització creixent de les empreses espanyoles.
- Saber fer (***know-how***) en les energies renovables, turisme, construcció...

Amenaces

- Desavantatge competitiu internacional amb països com la Xina o Alemanya.
- Context polític i comercial internacional convuls (Guerra comercial EUA-Xina, Brexit...).

Debilitats

- Deute públic elevat.
- Desocupació.
- Dependència del sector turístic.
- Despesa escassa en recerca i innovació.

Fortaleses

- Recursos naturals, turisme, agricultura...
- Creixement sostingut del PIB fins a la COVID-19.
- Superàvit de la balança de pagaments.
- Infraestructures de transport.

Facturació de les exportacions totals a Espanya

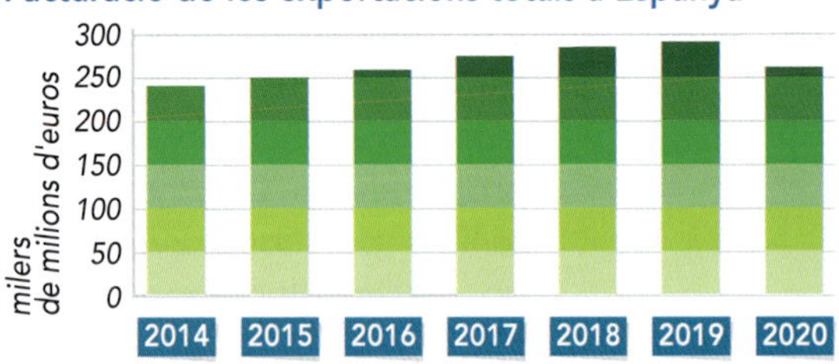

Evolució del PIB a Espanya

Taxa d'atur a Espanya i comparativa amb la UE el 2020

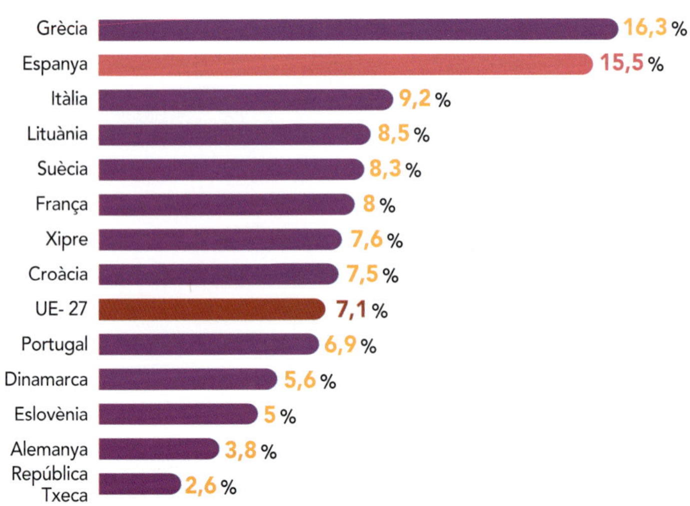

1. Quin paper té el sector primari en l'economia espanyola?

Espanya és, juntament amb França i Itàlia, una de les principals potències agroalimentàries de la Unió Europea. No obstant això, tot i l'increment de la productivitat, el sector primari ha perdut pes econòmic i social durant les últimes dècades.

L'agricultura

És l'activitat més important del sector primari espanyol. Les principals produccions són:

- **Conreus herbacis.** Representen la superfície conreada més gran. S'hi inclouen cereals (blat, ordi, civada o blat de moro), arròs, lleguminoses (pèsols i faves), oleaginoses i farratges.
- **Oli d'oliva.** Espanya és el primer país productor mundial d'oli d'oliva. Produeix gairebé el 50 % de l'oli d'oliva que es genera al món.
- **Vitivinicultura.** Itàlia, França i Espanya lideren la producció mundial de vins.
- **Productes hortofructícoles.** Espanya és el major exportador de la UE de fruites i hortalisses, i un dels tres primers exportadors mundials.
- **Conreus industrials.** Els principals són la remolatxa sucrera, el cotó, la colza i el tabac.
- **Flors i plantes ornamentals.** Clavells, roses, etc.

Espanya és el país de la UE amb més superfície d'agricultura ecològica i el quart del món.

Principals productes en la facturació agrícola espanyola el 2020

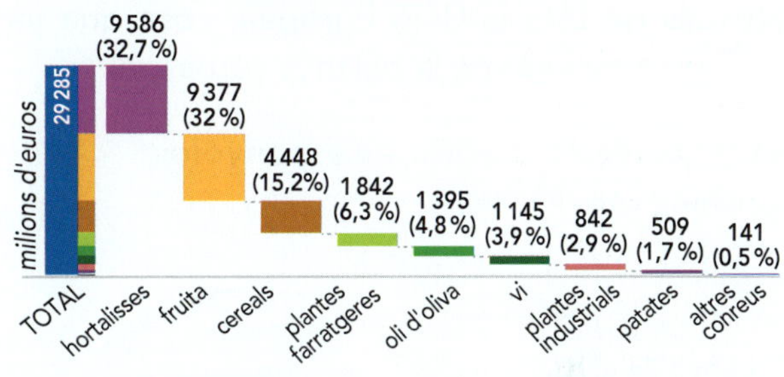

La ramaderia

La ramaderia ha incrementat molt la producció en els últims anys:

- El **règim extensiu** predomina a les zones del nord (bestiar boví per a llet i carn) i occidentals (deveses de porcí i boví).
- El **règim intensiu** ha crescut amb la construcció de naus industrials d'orientació porcina i avícola.

La **ramaderia ecològica** ha experimentat un repunt significatiu, particularment la de les aus de corral.

Evolució del nombre de caps de bestiar a Espanya

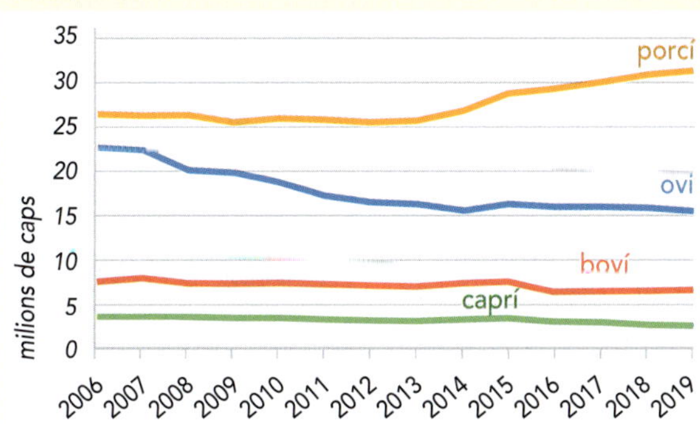

La pesca

Espanya lidera la producció pesquera de la UE per pes viu (les espècies principals són la tonyina, el bonítol i l'agulla) i és el primer país productor comunitari en **aqüicultura**.

La flota pesquera espanyola pesca a caladors nacionals (Galícia, País Basc i Andalusia són les principals regions pesqueres) i internacionals (Atlàntic, Pacífic i Índic).

Els espais de l'activitat pesquera a Espanya

2. És Espanya una potència agrària exportadora?

El sector primari i l'exportació

El sector primari espanyol ha experimentat transformacions importants durant les últimes dècades, ja que ha passat de ser un sector tradicional a ser un model de referència, avalat per la **qualitat dels productes** i la **demanda internacional creixent**.

El sector agrícola espanyol té una clara orientació internacional i és el sisè sector més exportador. Es situa entre els **principals exportadors a escala mundial**. L'any 2020, Espanya va ser el quart exportador de productes agroalimentaris, pesquers i forestals de tota la Unió Europea, cosa que va contribuir a millorar-ne la balança comercial.

Les exportacions agràries espanyoles
tiching.com/784469

Evolució del comerç exterior del sector primari espanyol

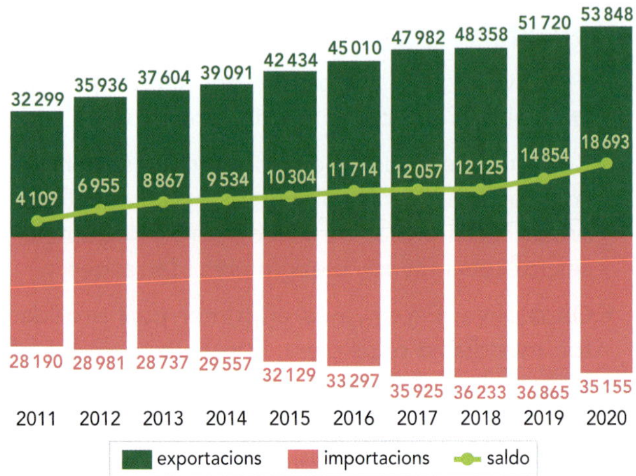

HORTOFRUCTICULTURA
Espanya és el major exportador de la UE de fruites i hortalisses, i un dels tres primers exportadors mundials juntament amb la Xina i els Estats Units.

VITIVINICULTURA
Per volum de vendes, Espanya és el major exportador mundial de vi, encara que França i Itàlia el superen en ingressos.

OLI D'OLIVA
Espanya ocupa el primer lloc en l'exportació mundial d'oli d'oliva.

Quins reptes cal que afronti el sector primari espanyol?

- **Competència als mercats globals.** Espanya és la quarta economia exportadora de productes agroalimentaris de la UE, en part, gràcies als tractats de lliure comerç que redueixen o eliminen aranzels. Això suposa més competència enfront de productes d'altres països, però també més exposició a les decisions polítiques.

Índex de preus percebuts pels agricultors a Espanya

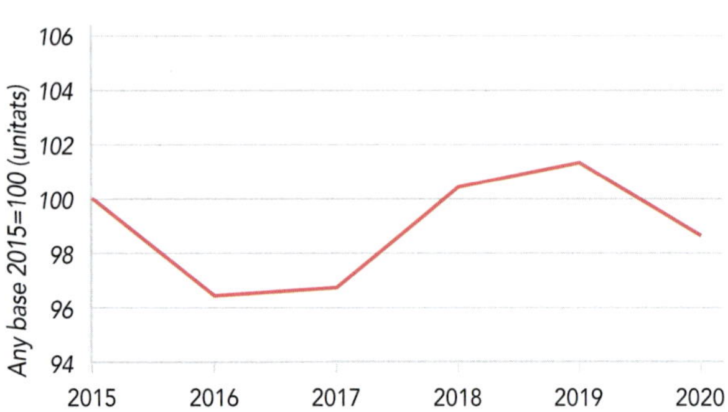

- **Inversions en R+D+I.** Malgrat l'esforç econòmic efectuat en la modernització de les explotacions, es necessiten més inversions que permetin l'augment de la productivitat per competir a escala internacional.
- **Augment de costos i reducció de beneficis.** Durant els darrers anys s'han incrementat els costos de producció (carburants, fertilitzants, pinsos...) mentre que el preu percebut pels productors ha minvat i hi ha menys beneficis.
- **Estructura agrària desequilibrada.** Les explotacions que es conreen solen tenir una grandària mitjana o petita, fet que suposa un fre a la productivitat.
- **Envelliment dels propietaris de les explotacions.** Suposa la manca de relleu generacional i contribueix al despoblament.

Protesta de treballadors del camp a Barcelona.

3. És possible una transició energètica a Espanya?

Producció i consum d'energia a Espanya

L'energia elèctrica que utilitzem diàriament procedeix de:

- **Energies renovables**. L'ús d'aquestes energies s'ha incrementat durant les últimes dècades. Actualment aporten gairebé la tercera part de la producció d'energia elèctrica. Destaquen l'energia eòlica, la hidràulica, la solar (fotovoltaica i termoelèctrica) i la biomassa.
- **Energies no renovables**. Cada vegada es fan servir menys d'acord amb les polítiques energètiques de la UE. Són importants el gas natural (centrals de cicle combinat) i l'energia nuclear. Quant al carbó, l'alt cost ambiental i la descarbonització han suposat el tancament de les darreres mines actives a Espanya, així com la incertesa sobre les centrals tèrmiques encara operatives.

Avui dia, la producció d'energia és insuficient per satisfer el consum de les activitats econòmiques i el consum domèstic. Els factors essencials són:

- **Increment del consum energètic**, causat pel desenvolupament econòmic i l'augment de la població (particularment urbana).
- **Escassa disponibilitat de determinats recursos energètics**, la qual cosa explica que Espanya importi petroli (de l'Aràbia Saudita), gas natural (d'Algèria) i urani (de Rússia), o compri energia elèctrica més assequible a països com França o el Marroc.

Tot i que Espanya és autosuficient quant a la producció d'energia elèctrica, té una **dependència energètica**, perquè importa al voltant del 75 % de l'energia que consumeix (petroli i gas natural).

Generació elèctrica a Espanya el 2020

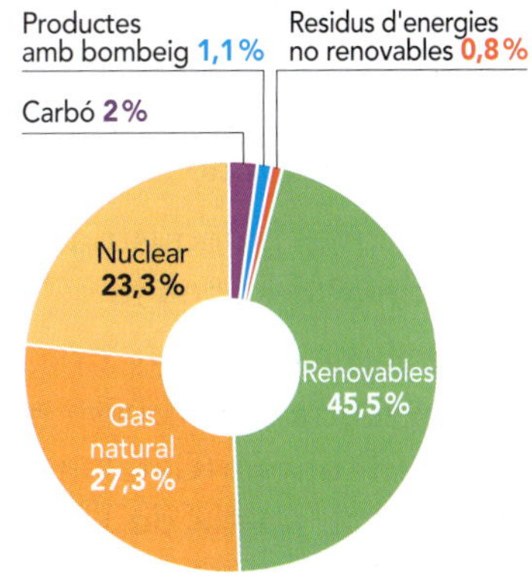

El consum d'energia primària a Espanya el 2019

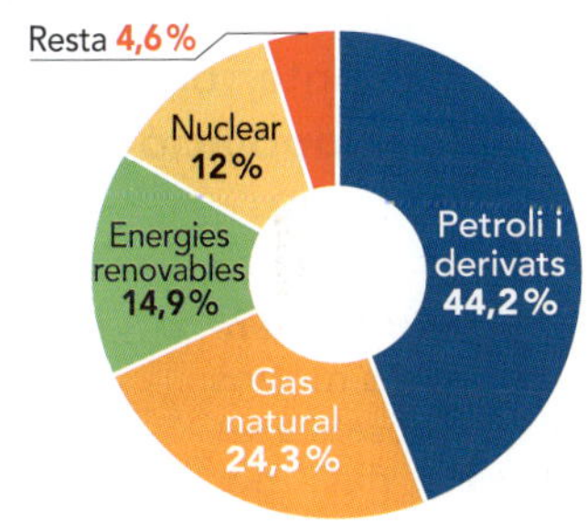

Espanya ha iniciat un procés de **transició energètica** reduint l'ús de fonts contaminants (carbó) o poc segures (nuclears) i ha promogut el desenvolupament d'energies sostenibles (eòlica, solar).

Energia eòlica: Les centrals eòliques es situen aprofitant les línies de cim de zones muntanyenques i elevades, planes de la vall de l'Ebre i la Manxa i a la zona de l'estret de Gibraltar.

Energia solar: La posició geogràfica d'Espanya li ofereix una gran potencia-litat, per la quantitat d'hores d'insolació que té a l'any. Les centrals solars es situen al sud de la Península, així com a la vall de l'Ebre i als arxipèlags.

La producció d'energia a Espanya

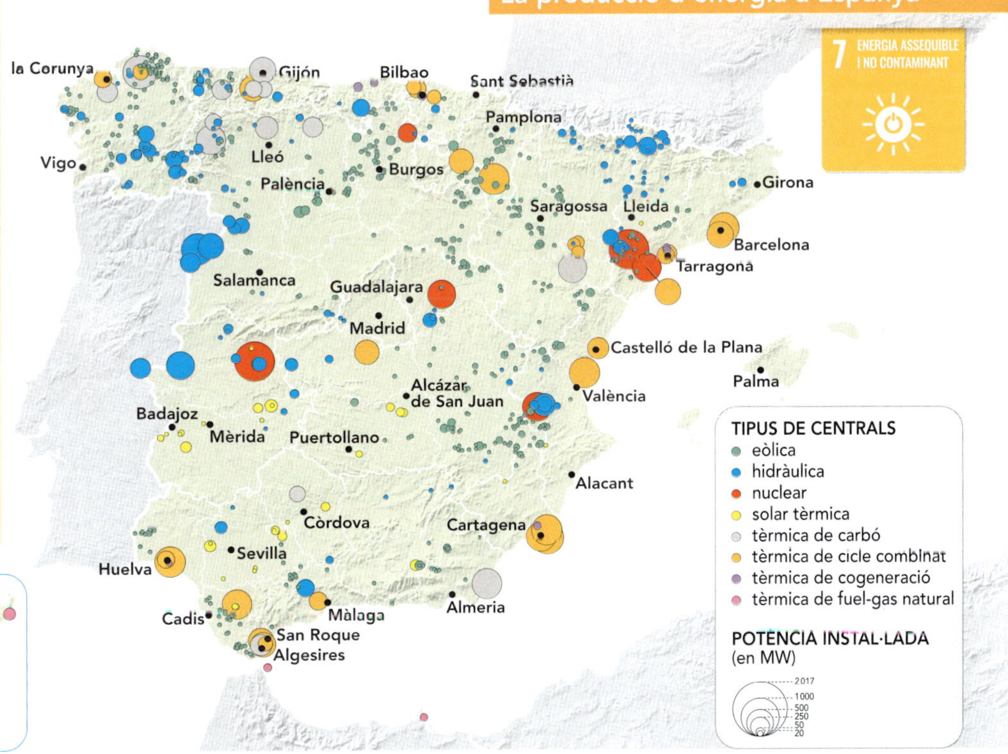

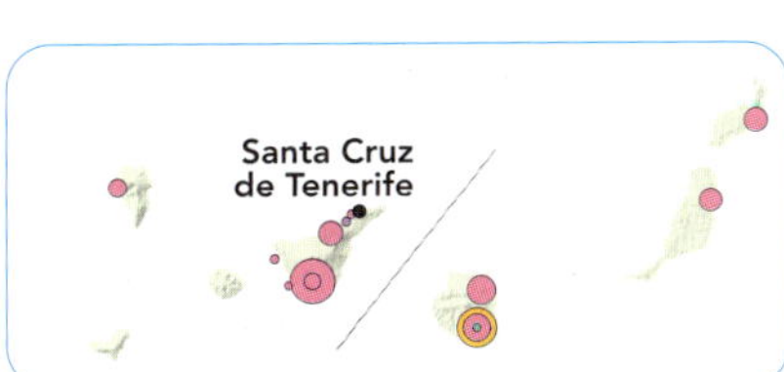

4. On es localitza la indústria a Espanya?

La indústria i la construcció a Espanya

L'expansió de la producció industrial del començament del segle XXI es va frenar per la **Gran Recessió** iniciada el 2008. Cap a l'any 2014 va començar una lleu i irregular recuperació del sector que, de nou, es va veure frenada per la crisi sanitària de la COVID-19.

Actualment, la indústria espanyola representa gairebé un **15% del PIB** i dona feina al **14% de la població ocupada**.

La localització de les indústries a Espanya presenta grans desequilibris territorials i es situen, fonamentalment, a l'eix del Mediterrani (Catalunya, Comunitat Valenciana i Regió de Múrcia), a l'eix de l'Ebre (País Basc, Saragossa i Catalunya) i l'àrea industrial de Madrid.

Pel que fa a la **construcció**, entre 1998 i 2007, les obres públiques i privades van generar molts llocs de treball. L'any 2008, l'esclat de la bombolla immobiliària frenà l'expansió del sector que amb els anys es va anar recuperant, però es va interrompre per la COVID-19. L'any 2020, un **6,5% de la població ocupada** treballava a la construcció.

Xifra de negoci dels sectors de la indústria espanyola el 2019

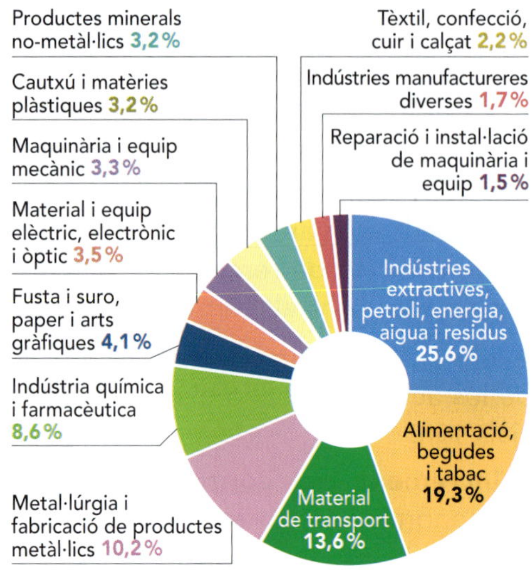

Corredors agroalimentaris. Són nuclis mitjans o petits, disposats a les planes dels rius, per conrear productes de regadiu. Les matèries primeres obtingudes sovint es transformen a la mateixa comarca.

Espais industrials multinuclears. Es situen en àmbits comarcals, sense un nucli clarament diferenciat. Destaquen àrees d'Alacant (calçat), Guipúscoa (metal·lúrgia), Astúries (ferro), Castelló de la Plana (ceràmica), la Corunya (indústria tèxtil i naval) o Cadis (naval).

Espais industrials metropolitans. Es situen a la perifèria de grans ciutats. Estan formats per un nucli central i altres de secundaris a prop de les vies de comunicació.

Principals espais industrials espanyols

Espais aïllats. S'ubiquen a nuclis petits, vinculats a matèries primeres pròximes (tèxtil, paper, etc.).

5. Cap a on es dirigeix la indústria espanyola?

Les empreses intel·ligents: indústria 4.0

L'evolució del sector industrial espanyol

Després de la reconversió del final del segle XX, la indústria espanyola ha experimentat grans **transformacions**:

- **Tecnificació**. L'extensió de la digitalització i la introducció de millores tecnològiques han permès una eficiència més gran en els processos de producció industrial. Així, l'ús de tecnologies d'última generació suposa la transició cap a la indústria 4.0 de tipus digital d'una part del teixit industrial espanyol.
- **Internacionalització**. Durant els últims anys, la indústria espanyola té més presència internacional mitjançant la deslocalització de part de la producció o per l'acord de relacions comercials amb altres mercats. En aquest sentit, cal destacar les multinacionals espanyoles de sectors industrials com el tèxtil o l'automoció, entre altres.
- **Sostenibilitat**. Les directrius espanyoles i comunitàries han suposat que la indústria espanyola adopti mesures, en àmbits com l'ús d'energia, la disminució de residus, el control d'emissions...

Destí de les vendes industrials espanyoles

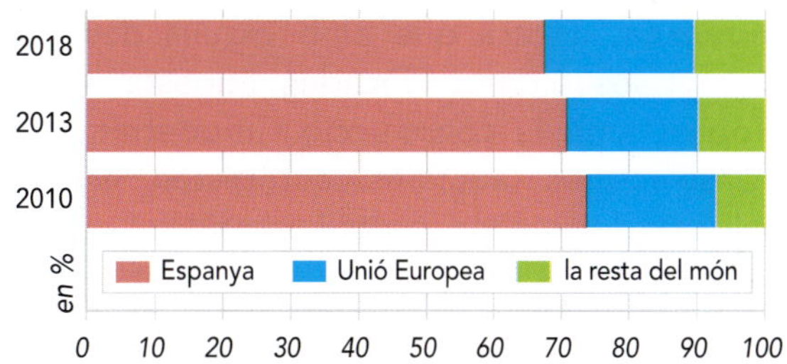

Reptes pendents de la indústria

Les Directrius de la Nova Política Industrial Espanyola de cara a 2030 estableixen uns eixos d'acció per reforçar els canvis a la indústria: la digitalització i la innovació; la formació del capital humà; una política industrial que propiciï entorns d'innovació i emprenedoria; i la sostenibilitat ambiental i la internacionalització.

Desindustrialització o transformació del model productiu espanyol?

La **terciarització** progressiva de l'economia espanyola ha suposat l'avanç de la **desindustrialització** (menor pes de la indústria en el PIB i en l'ocupació).

Tanmateix, els límits entre la indústria i els serveis són cada vegada més difusos i cal tenir en compte tres factors que estan transformant el model productiu de la indústria espanyola:

- **Servitització**. De manera progressiva, cada cop són més les indústries que ofereixen serveis lligats al seu catàleg de productes com serveis de postvenda, manteniment, lloguer, etc.
- **Externalització**. A més, les indústries espanyoles han incrementat la contractació de serveis a empreses externes per portar a terme tasques que tradicionalment s'efectuaven amb recursos propis (neteja, administració, seguretat, transport, etc.).
- **Cadenes de valor**. La cadena de valor és la interacció de tots els sectors econòmics i va des del disseny d'un producte, l'obtenció de la matèria primera necessària, la fabricació, la logística fins als darrers serveis de venda i postvenda.

Encara que aparentment el paper de la indústria hagi disminuït durant els darrers anys, la rellevància que té per a l'economia espanyola és molt més gran.

Cadena de valor del sector de l'automoció

6. Quins reptes té el transport a Espanya?

LA XARXA DE TRANSPORTS ESPANYOLA

Espanya compta amb una **xarxa de transports moderna**, encara que amb alguns desequilibris. Durant les últimes dècades aquesta xarxa s'ha ampliat amb la construcció i modernització d'infraestructures (autovies, autopistes, línies d'alta velocitat ferroviària, ports i aeroports).

Transport per carretera

És la xarxa més utilitzada per a trajectes de curta i mitjana distància. Segons la seva titularitat, hi ha diferents tipus de xarxes (estatal, autonòmica, provincial i local).

Transport marítim

La xarxa portuària està formada per 46 ports. La rellevància és doble: d'una banda, la majoria dels intercanvis comercials es fa mitjançant els ports; de l'altra, la importància és creixent per al transport de passatgers (trànsits entre illes i pas de l'estret de Gibraltar) i turistes internacionals (creuers). El port d'Algesires (Cadis) és el quart més important d'Europa.

Transport ferroviari

La xarxa ferroviària espanyola ha rebut grans inversions durant les darreres dècades, particularment en les línies d'Alta Velocitat Espanyola (és la segona xarxa més llarga, després de la Xina).

Tanmateix, hi ha alguns desequilibris com la convivència de diferents amples de via, l'existència de vies sense desdoblar ni electrificar i el pes escàs que té aquesta xarxa en el transport de mercaderies.

Durada dels trens des de Madrid abans i després de l'Alta Velocitat Espanyola (AVE)

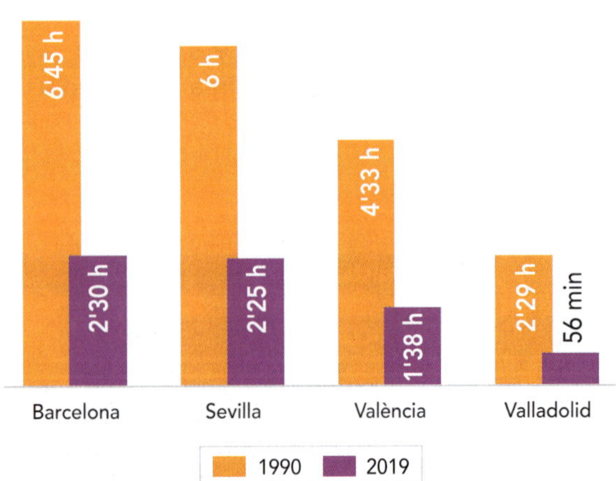

Transport aeri

La xarxa espanyola està formada per 48 aeroports i és de vital importància per a sectors com el turisme. Espanya és el tercer país de la UE per trànsit de passatgers i els aeroports més importants són el de Madrid i Barcelona.

El paper d'Espanya en el transport

A Espanya, el transport de viatgers i de mercaderies exerceix un **paper estratègic**, a causa de diversos factors:

- A escala internacional, la localització d'Espanya representa un pol de connexió entre Europa, Àfrica i Amèrica, que resulta essencial per a sectors com el turisme.
- A escala nacional, es tracta d'un sector fonamental per al comerç, la indústria i la mobilitat de les persones.

Transport interior, 2018	Milers de viatgers
Total	**4 905 748**
Urbà	**3 013 687**
Autobús	1 767 603
Metro	1 246 084
Interurbà	**1 372 588**
Autobús	694 953
Ferrocarril	626 295
Aeri (interior)	40 274
Marítim (cabotatge)	11 065
Especial i discrecional amb autobús	**519 473**
Transport internacional, 2018	
Aeri	183 097
Marítim	7 875

Reptes del transport a Espanya

Avui dia, el sector del transport s'enfronta a una sèrie de **reptes**:

- Espanya ha d'aprofitar les fortaleses que té com a **plataforma logística intercontinental**, perquè els ports espanyols puguin servir de pont en el comerç mundial de mercaderies.
- Cal **desenvolupar la intermodalitat** en el trànsit de mercaderies i passatgers, que permeti millorar l'accessibilitat i reduir el temps de desplaçament.
- La mobilitat de persones i mercaderies genera problemes de congestió a les **àrees urbanes i metropolitanes** que cal aturar.
- Finalment, és necessari fomentar noves **formes de mobilitat més sostenibles** (vehicles elèctrics, vehicles compartits, bicicletes, etc.) i l'ús de sistemes de transport públic.

Com és el sistema de transports a Espanya?

El sistema de transports espanyol presenta alguns desequilibris, particularment en les infraestructures de transport terrestre. Aquestes tenen una **estructura radial i centralitzada**, perquè tant els traçats de les carreteres com del ferrocarril parteixen des de Madrid, la qual cosa provoca **problemes d'accessibilitat** a diverses zones.

Principals infraestructures del transport a Espanya

7. És Espanya un país exportador?

La transformació del comerç interior

Avui dia, les activitats comercials suposen el **12,3% del PIB** del país i ocupen el **15,6% de la població**, per això són un dels principals sectors econòmics d'Espanya.

El model comercial espanyol ha experimentat canvis notables per la competència en el mercat globalitzat. Així, les **fórmules tradicionals** de comerç al detall (en molts casos, familiar) han hagut de reconvertir el model de negoci, invertir en publicitat i incorporar les TIC en els seus processos per poder competir amb els establiments més grans.

El comerç exterior vinculat a la UE

Espanya és un dels països principals en el **comerç de béns i serveis**, i es situa en la quinzena posició a escala global i en l'onzè lloc pel que fa a l'exportació de serveis.

Per això, malgrat el **dèficit de la balança comercial** (perquè Espanya importa més béns que els que exporta), **la balança de pagaments espanyola presenta superàvit**. La tradicional balança negativa espanyola ha millorat sensiblement d'ençà de 2012, gràcies a l'aportació dels serveis (turisme i serveis d'alt valor afegit) i a una major competitivitat i internacionalització per part de les empreses.

- Espanya exporta majoritàriament a països de la Unió Europea (dues terceres parts del total), per això constitueixen el principal soci comercial d'Espanya. Així, Espanya exporta a França, Alemanya, Itàlia i Portugal, la qual cosa dona un saldo comercial positiu per a Espanya. Durant els últims anys, ha tingut una gran importància l'exportació de serveis com el transport, les telecomunicacions, els serveis informàtics o l'enginyeria.
- Espanya importa béns procedents d'Alemanya, França, la Xina, Itàlia i el Regne Unit. La Xina, Alemanya i Turquia representen els països amb els quals Espanya manté un major dèficit comercial.

Població ocupada en el comerç a Espanya l'any 2020

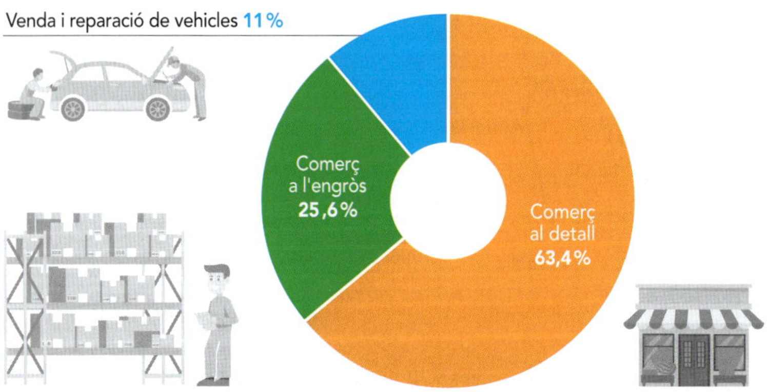

El comerç interior a l'Estat espanyol
tiching.com/784470

Noves fórmules comercials

- **Franquícies**, en què per mitjà del pagament d'una llicència es permet comercialitzar per a una marca reconeguda.
- **Supermercats i hipermercats**, tots dos en règim d'autoservei.
- **Autoserveis especialitzats** en productes concrets, com el bricolatge, els mobles, la jardineria, la informàtica o els esports.
- **Centres comercials**, que agrupen diferents establiments comercials en espais molt grans.

Líders del comerç de béns i serveis (2008-2018)

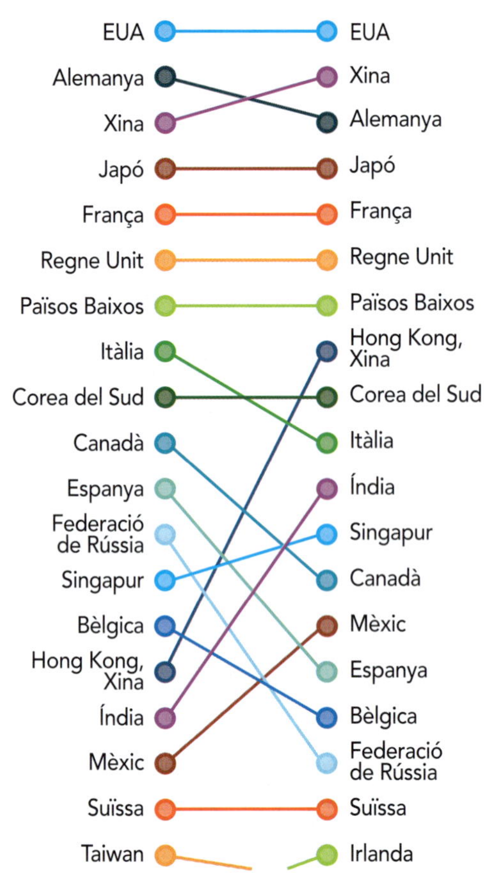

COM ÉS EL BALANÇ DEL COMERÇ ESPANYOL?

Importacions i exportacions espanyoles (2019)

Exportacions

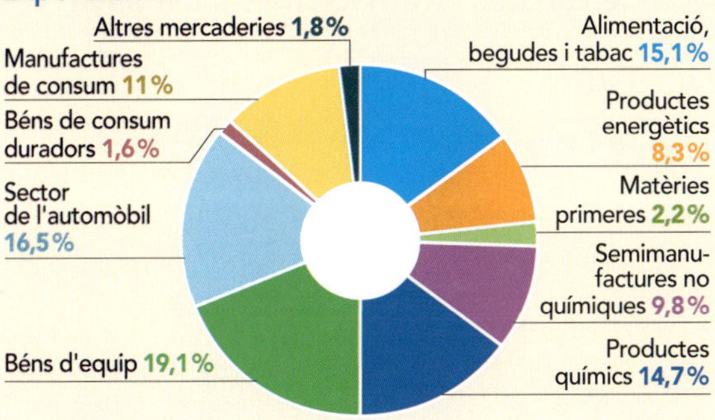

Importacions

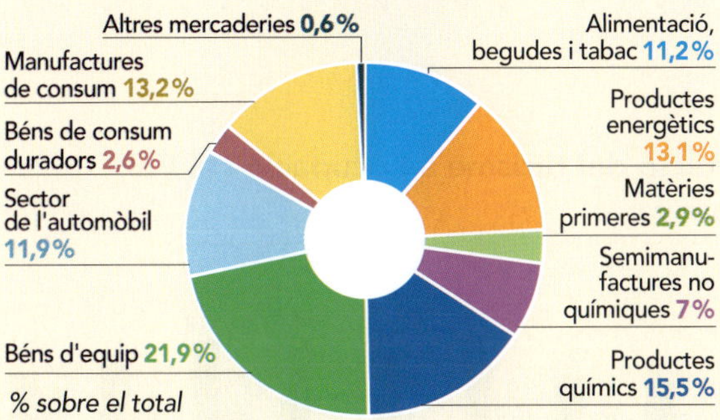

% sobre el total

Balança comercial espanyola

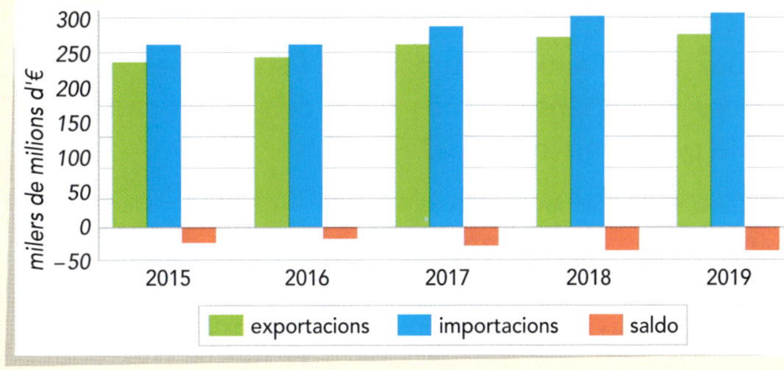

Balança de pagaments espanyola. Compte corrent

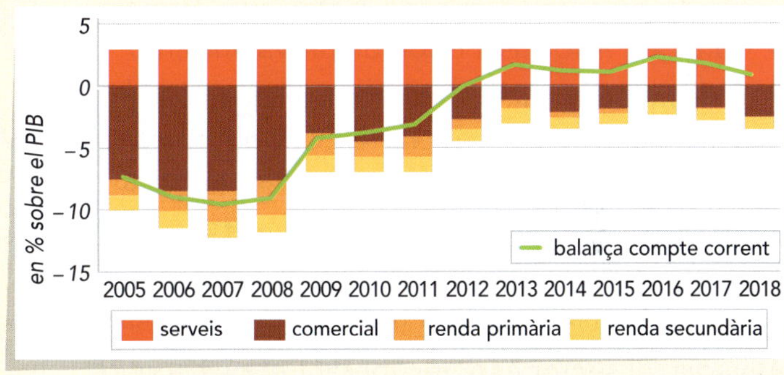

Els desafiaments del comerç espanyol

Els progressos tecnològics i els nous hàbits de consum comporten una sèrie de desafiaments per al comerç espanyol:

- **Digitalització**. Actualment, prop de la meitat de les compres a Espanya es duen a terme per mitjà d'Internet (sobretot, amb telèfons mòbils). Per això, els establiments necessiten adaptar-se al comerç electrònic i utilitzar recursos digitals per gestionar dades, rebre pagaments més segurs i oferir una millor experiència de compra a un consumidor cada vegada més informat a través de la web social.
- **Logística**. El creixement del comerç electrònic està molt relacionat amb el sector del transport, ja que cada cop són més necessàries les empreses de distribució de mercaderies (logística), així com l'establiment de pols logístics.
- **Internacionalització**. La digitalització permet al comerç nacional exportar a altres mercats, però també suposa competir amb productes de països tercers.

L'ús de contenidors permet combinar diversos mitjans de transport per al trasllat de mercaderies i en facilita la logística.

Botiga del grup Inditex a Xangai.

8. Quina és la situació del turisme espanyol avui dia?

Turisme: menys és més?

12 PRODUCCIÓ I CONSUM RESPONSABLES

El turisme, un pilar per a l'economia

Actualment, l'activitat turística d'Espanya es recupera lentament després de la crisi provocada per la pandèmia de la COVID-19.

Es tracta d'una activitat clau per l'economia espanyola que, fins a l'any 2020, suposava més del 12% del PIB nacional i un 13% de l'ocupació.

- **Turisme internacional.** L'any 2019, Espanya va rebre la visita de 83,7 milions de turistes internacionals, sobretot de procedència britànica, alemanya i francesa, que es concentraven als espais turístics litorals de Catalunya, Balears, Canàries, Andalusia i Comunitat Valenciana.
- **Turisme nacional.** El nombre de viatges de residents nacionals va superar els 170 milions anuals i es van repartir per tots els espais turístics.

L'any 2020, Espanya va rebre només 19 milions de turistes internacionals, un 77,3% menys, i el turisme nacional també es va reduir dràsticament.

Avui dia, el sector està recuperant el pes econòmic que tenia i tornen a veure's alguns dels efectes negatius que comporta, com la massificació de determinats destins i l'impacte mediambiental. Per això, cal un model de **turisme sostenible** que conjugui les necessitats del sector i les del territori i la ciutadania.

Arribada de turistes internacionals a Espanya

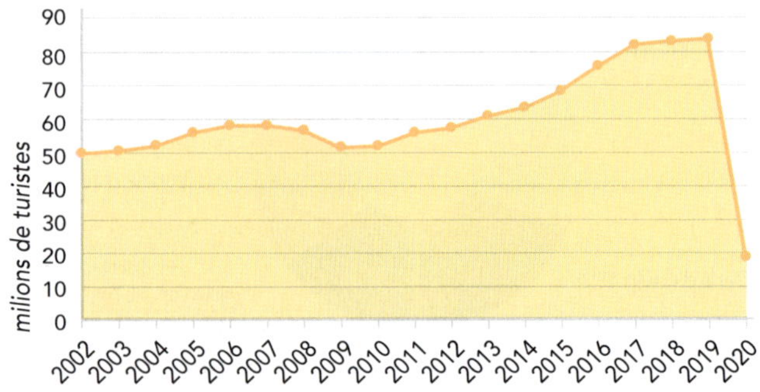

Aportació del turisme a l'ocupació i al PIB a Espanya

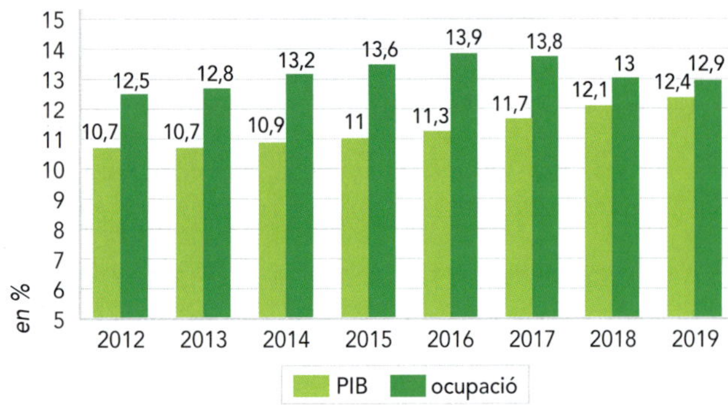

ANÀLISI DEL SECTOR TURÍSTIC ESPANYOL

Debilitats

- Dependència del producte de sol i platja.
- Dependència dels mercats britànic, francès i alemany.
- Alta estacionalitat de l'oferta turística.
- Saturació de l'espai en alguns destins urbans.
- Bretxa digital que exclou moltes pimes.
- Noves plataformes, que han destruït els models turístics de ciutats i destins.
- Precarització de les condicions laborals en el sector, que afecten especialment les dones.
- Desaprofitament del potencial turístic que ofereix el medi rural.

Fortaleses

- Extraordinaris recursos turístics, naturals i de patrimoni històric i cultural.
- Un producte de sol i platja magnífic.
- Excel·lent climatologia, proximitat geogràfica i connectivitat amb els mercats emissors.
- Estil de vida molt adequat per a l'experiència turística.
- Fidelitat elevada dels turistes internacionals.
- Alts nivells de qualitat i servei de l'oferta.
- Alts nivells de seguretat a tot el territori i serveis públics de qualitat.
- Gran professionalitat dels treballadors del sector.

COM SÓN ELS ESPAIS TURÍSTICS ESPANYOLS?

Espais turístics rurals

- Són els espais rurals que guarden valors historicoartístics, naturals o etnogràfics d'interès.
- El turisme hi dinamitza les economies per mitjà de varietats com l'agroturisme, l'ecoturisme o el turisme actiu. Castella i Lleó destaca per nombre de pernoctacions.

Espais turístics de muntanya

- Permeten la pràctica d'esports d'hivern (esquí, surf de neu...) i altres disciplines la resta de l'any (alpinisme, excursionisme, etc.).
- Les visites es concentren a les estacions pirinenques, serralada Penibètica, serralada Cantàbrica i Sistema Central.

El turisme a Espanya l'any 2019

Espais turístics litorals

- Són els més extensos i nombrosos. Presenten una estacionalitat marcada, amb una temporada alta els mesos d'estiu i una temporada baixa la resta de l'any.
- Els més importants són les illes Canàries i les illes Balears, el litoral mediterrani (Costa Brava, Costa Daurada, Costa Blanca, Costa del Sol), l'atlàntic (Costa de la Luz, Ries Altes i Baixes) i el cantàbric (Astúries, Cantàbria i País Basc).

Espais turístics urbans

- El turisme historicoartístic és un dels objectius principals de les persones que visiten ciutats. Espanya és el segon país del món amb un nombre més gran de ciutats Patrimoni de la Humanitat.
- El turisme gastronòmic i de compres és també molt important entre els viatgers urbans.
- El turisme de creuers s'està convertint en un sector estratègic a les ciutats portuàries d'Espanya.
- Recentment, el turisme de negocis i de congressos ha experimentat un gran desenvolupament.

10 Un desenvolupament sostenible

El model actual de creixement econòmic genera problemes d'índole diversa, com ara la pressió sobre el medi ambient o l'existència de grans desigualtats mundials de riquesa. Per aconseguir solucionar-los, cal que la humanitat avanci cap a un desenvolupament més sostenible i equitatiu.

L'equilibri difícil entre l'ésser humà i el medi natural és un problema mundial que afecta, fins i tot, la regió de l'Hindu Kush, on es troben els cims més alts del món.

Per començar:
L'equilibri al sostre del món

Ascens d'alpinistes a l'Everest per dècades

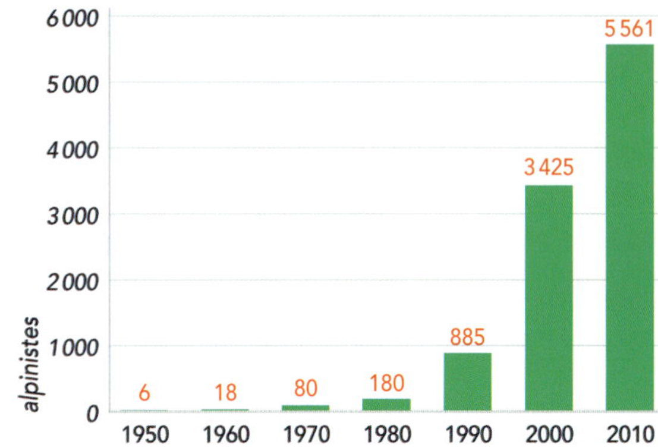

Diversos pobles i 8 països...

240 milions de persones viuen a la regió

... amenaçats pel canvi climàtic...

L'any 2050, la temperatura a l'Himàlaia augmentarà entre 1°C i 2°C i només hi quedarà el 40% del gel

COM ES POT ASSOLIR L'EQUILIBRI?

... la massificació turística...

En els últims anys, 50 000 turistes van visitar anualment la regió de l'Everest. Més de 300 persones han perdut la vida en el descens del cim des de 1921

... o la manca de consciència ambiental...

L'any 2019 es van recuperar 11 tones d'escombraries a l'Everest

... però el turisme hi genera riquesa...

El turisme és la font més gran de riquesa de països com el Nepal

1. Per què no és sostenible el model actual de creixement?

| El despertar de la consciència ecològica

Un model contaminant i desigual

L'ésser humà ha aconseguit al món elevades cotes de progrés i benestar. Però el preu pagat ha estat degradar el medi ambient del planeta i deixar moltes persones al marge d'aquest desenvolupament.

L'escalfament del planeta, la destrucció de boscos, la desertització, el desglaç dels casquets polars, la contaminació de l'atmosfera... són alguns dels grans problemes ambientals de la Terra als quals cal sumar les desigualtats econòmiques (nivell de renda de les persones) i socials (accés a la salut, a l'educació, a les noves tecnologies...).

Problemes del model actual de desenvolupament

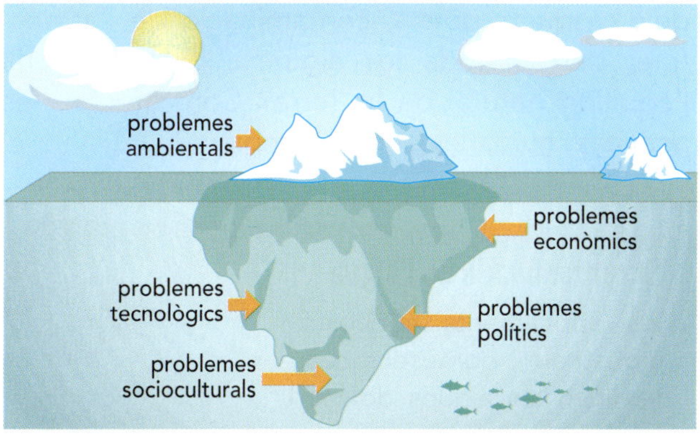

Encara que de vegades només percebem la punta de l'iceberg, per solucionar realment els problemes del model actual de desenvolupament cal abordar-los conjuntament, ja que estan relacionats entre si.

COM ES POT ACONSEGUIR UN NOU MODEL DE DESENVOLUPAMENT

La integració ambiental

Els Estats han de desenvolupar polítiques i normatives mediambientals que previnguin la contaminació a partir de la font que la produeix. A més, haurien de promoure una economia circular menys depredadora de recursos i menys generadora de residus contaminants.

La recerca i la innovació

Dos dels puntals bàsics per aconseguir un canvi tecnològic són la recerca i la innovació. Aquest canvi en la tecnologia generarà nous models productius i nous llocs d'ocupació adequats a un sistema econòmic sostenible.

Una major igualtat i equitat

És necessari un flux financer i una transferència tecnològica dels països més avançats cap als països menys desenvolupats per estimular-ne el creixement i disminuir-hi les grans desigualtats socials i econòmiques.

La transició energètica

Les principals accions per frenar el canvi climàtic passen per la reducció de les emissions de CO_2 i el canvi de l'actual model energètic. S'haurà de modificar la producció i el consum de combustibles fòssils per l'obtenció d'una energia neta a partir de les fonts energètiques que siguin renovables.

2. Està al límit el nostre entorn mediambiental?

Escalfament del planeta, forats a la capa d'ozó, destrucció de boscos, desertització, desglaç dels casquets polars, contaminació de l'atmosfera, del sòl i de les aigües... Està en perill l'equilibri natural de la Terra? Com afecten les activitats humanes el medi ambient?

La contaminació de l'aigua

Els abocaments agrícoles, industrials i domèstics contaminen les aigües dolces i també els mars i oceans.

Aquesta contaminació redueix l'aigua potable disponible per al consum humà, i un sanejament insuficient provoca malalties intestinals greus.

En el cas dels mars i oceans, suposa la degradació de la flora i la fauna marines, i una disminució de la pesca disponible.

La contaminació de l'aire

El consum elevat de combustibles fòssils i la fabricació massiva de productes generen residus que s'alliberen a l'atmosfera i la contaminen. Aquesta contaminació té efectes en:

- La salut de les persones, perquè augmenten les malalties pulmonars i de la pell, les al·lèrgies, el càncer, etc.
- El medi ambient, ja que provoca la pluja àcida, que perjudica la vegetació, redueix la capa d'ozó que ens protegeix dels raigs solars perjudicials, i augmenta l'efecte d'hivernacle, que és el responsable de l'escalfament de la Terra.

La contaminació del sòl, el desboscament i la desertització

Un gran nombre d'activitats agràries utilitzen fertilitzants i pesticides que contaminen els sòls, com també ho fan els residus ramaders.

Les partícules nocives per a la salut que generen aquestes activitats passen a formar part de la cadena alimentària per mitjà dels aliments i de l'aigua.

A més, les indústries i les ciutats produeixen grans quantitats de residus sòlids, molts d'ells de llarga durada, que es dipositen en abocadors o s'abandonen.

La tala d'arbres per a usos industrials comporta la desaparició d'extenses masses forestals de la Terra, que són els grans pulmons d'oxigen del planeta i ajuden a reduir l'efecte d'hivernacle.

La sobreexplotació del sòl agrícola i el desboscament provoquen també la destrucció del sòl i l'avançament dels deserts.

3. Com ha de ser el desenvolupament del futur?

Un desenvolupament sostenible i inclusiu

Preservar i millorar la qualitat de vida de les generacions futures és un dels grans desafiaments que ha d'afrontar avui dia la humanitat.

El desenvolupament sostenible és un concepte que va aparèixer per primera vegada el 1987 per alertar de les conseqüències mediambientals negatives de l'actual model de desenvolupament econòmic i de globalització, amb la intenció de buscar possibles solucions als problemes derivats de la industrialització i del creixement de la població.

S'entén per desenvolupament sostenible i inclusiu la capacitat de satisfer les necessitats de la població actual i de les generacions futures, mitjançant l'ús responsable dels recursos naturals.

Per això es basa en tres factors: **societat**, **economia** i **medi ambient** i posa èmfasi en un desenvolupament econòmic que garanteixi la conservació del medi ambient per no posar en perill les espècies de flora i fauna i que fomenti la igualtat, el respecte dels drets humans i la pau mundial.

Els pilars d'un desenvolupament sostenible

Un desenvolupament sostenible i inclusiu implica ser capaços de fer compatibles el desenvolupament econòmic i social de les persones i la salut del medi ambient.

Els requisits del desenvolupament sostenible

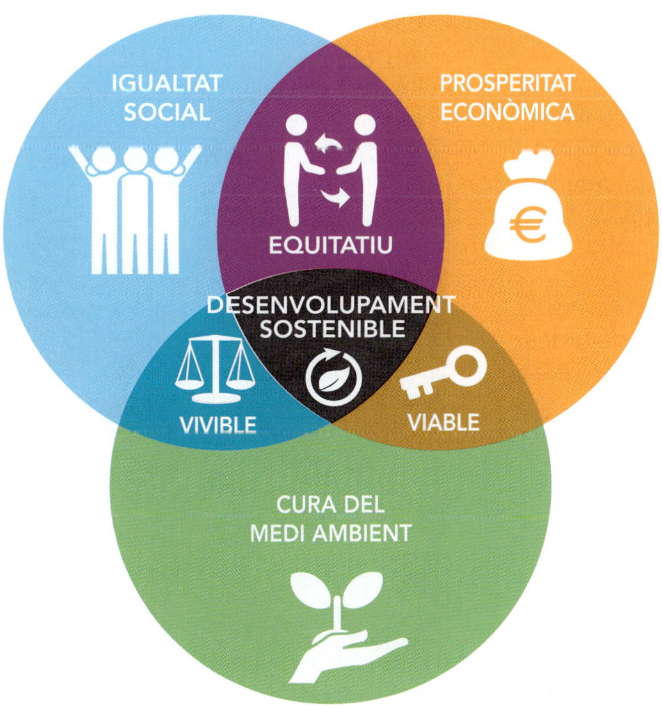

Quins són els requisits del desenvolupament sostenible?

Aquest model de desenvolupament sostenible i inclusiu es basa en el compliment d'una sèrie de requisits que permetin aconseguir un equilibri entre els factors econòmic, social i el relacionat amb el medi ambient:

- Un **desenvolupament econòmic** que sigui **viable** i **equitatiu**, de manera que promogui un creixement generador de riquesa sense perjudicar els recursos naturals.
- Un **progrés social equitatiu**, que fomenti el desenvolupament de les persones, comunitats i cultures per aconseguir un nivell global de benestar, sanitat i educació adequats i equitatius.
- Un **equilibri mediambiental viable**, que defensi que la natura no és una font inesgotable de recursos i que s'encarregui de vetllar per protegir-la i fer-ne un ús racional.

4. Quines grans desigualtats hi ha al món?

El PIB *per capita* l'any 2020

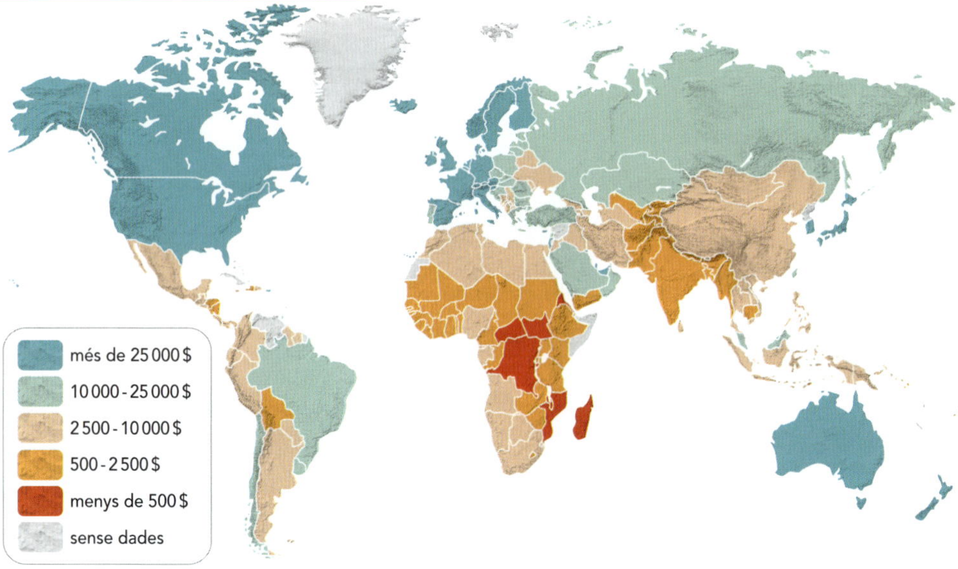

El nivell de desenvolupament econòmic es mesura per mitjà d'indicadors, que mostren quina és la situació dels habitants d'un país amb relació als altres països del món.

L'indicador econòmic més utilitzat per classificar els països segons el nivell de riquesa és el **producte interior brut** (PIB), que, com ja saps, mostra el conjunt de béns i serveis produïts en un país al llarg d'un any. El **PIB *per capita*** mesura la relació existent entre el nivell de renda d'un país i la població.

Una desigualtat econòmica

En les últimes dècades, el creixement del producte interior brut mundial ha estat notable i la participació en la riquesa dels nous països emergents ha crescut, encara que el seu repartiment continua sent molt desigual:

- Al **nord** hi ha els països amb el PIB més elevat i més desenvolupats econòmicament. Tenen una renda per habitant alta, grans actius financers i exporten materials manufacturats, amb alt valor afegit.
- Al **sud**, en general s'hi situen els països amb el PIB més baix i menys desenvolupats econòmicament. Les seves economies són inestables, amb monedes febles i baixa renda per habitant. El comerç es troba sempre en condicions de desavantatge, ja que ofereixen, en la majoria dels casos, matèries primeres a preu baix i compren productes elaborats a un preu més alt.

Les desigualtats de riquesa no es donen només entre països, sinó també a l'interior de cada país. En les últimes dècades, la bretxa econòmica entre rics i pobres s'ha accentuat: mentre es duplica el nombre de milionaris, gairebé la meitat de la població mundial sobreviu amb menys de 5,5 dòlars al dia.

Aquest **repartiment desigual** de la riquesa té un impacte en la salut, en l'accés a l'educació, en les oportunitats que tenen les persones, en l'esperança de vida...

A més també existeix una bretxa de gènere, ja que la pobresa afecta més les dones que els homes: el 70 % de les persones pobres al món són dones i una de cada cinc nenes viu en condicions de pobresa extrema.

Què és la pobresa extrema?

La pobresa extrema es defineix pel percentatge d'aquelles persones que viuen amb menys de 0,90 euros al dia.

D'ençà de 1990, 687 milions de persones han sortit de la pobresa extrema i el percentatge s'ha reduït a un 9 %.

No obstant això, hi ha àrees, com l'Àfrica subsahariana, on la pobresa extrema és endèmica, a causa dels baixos ingressos de la població i els conflictes bèl·lics que tenen lloc en aquestes regions.

Poblat a Lesotho (Àfrica subsahariana).

REPTES PER A LA IGUALTAT

Acabar amb la subalimentació. Es calcula que avui dia l'11% de la població mundial passa fam i el 30% està malnodrida. Les conseqüències en el desenvolupament físic i cognitiu comporten problemes de salut que poden ser per a tota la vida.

Augmentar l'escolarització. La taxa neta d'escolarització és només d'un 72% als països amb ingressos baixos. A més, aquests nens i nenes tenen cinc vegades més probabilitats de no acabar l'etapa d'educació primària que la resta.

Millorar l'esperança de vida. Els nascuts als països pobres viuen 7,4 anys menys que la mitjana mundial. Aquesta diferència es deu a uns nivells alts de mortalitat, sobretot infantil i materna, a una major violència social i a l'impacte de malalties i epidèmies.

Fomentar la igualtat de gènere. Les nenes i les dones encara no han aconseguit una situació d'igualtat i sofreixen discriminació en la salut, l'educació, la representació política i el mercat laboral.

Tot això té repercussions negatives per al desenvolupament de les seves capacitats i la seva llibertat d'elecció.

Els anys d'esperança de vida en néixer l'any 2021

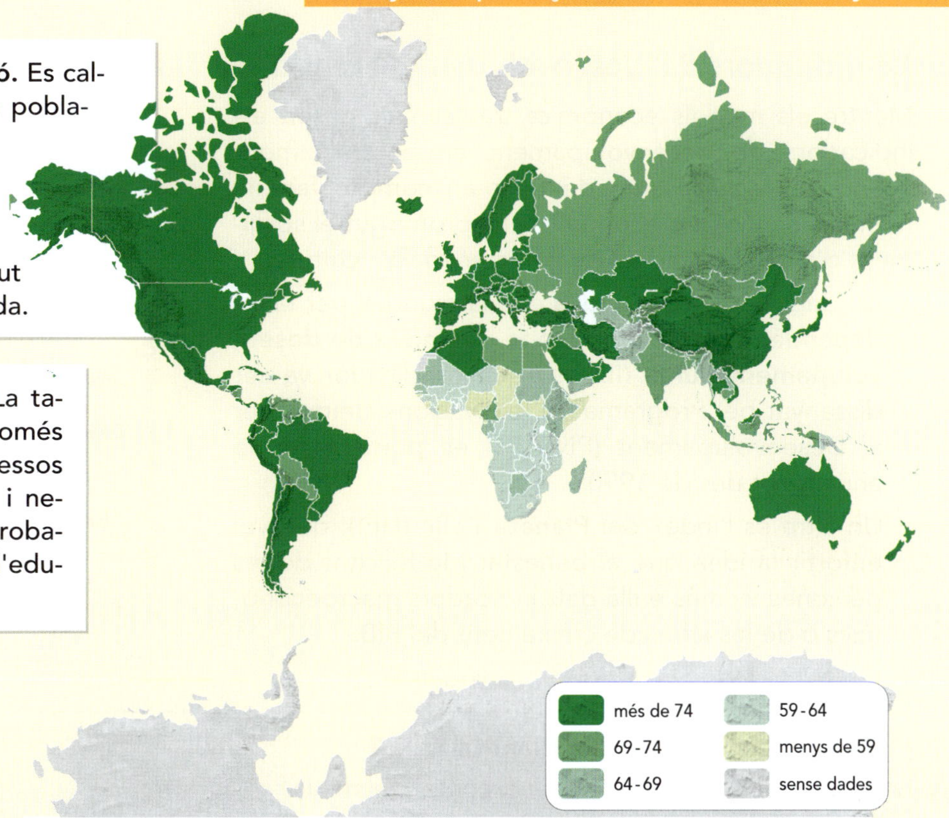

Un diferent nivell de desenvolupament social

S'entén per desenvolupament social la **millora en les condicions de vida** dels individus d'una societat i en les relacions que aquests individus mantenen entre si.

El terme abasta aspectes com la salut, l'educació, la seguretat ciutadana i l'ocupació, i es concreta en la disminució dels nivells de pobresa, desigualtat i vulnerabilitat dels grups més necessitats.

El segle XXI ha estat testimoni de grans avenços en el desenvolupament social per cobrir les necessitats bàsiques de la població i ha registrat el nivell més baix de pobresa dels últims vint-i-cinc anys.

Aquest progrés social s'ha evidenciat en un major accés a l'aigua, l'electricitat i els serveis de sanejament, que ha ajudat a augmentar l'esperança de vida. També ha millorat l'accés a l'educació i a les noves tecnologies. No obstant això, per garantir un futur més inclusiu, queda molt camí per recórrer.

La millora en el desenvolupament social als països més pobres

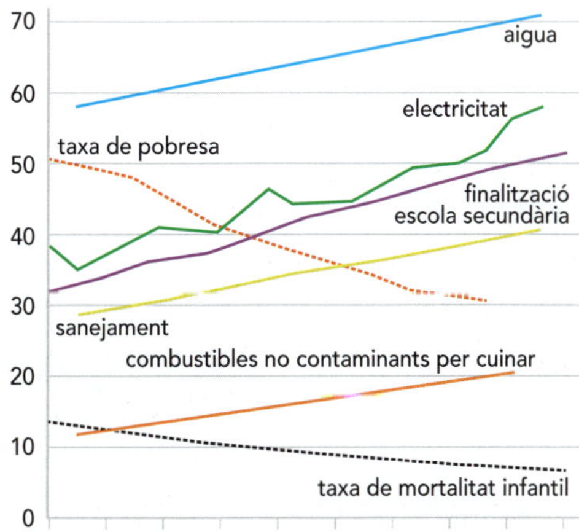

Taxes dels països que reben ajudes de l'AIF (Associació Internacional de Foment), organització del Banc Mundial que ajuda els països més pobres.

5. Com es mesuren les desigualtats?

Els indicadors del desenvolupament humà

Mentre els models econòmics tradicionals basen els indicadors de desenvolupament en el creixement econòmic, la necessitat de tenir en compte factors humans, a més dels econòmics, ha promogut el sorgiment d'altres indicadors de caràcter social i cultural.

- Un dels més reconeguts a escala mundial per la independència i fiabilitat que té és l'**índex de desenvolupament humà (IDH)**. Aquest indicador va ser dissenyat pel Programa de les Nacions Unides per al Desenvolupament (PNUD) i es porta a terme anualment des de 1990.
- Un altre és l'índex del **Planeta Feliç (HPI)**, que vol enfortir la idea que el benestar i la felicitat de les persones va més enllà dels indicadors macroeconòmics o de les xifres de creixement del PIB.

Els diferents nivells de desenvolupament humà al món

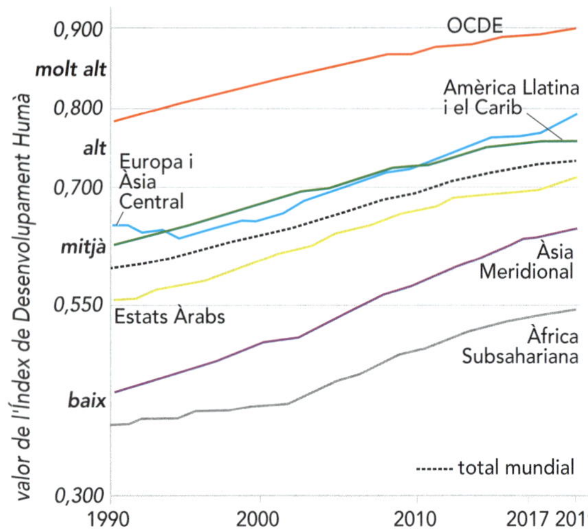

Què mostra l'índex del Planeta Feliç?

L'índex del Planeta Feliç va ser proposat pel rei de Bhutan el 1972, com a resposta a les crítiques a la pobresa econòmica del seu país.

Aquest índex és un indicador alternatiu que mesura la qualitat de vida i el desenvolupament per mitjà de quatre pilars: el desenvolupament socioeconòmic sostenible i equitatiu, la preservació i promoció de la cultura, la conservació del medi ambient, el bon govern i la felicitat subjectiva.

L'HPI és un indicador que no es mesura quantitativament i pot ser interpretat a conveniència. No obstant això, resulta interessant perquè ofereix la percepció individual de la felicitat i la petjada ecològica.

L'índex del Planeta Feliç

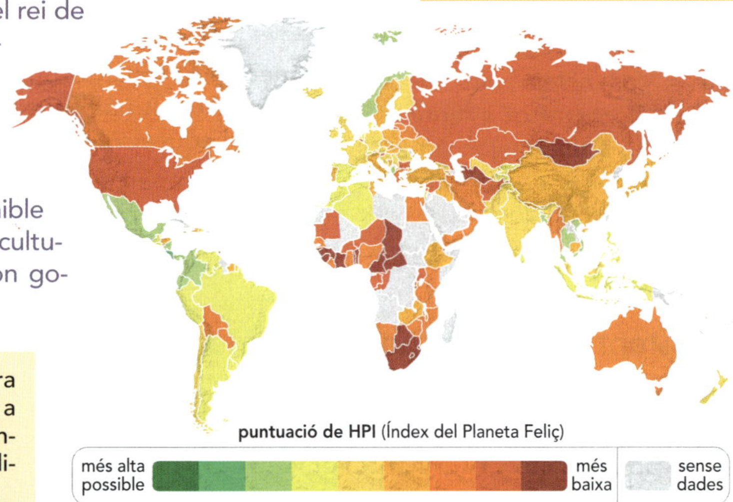

Bhutan, a l'Himàlaia, figurava al lloc 56 del rànquing de l'índex del Planeta Feliç que es va fer l'any 2016.

QUÈ INDICA L'ÍNDEX DE DESENVOLUPAMENT HUMÀ (IDH)?

L'índex de desenvolupament humà és un indicador de caràcter quantitatiu que mesura la mitjana d'assoliments d'un país en tres dimensions: **la salut** i **la longevitat** de les persones, el **grau d'educació** de la població i el seu **nivell de vida i benestar**.

El PNUD treballa a 170 països i territoris per erradicar la pobresa, protegir el planeta i promoure la pau i la justícia a tot el món.

Les dimensions i els indicadors de l'índex de desenvolupament humà

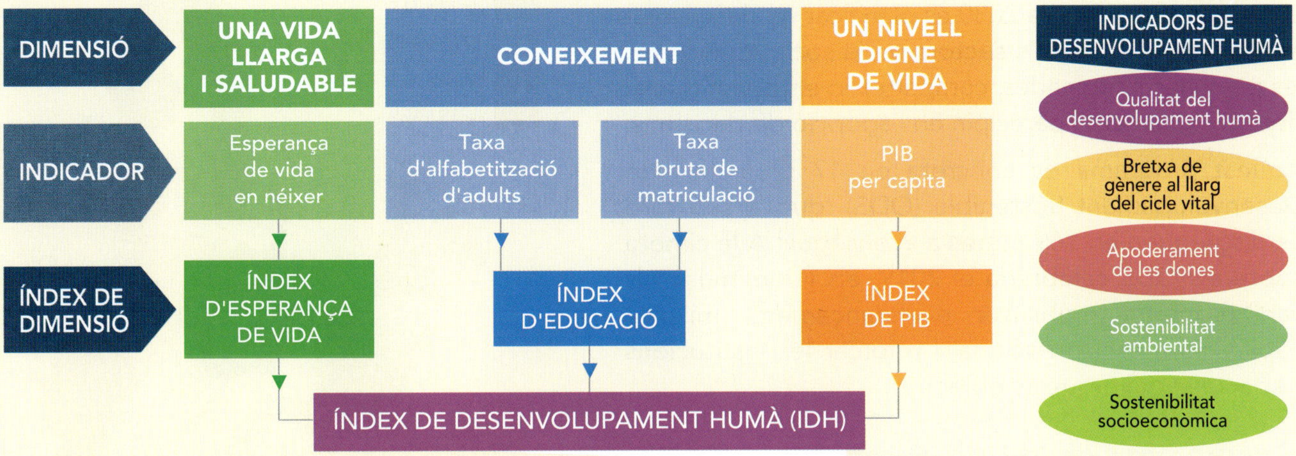

L'índex de desenvolupament humà el 2019

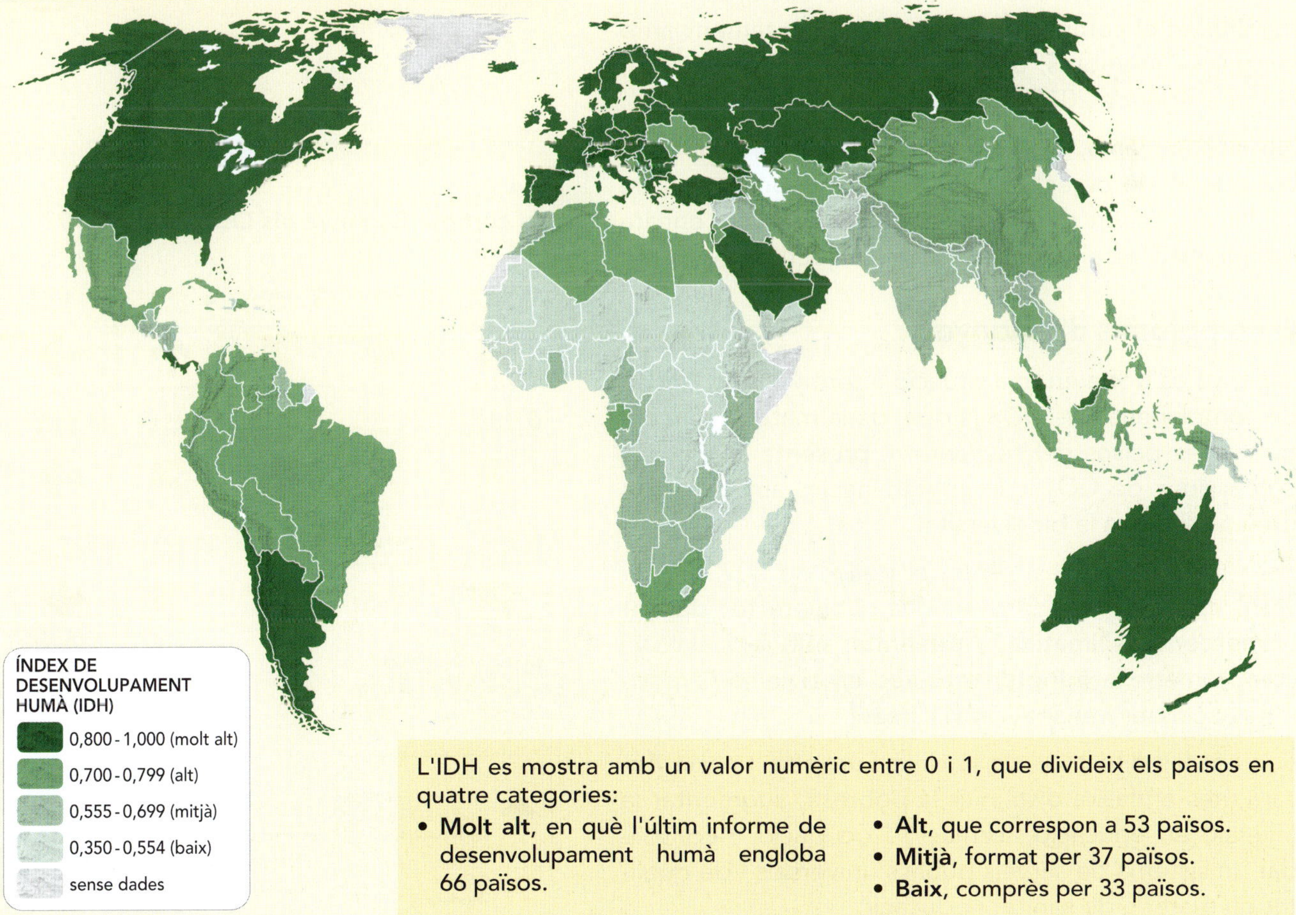

L'IDH es mostra amb un valor numèric entre 0 i 1, que divideix els països en quatre categories:

- **Molt alt**, en què l'últim informe de desenvolupament humà engloba 66 països.
- **Alt**, que correspon a 53 països.
- **Mitjà**, format per 37 països.
- **Baix**, comprès per 33 països.

6. Com podem corregir la degradació ambiental i les desigualtats?

L'Agenda 2030

L'any 2015, l'ONU va aprovar l'Agenda 2030 sobre el Desenvolupament Sostenible per millorar la vida de tothom. Els 193 Estats membres es van comprometre a adoptar aquesta Agenda i a treballar d'una manera global durant els 15 anys següents per centrar-se en les necessitats dels més pobres i vulnerables.

L'objectiu de l'Agenda 2030 és planificar un desenvolupament en què tots els **sectors** de la societat, incloses les persones marginades, comparteixin els beneficis del desenvolupament i participin en l'adopció de decisions.

Aquest programa es concreta en 17 Objectius de Desenvolupament Sostenible (ODS), que al seu torn es disgreguen en 169 metes a aconseguir. A la cimera sobre els ODS celebrada el 2019, els líders mundials van prometre mobilitzar el finançament, millorar l'aplicació a escala nacional i reforçar les institucions per aconseguir aquests objectius.

El compromís de la Unió Europea

La Unió Europea (UE) s'ha compromès a promoure la transició cap a un desenvolupament sostenible i ha manifestat el compromís ferm de ser, juntament amb els països membres, una de les pioneres en l'aplicació de l'Agenda 2030 de les Nacions Unides.

No obstant això, i malgrat que l'Agenda 2030 s'ha considerat un objectiu prioritari en les polítiques de la UE, el conjunt de països membres es troba encara molt lluny d'assolir la majoria dels objectius previstos.

El compromís d'Espanya

Espanya es troba en una situació intermèdia en l'índex de compliment dels ODS ja que, de la mateixa manera que altres països del seu entorn, presenta nivells alts d'emissions de CO_2 i de contaminació, així com una greu amenaça a la biodiversitat.

Per fer front a aquest repte, el gener de 2020 el govern espanyol va aprovar una **Declaració davant l'Emergència Climàtica i Ambiental**, amb la qual es va comprometre a adoptar mesures en diversos àmbits d'actuació per frenar el canvi climàtic.

Seguint les directrius de la Unió Europea, també posarà més èmfasi a disminuir la pobresa, augmentar la inversió en educació, formació i ocupació, i consolidar un sistema de serveis públics universals i de qualitat en matèria de sanitat i educació.

El nivell de compliment dels ODS a la UE l'any 2019

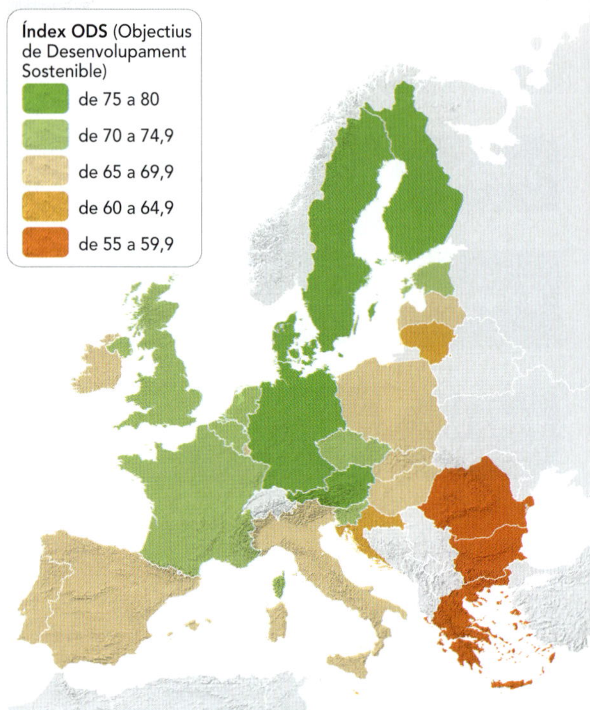

Va complir Espanya els ODS l'any 2019?

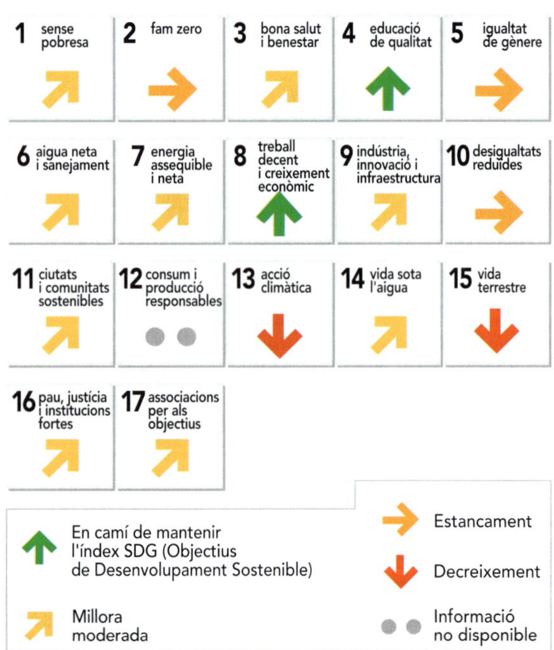

QUÈ PODEM FER-HI NOSALTRES?

Els Objectius de Desenvolupament Sostenible (ODS) són un pla d'acció conjunt per aconseguir un futur sostenible per a tothom.

Els 17 objectius s'interrelacionen entre si i incorporen els desafiaments globals als quals ens enfrontem dia a dia, com la pobresa, la desigualtat, el clima, la degradació ambiental, la prosperitat, la pau i la justícia.

Què són els ODS
784161

CONSELLS DEL DIA A DIA PER ALS ODS

Redueix el consum energètic:

Desconnecta els aparells electrònics quan no els usis.

Empra llums de baix consum o LED i no els deixis encesos. En estudiar o treballar, fes-ho amb llum natural sempre que puguis.

Camina, ves amb bici o utilitza el transport públic sempre que puguis. Intenta agafar el vehicle particular al mínim possible i, si vols comprar-te'n un... has pensat en els híbrids o elèctrics?

Recicla i, a més, porta una ampolla reutilitzable de vidre o acer per beure aigua i redueix el consum de plàstic portant la teva pròpia bossa o carret de la compra.

Adquireix productes d'empreses que advoquin per la sostenibilitat, els drets humans i la responsabilitat social.

Promou la reutilització de productes. Per exemple, dona la roba, objectes o llibres de text que no utilitzis i que una altra persona pugui fer servir.

Com podem contribuir a assolir les metes dels ODS
779152

Protegir el medi ambient necessita l'esforç de tots nosaltres. Si portem a terme petites accions quotidianes, no gaire complicades, però molt útils, la suma de totes serà una gran ajuda per a la Terra.

Sempre que puguis evitar emprar folis i imprimir, fes-ho. Per exemple, paga factures en línia i si necessites recordar alguna cosa, apunta-ho en una nota digital.

Ajuda a conscienciar el teu voltant de la importància d'assolir els ODS, fes costat a partits polítics que s'hi comprometin i intenta triar dos ODS pròxims a tu per actuar!

Respecta la diversitat ètnica, cultural, de gènere... No temis les diferències. Mantén una mentalitat oberta i implica't en causes socials.

L'aigua és un bé escàs, no la malgastis. Per exemple, tanca l'aixeta en fregar o en rentar-te les dents si no l'estàs utilitzant i dutxa't en lloc de banyar-te.

Intenta tenir un estil de vida més saludable: segueix una alimentació variada i equilibrada baixant proteïnes, fes exercici, no consumeixis drogues i mantén relacions sexuals segures.

No malgastis aliments: congela els que no consumiràs abans que es facin malbé, planeja bé el que compres i intenta aprofitar productes de temporada de la regió.

11 Els grans desafiaments del segle XXI

Vivim en un món en constant transformació. La tecnologia avança d'un dia per l'altre, de fet, la intel·ligència artificial ja és una realitat. La digitalització guanya terreny als espais que habitem i també a les nostres feines.

Les xarxes socials han modificat la nostra manera de relacionar-nos. El medi ambient preocupa, ja que la nostra supervivència com a espècie va lligada a la seva. Com mai abans, habitem un món globalitzat i multicultural.

Els reptes a què ens enfrontem tampoc tenen precedents en la història de la humanitat. No hi ha dubte que el nostre futur és incert, però encara som a temps d'actuar.

Per començar:
Quins són els reptes del segle XXI?

Assolirem la igualtat de gènere?

Mercat laboral

Al voltant del **49** % de les dones de tot el món en edat de treballar* participen en el mercat laboral

En comparació amb el **75** % dels homes en edat de treballar

* 15 anys o més

Salaris

A més, a escala mundial, les dones guanyen un **16** % menys que els homes

Fins a on arribaran els robots?

Els quinze països més robotitzats del món

Robots instal·lats per 10 000 treballadors a la indústria manufacturera el 2020

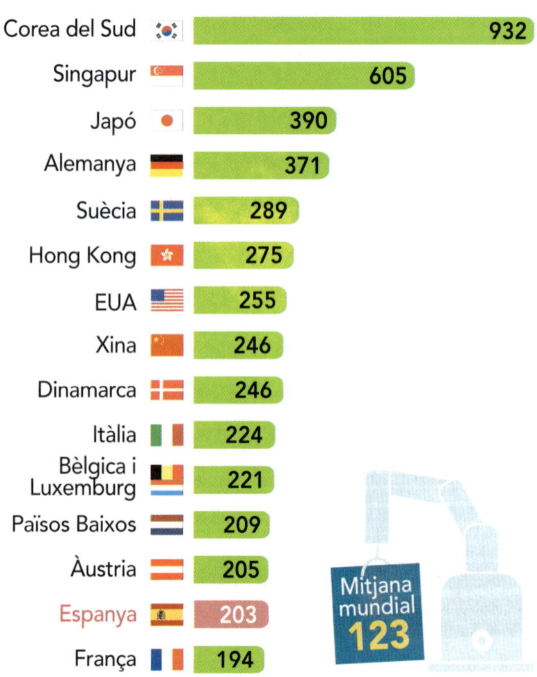

Sabrem gestionar l'accés ràpid i constant a la informació?

Accés i gestió d'internet

Menors d'entre 10 i 15 anys usuaris de TIC el 2021

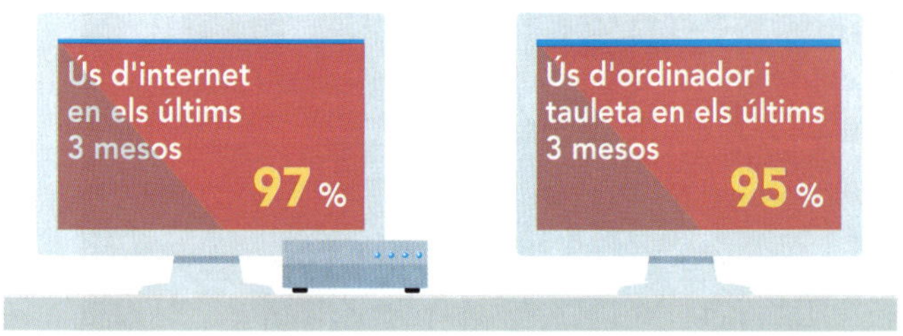

Els Estats del món seran cada cop més democràtics?

Vivim en un món més democràtic?

	Països	% països	% pobl.
Democràcies plenes	20	12	4,5
Democràcies deficients	55	32,9	43,2
Règims híbrids	39	23,4	16,7
Règims autoritaris	53	31,7	35,6

1. Té límits la intel·ligència artificial?

L'arribada de la intel·ligència artificial

Aquestes primeres dècades del segle XXI, la **revolució tecnològica** està canviant les nostres vides d'una forma accelerada.

La quarta revolució industrial, construïda sobre l'anterior revolució digital o tercera revolució industrial, ha fet el gran salt cap a la **intel·ligència artificial (IA)** que s'ha aplicat en tots els camps, com ara **llars intel·ligents**, **vehicles elèctrics**, **telèfons mòbils**, les **TIC**, **tecnologia mèdica**, **reconeixement facial**, etc.

Els límits de la robotització

La possibilitat que els robots arribin a superar els éssers humans sembla més ciència-ficció que realitat, però hi ha persones que pensen que seria possible aplicar la intel·ligència artificial als **robots digitals**.

La generalització de l'ús de robots és ja una realitat en molts àmbits i, per això, cal una normativa responsable per aconseguir un món més just i segur. D'aquesta manera, la indústria de la robòtica ha de guiar-se per noves lleis per al disseny i ús dels robots i així evitar que causin danys a tercers.

La tecnologia del 5G

Estarem regits per algorismes?

Els algorismes són els passos o instruccions que rep una màquina per respondre a una qüestió o resoldre un problema a partir de l'anàlisi de les dades que rep.

A més de governar els motors de cerca per Internet o els nostres cotxes, poden determinar si se'ns concedeix un préstec o som bons candidats per a un lloc de treball.

Les decisions basades en algorismes presenten el gran avantatge d'eliminar el biaix o la parcialitat humana, però també comporten riscos que poden provocar actes discriminatoris i injustos.

Un exemple és l'algorisme emprat per Amazon l'any 2014 per contractar personal. Com que estava alimentat amb dades dels empleats dels darrers deu anys, que majoritàriament eren homes, l'algorisme donava prioritat a la contractació d'homes i discriminava les dones.

QUÈ ÉS LA INTEL·LIGÈNCIA ARTIFICIAL (IA)?

La **intel·ligència artificial** és la facultat de la màquina per entendre, raonar, aprendre i prendre decisions. Es tracta d'habilitats pròpies de la ment humana que ara també tenen algunes màquines.

Són computadores amb neurones artificials connectades entre elles per aprendre d'elles mateixes i donar una resposta. En el cas que no només pensessin com un humà sinó que també hi actuessin, fent tasques humanes, estaríem parlant de robots.

Vehicles elèctrics

Ens traslladem amb **vehicles elèctrics** de conducció automatitzada, que incorporen sistemes d'intel·ligència artificial que reconeixen la nostra veu i que, gràcies als algorismes instal·lats, fan els canvis adequats per ajustar-se a les nostres preferències en la conducció.

Llars intel·ligents

Vivim en **llars intel·ligents** controlades per una instal·lació domòtica que ens permet gestionar la casa a distància, millorar-ne l'eficiència energètica, la comoditat i la seguretat.

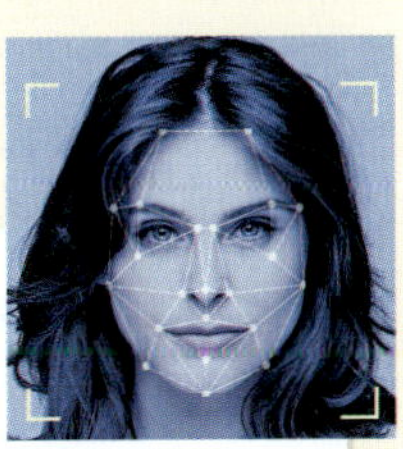

El reconeixement facial

El **reconeixement facial** s'aplica en alguns països per millorar la nostra seguretat a costa de perdre part de la nostra privacitat.

La tecnologia mèdica

La **tecnologia mèdica** permet caminar, veure-hi, sentir... a persones que abans no podien fer-ho, gràcies a l'aplicació de la intel·ligència artificial en la medicina.

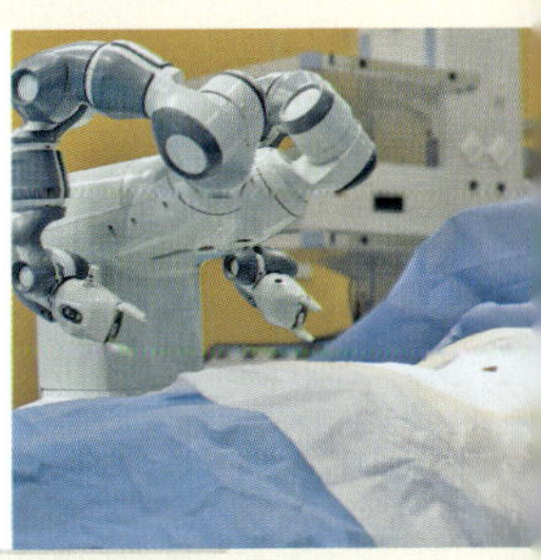

2. Com és la societat de la informació?

Les telecomunicacions en la societat actual

Les tecnologies de la informació i la comunicació (TIC)

Els humans del segle XXI vivim en la **societat de la informació i el coneixement** perquè, promoguts pels Estats i les grans corporacions, s'han produït descobriments científics rellevants en el camp mèdic, energètic o de la conquesta espacial, entre d'altres.

Alguns d'aquests progressos s'han aplicat a les TIC i cada dia tenen més protagonisme en la nostra vida. L'accés a la informació és un dret fonamental d'una societat democràtica.

A Espanya, el Consell de Transparència i Bon Govern és qui garanteix aquest dret, que està recollit a la Constitució. Així mateix, la **llei de transparència** té com a objectiu vetllar pel dret dels ciutadans a accedir a la informació sobre activitats públiques i evitar la corrupció.

Usuaris d'Internet al món el 2020

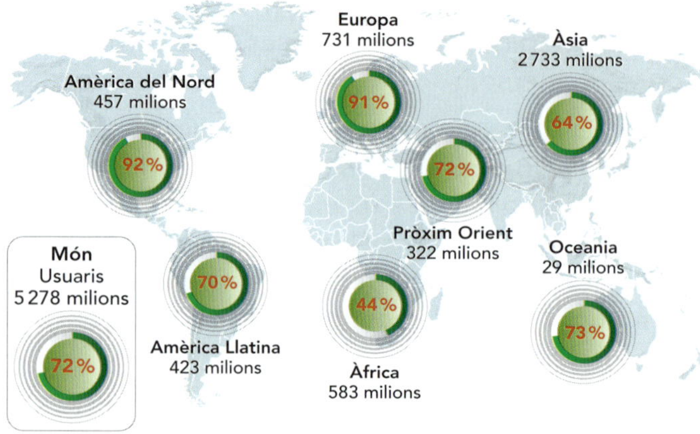

Internet ha entrat en les nostres vides per quedar-se i ha provocat un excés i/o manipulació de la informació i una bretxa digital a escala mundial.
En un món globalitzat, digital i interconnectat, les àrees amb més mal accés a Internet tenen grans desavantatges i més dificultats per accelerar el seu desenvolupament polític, econòmic i social.

Les xarxes socials i altres mitjans de comunicació

La nostra societat és més uniforme que abans a causa de l'ús de les TIC i dels mitjans de comunicació (premsa, ràdio i televisió, Internet i les xarxes socials), de manera que podem parlar d'una **cultura mediàtica** que modela els nostres valors i les nostres pràctiques socials.

Els mitjans de comunicació que consumim diàriament resten en mans de poques persones, fruit d'un procés de fusió empresarial originat per la baixada dels ingressos en publicitat o de les vendes en paper. Aquest procés, incrementat per la crisi del 2008, ha donat com a resultat que els mitjans de comunicació estiguin dominats per poderosos grups mediàtics.

Les "fake news"

Aprendre a reconèixer les *fake news*
ticking.com/785654

Les **notícies enganyoses** o **falses** (*fake news*) es difonen i amplifiquen per les xarxes socials i donen molta desinformació i desconfiança.

La desinformació creix perquè qualsevol persona pot generar i difondre notícies falses, encara que moltes són originades amb finalitats polítiques i són els mitjans de comunicació que les creen.

Però no hem de pensar que tot el que es publica és fals, hem de consultar els mitjans oficials i confiar-hi. Si tenim dubtes, hi ha plataformes digitals que lluiten en contra de la desinformació fent recerca i verificació de les notícies sospitoses.

Edat	1 h o menys	d'1 h a 5 h	de 5 h a 20 h	més de 20 h	NS/NC
De 16 a 24 anys	14,1	46,9	28,8	9,9	0,2
De 25 a 34 anys	16,7	41,1	28,8	14,2	0,2
De 35 a 44 anys	19,7	43,7	25,1	11,3	0,2
De 45 a 54 anys	23,5	42,9	23	10	0,6
De 55 a 64 anys	26,6	45	21,4	6,2	0,7
De 65 a 74 anys	22,6	43	22,7	11,7	0

Enganxats a la pantalla?

La taula reflecteix que els menors de 16 anys estan més de dues hores diàries enganxats a la pantalla.

Estudis mèdics afirmen que l'abús de les pantalles dificulta el desenvolupament intel·lectual del nen (dormir menys i pitjor), pot provocar sobrepès i alterar el llenguatge i la capacitat d'interrelació.

3. És la nostra societat més democràtica i diversa?

Aconseguir més sistemes democràtics

En les primeres dècades del segle XXI, la crisi econòmica del 2008 i la COVID-19 han provocat una reculada en l'**índex de democratització**.

Segons l'*Índex de Democràcia de l'any 2021*, un **45%** dels 167 països analitzats compten amb una democràcia plena o deficient, mentre que el 55% restant tenen **règims híbrids** (21%) o **autoritaris** (34%). A escala mundial, l'*Índex* varia:

- A **Amèrica**, el Canadà, l'Uruguai, Xile i Costa Rica són democràcies plenes. Els EUA es defineixen com a democràcia imperfecta. Veneçuela, Cuba i Nicaragua tenen règims autoritaris.
- A **Europa**, tots els països gaudeixen d'un sistema democràtic.
- A **Àfrica** cap país té democràcia plena. Només Botswana, Sud-àfrica i Ghana són democràcies imperfectes. La resta són règims autoritaris o híbrids.
- A **Àsia**, l'índex va avançar lleument la seva puntuació. Molts països continuen amb règims autoritaris, com la Xina i Corea del Nord, país que es troba a l'última posició mundial.

Integrar les minories culturals i ètniques

16 PAU, JUSTÍCIA I INSTITUCIONS SÒLIDES

La globalització mundial ha creat una societat més multicultural, oberta i diversa que mai, atès que s'han **incrementat els processos migratoris** que, malgrat haver existit des de l'origen de la humanitat, durant el segle XXI han assolit proporcions inesperades.

Així doncs, un dels principals reptes de la Unió Europea serà la **integració social de les minories culturals i ètniques** procedents d'Àfrica, l'Amèrica Llatina, Europa de l'Est i Turquia.

Caldrà construir una societat més multicultural, democràtica i inclusiva que mai, que no relegui ningú per motius religiosos, culturals o ètnics, i en què alhora es mantinguin els drets i llibertats, per tal de prevenir situacions de racisme i de xenofòbia.

La Unió Europea, en general, és un espai receptor de grans fluxos migratoris. Alguns dels seus països porten a terme **polítiques d'integració** que són tema de debat, com per exemple aquests dos models: l'**assimilació**, pròpia de la república francesa, i el **multiculturalisme** britànic.

CAP A UNA SOCIETAT MÉS INCLUSIVA

10 REDUCCIÓ DE LES DESIGUALTATS

L'ODS 10 *Reducció de les desigualtats* té com una de les seves fites, d'aquí al 2030, potenciar i promoure la inclusió social, econòmica i política de totes les persones, independentment de l'edat, sexe, discapacitat, raça, ètnia, origen, religió o situació econòmica.

Diversitat sexual i de gènere

També són objecte de reconeixement els drets de les persones amb diferents orientacions sexuals.

Hi ha una gran diversitat de legislacions sobre aquest tema que varia segons els països.

Espanya va ser el tercer país del món a aprovar, l'any 2005, la llei del matrimoni homosexual.

Inserció de la discapacitat

Cal prendre consciència dels drets de les persones amb discapacitat o diversitat funcional, sigui física (motora), sensorial (visual, auditiva...) o psíquica (intel·lectual o psicosocial).

L'estratègia sobre els drets de les persones amb discapacitat de la Unió Europea té com a objectiu avançar cap a una Europa sense barreres i la participació plena de les persones amb discapacitat.

Pluralitat de llars

Avui dia, enfront de la família tradicional nuclear, formada pel pare, la mare i els fills, existeixen diversos tipus de llars que mostren la pluralitat dels vincles de parentiu.

4. Aconseguiran les dones trencar el sostre de vidre?

El sostre de vidre és la barrera invisible i no escrita que tenen les dones per a la seva participació i ascens en la vida pública, que neix dels estereotips culturals de la nostra societat.

L'índex global de la bretxa de gènere, del Fòrum Econòmic Mundial mesura la bretxa entre dones i homes en qüestions relatives a la salut, educació, economia i indicadors polítics.

D'ençà que es va crear l'any 2006, s'observa una tendència cap a la paritat de gènere, encara que amb diferències regionals marcades tal com mostra el mapa que tens aquí i que pots consultar a l'enllaç.

Rànquing global de la bretxa de gènere el 2020

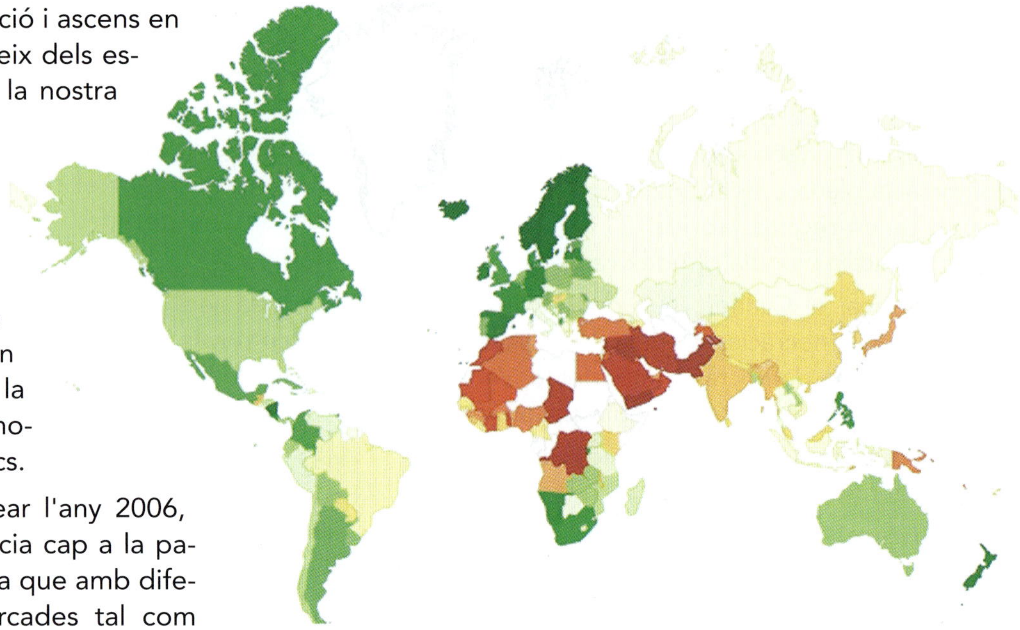

tiching.com/785658

Reptes pendents per al nou segle

Durant segles, la societat ha perpetuat estereotips de gènere, que marcaven el comportament de la dona a tots els nivells i no en procuraven la igualtat. El model patriarcal està disminuint, però ha deixat com a herència una situació de desigualtat en benefici dels homes.

La representació de les dones en la societat
tiching.com/785659

En l'àmbit econòmic, l'any 2019, només el 7 % dels 500 directors generals de les empreses amb més ingressos a escala mundial són dones.

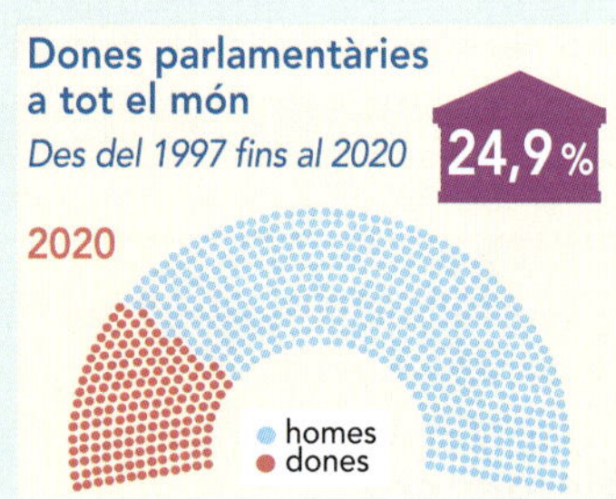

Encara que en aquests darrers 25 anys les dones han duplicat la seva representació política, continua havent-hi tres de cada quatre escons ocupats per homes.

En els 92 anys d'història que tenen els premis Oscar, només cinc dones han estat nominades a la categoria de millor direcció.

D'ençà que es van crear l'any 1901, dels 900 premis Nobel atorgats a persones il·lustres de la ciència, només 53 han estat per a dones.

Eliminar la violència contra les dones

Un dels problemes més greus al qual s'enfronten les dones i les nenes d'arreu del món és l'elevat nivell de violència que s'exerceix contra elles. L'OMS mostra aquesta violència amb dades referides a l'any 2018:

- Una de cada tres dones a tot el món ha estat sotmesa a violència física o sexual per part de la parella o un altre agressor.
- 137 dones són assassinades per la seva parella o per un familiar cada dia.
- Una de cada set dones ha patit violència física o sexual per part de la parella o el marit en els últims 12 mesos (el 13% de les dones d'entre 15 i 49 anys).

"ME TOO"

Un altre moviment que va sorgir l'any 2017 contra l'agressió i assetjament sexual que pateixen les dones és *#MeToo* o Jo també. Els efectes del moviment són indubtables, ja que des del seu origen mig milió de persones han denunciat conductes misògines amb aquesta etiqueta (*hashtag*) a les xarxes socials per visibilitzar i posar fi a la violència de gènere.

5 IGUALTAT DE GÈNERE

Uneix-te

Una de les campanyes d'*ONU Dones* és UNEIX-TE que es va iniciar l'any 2008.

Per prevenir i erradicar la violència contra les dones i nenes de tot el món, aquesta campanya insta els governs, les associacions, la societat civil, els joves i els mitjans de comunicació a unir forces per aconseguir aquest objectiu.

El lideratge de les dones

L'organització *ONU Dones* destaca el paper fonamental de les dones, sobretot les del món rural, en el desenvolupament sostenible dels països menys desenvolupats.

Per donar suport al lideratge femení, impulsa accions d'apoderament econòmic com les efectuades a la Xina, l'Índia o Zimbàbue.

Aquests tres casos i les dades de moltes altres actuacions similars, demostren que l'apoderament de les dones millora la productivitat econòmica i el benestar de tota la societat.

A la **Xina**, algunes dones pageses han après a gestionar l'aigua per als seus conreus i han rebut ajudes per implantar nous sistemes de reg.

A l'**Índia**, les actuacions han permès que moltes dones de les castes inferiors tinguin comptes bancaris a nom seu i s'hagin sindicat per defensar els seus drets laborals.

A **Zimbàbue**, les dones s'han incorporat a l'activitat pesquera, fins no fa gaire dominada pels homes, i han aconseguit fer i vendre les seves pròpies captures gràcies als petits préstecs que han rebut.

5. Quins són els nous moviments socials?

Les protestes globals

La **reivindicació ciutadana** al carrer ha tingut un gran protagonisme durant el període 2006-2020, sobretot a partir de la crisi financera del 2010, que va assolir dimensions globals.

A diferència d'altres moviments socials, aquestes protestes no han tingut un focus geogràfic concret i han aparegut en zones i països del món molt diferents.

A més, de vegades, s'han compartit també les mateixes demandes, s'han manifestat de manera coordinada a escala global o, fins i tot, sota els mateixos eslògans com ara *Democràcia real ja!*, *Som el 99 %* o *Que se'n vagin tots*.

Tots aquests moviments socials estaven protagonitzats per milions de ciutadans que es van organitzar a través de les xarxes socials.

Aquestes xarxes, a més, els van servir per donar visibilitat a les seves mobilitzacions impulsades per enormes expectatives de canvi polític, social i econòmic.

Moviments de protestes (2006-2020)

tiching.com/785661

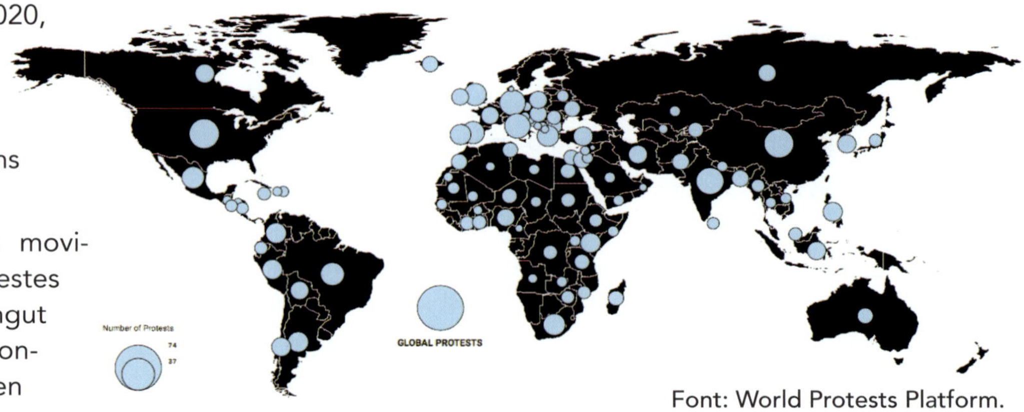

Font: World Protests Platform.

Els moviments de protestes tenen lloc amb més freqüència a les àrees urbanes, on hi ha les desigualtats més grans i més problemàtiques socials.

2011 va ser l'any de la Primavera Àrab, en què es denunciaven les enormes desigualtats socials, els governs corruptes i autoritaris, la desocupació juvenil i la manca de llibertats.

Les causes de les protestes globals

Aquesta onada de protestes es va portar a terme tant a països de renda alta, com ara els EUA (*Occupy Wall Street*), Espanya (15-M) o França (armilles grogues); de renda mitjana com Xile (revoltes estudiantils), Mèxic (#YoSoy132), Egipte i Tunísia (Primavera Àrab); i de renda baixa, com Haití (contra la corrupció política).

A pesar que els moviments socials que hi ha a cada país del món presenten demandes específiques, les **causes de les protestes** s'han convertit en **globals**.

Així, la majoria dels moviments socials coincideixen en les mateixes reivindicacions: la demanda d'una democràcia real, la denúncia de la corrupció i a favor de la igualtat econòmica i la justícia social.

La ràpida expansió de la COVID-19 a escala mundial ha fet sorgir moviments negacionistes que, impulsats per les xarxes socials i sense cap fonament científic, rebutgen directament l'existència de la COVID-19 o en neguen la gravetat, afirmant que l'alarma mundial està injustificada.

LA CIUTADANIA PERD CONFIANÇA EN LA DEMOCRÀCIA?

16 PAU, JUSTÍCIA I INSTITUCIONS SÒLIDES

En països de tradició democràtica com els d'Europa o Amèrica del Nord, i a altres països del món, s'està produint una pèrdua de confiança de la ciutadania en la democràcia i en les seves institucions.

Aquest desencís pot relacionar-se amb algunes dinàmiques que afebleixen la democràcia:

- L'**augment de la corrupció política i econòmica**, és a dir, l'ús desviat dels fons públics per a l'obtenció de beneficis econòmics personals o dels partits polítics.
- La **pèrdua de confiança en els partits polítics**, que es perceben com a màquines electorals el principal objectiu de les quals no és servir a la ciutadania, sinó guanyar eleccions.
- L'**elevat cost de les campanyes electorals i de la representació política**, que, tot i ser necessàries per al manteniment del sistema democràtic, es perceben com a desproporcionades.
- El **creixent poder dels mitjans de comunicació** sobre l'opinió de la societat, fàcilment manipulada i controlada per grups de poder mediàtic.
- El **paper de les xarxes socials com a difusores de notícies falses (*fake news*)** i de teories conspiratives facilita la polarització de la societat en blocs que protagonitzen debats públics plens d'ira i emocions irreflexives més que de reflexió racional i constructiva.

A més, davant la complexitat del món actual en què vivim, moltes persones es senten atretes per explicacions senzilles sobre el món que ens envolta i per solucions fàcils que puguin donar suport amb entusiasme.

Això explica l'augment del nombre de seguidors de propostes radicals que estan millorant els seus resultats electorals i la seva presència en les institucions.

Aquesta pèrdua de confiança en la democràcia i en les institucions ha impulsat molts sectors socials a veure la protesta com un mecanisme de participació política més eficient que el vot i ha generat a escala global un impuls dels moviments socials.

El Moviment 15-M (2011) a Espanya va formar part d'una sèrie de moviments socials protagonitzats per ciutadans a diferents països del món a favor de la democràcia, la igualtat social i contra la corrupció. A la fotografia, el Moviment 15-M a la plaça de Catalunya de Barcelona.

Alguns eslògans del 15M

No hi ha pa, per a tant xoriço!

Error 404. Democracy not found

Error de sistema. Reinicia, si us plau

Apaga la tele, encén la teva ment

El 6 de gener del 2021, partidaris del llavors president republicà sortint dels EUA, Donald Trump, van irrompre a la seu del Congrés. Tenien l'objectiu d'anul·lar les eleccions en les quals havia estat elegit el demòcrata Joe Biden al·legant que havien estat fraudulentes.

12 Reptes i oportunitats de Catalunya

Catalunya és una regió situada estratègicament en l'economia de l'Estat i d'Europa.

Actualment, es troba sotmesa a un gran nombre de desafiaments econòmics, socials i ambientals que requereixen una adaptació a un escenari global cada cop més incert i en què cal fer front a nombrosos problemes de sostenibilitat i igualtat.

Per exemple, les dones catalanes en el mercat laboral continuen trobant-se amb una forta segregació del treball marcada per uns rols de gènere que assignen tasques i rols diferents a homes i a dones.

Per començar:
Quins són els reptes de la Catalunya d'avui?

Les dones catalanes representen la meitat de la població ocupada total, però són més presents en alguns sectors que en d'altres

Persones ocupades per sectors d'activitat i sexe a Catalunya el 2021

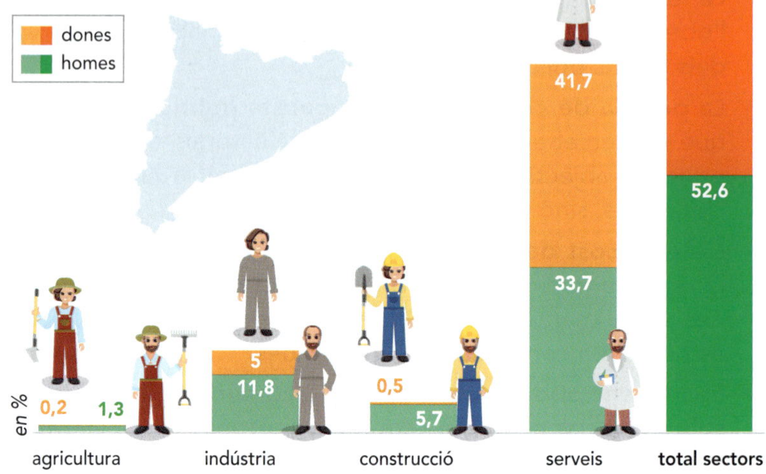

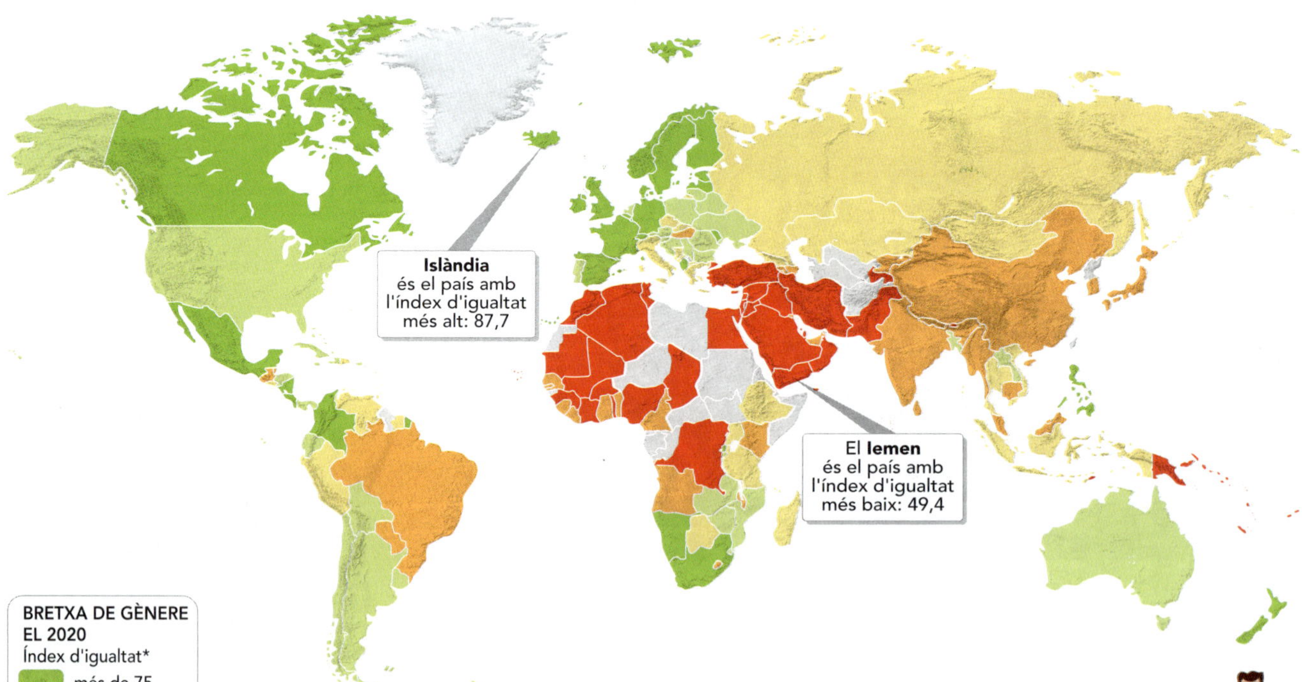

Tot i tenir un índex d'igualtat relativament alt respecte a altres països del món, les catalanes encara no gaudeixen de les mateixes condicions laborals que els homes

1. Com s'organitza Catalunya?

L'Estatut d'Autonomia de Catalunya

Catalunya és una de les 17 comunitats autònomes en què es divideix Espanya. Com a tal, disposa d'institucions pròpies que li permeten decidir i governar sobre el seu territori en aquells assumptes en què té competències.

Les relacions entre l'Estat i Catalunya estan establertes a l'**Estatut d'Autonomia**: llei institucional bàsica que regula les institucions autonòmiques i competències, el règim financer, la llengua pròpia, els drets i deures dels ciutadans i ciutadanes entre d'altres.

L'organització del territori català

Catalunya està estructurada en **947 municipis**, que s'agrupen en **42 comarques** diferents (incloent-hi el cas de l'Aran, una entitat territorial singular).

En alguns casos, els municipis s'agrupen també en **entitats supramunicipals**, d'abast superior al límit municipal, per tal de coordinar-se i donar alguns serveis de manera conjunta als seus habitants; com Barcelona i els municipis que l'envolten que s'han agrupat en l'Àrea Metropolitana de Barcelona que dona servei a 36 municipis.

Les institucions catalanes

El govern de Catalunya correspon a la Generalitat amb les seves institucions:

- **Parlament**. Assemblea representativa i legislativa de Catalunya. Aprova els pressupostos i controla el Govern.
- **Presidència de la Generalitat**. Màxim representant de la Generalitat. Comparteix el poder executiu amb el Govern.
- **Govern**. Exerceix la funció executiva i es compon de consellers i conselleres i del President de la Generalitat.

Les **províncies** disposen de la **Diputació**, òrgan de govern local que ofereix serveis als municipis del seu àmbit territorial.

Les **comarques** tenen els **consells comarcals**, en què els municipis de cada comarca tenen representació.

L'**Ajuntament** és la institució de **govern local**. S'ocupa de satisfer els interessos dels veïns i veïnes del municipi i està presidit per l'alcaldessa o l'alcalde.

La divisió territorial de Catalunya: comarques i vegueries

Les vegueries

L'Estatut d'Autonomia de Catalunya aprovat el 2006 preveia l'agrupació dels municipis al voltant de set vegueries, una nova divisió territorial d'abast supramunicipal que hauria de substituir les diputacions actuals.

Malgrat que el Projecte de llei de vegueries va ser aprovat el 2010, encara avui no se n'ha fet el desplegament i, per tant, les vegueries encara no han entrat en vigor.

Amb la modificació de la llei el 2017, el **nombre de vegueries catalanes quedaria en 8.**

2. Quins són els reptes demogràfics de Catalunya?

La baixa natalitat i els fluxos migratoris

Amb més de 7,7 milions d'habitants l'any 2021, Catalunya va encaminada a assolir una població de 8 milions si es compleixen les previsions demogràfiques de cara al 2027.

Ara bé, aquest creixement de la població, que s'ha anat registrant de manera continuada des del començament del segle XXI, és el resultat de processos demogràfics que evolucionen en direccions diferents:

- La **taxa de creixement natural** és negativa. La taxa de natalitat cada cop és més baixa i la taxa de mortalitat cada cop és més alta.
- La **taxa de fecunditat** de les catalanes és d'1,2 fills per dona, un valor que es troba per sota de la taxa de reemplaçament natural de la població. A més, l'edat d'accés a la maternitat cada cop és més elevada, en bona part a conseqüència de les dificultats d'emancipació del jovent en un mercat laboral molt precaritzat.
- La **taxa de mortalitat** alta respon a la proporció més gran de persones d'edat avançada respecte al total de la població, fet que explica l'actual envelliment de la població.
- Els **fluxos migratoris** contribueixen a compensar el decreixement natural de la població. El saldo migratori és clarament positiu, de fet, el 2020, la població estrangera resident a Catalunya representava el 16,2% de la població catalana, el valor més elevat mai registrat.

  També, el fet que més de la meitat de les persones immigrants que s'instal·len a Catalunya són d'edat força jove (en edat fèrtil), ajuda a equilibrar la balança i a mantenir els valors de natalitat, cosa que explica la tendència al creixement del conjunt de la població catalana.

La demografia de Catalunya el 2020

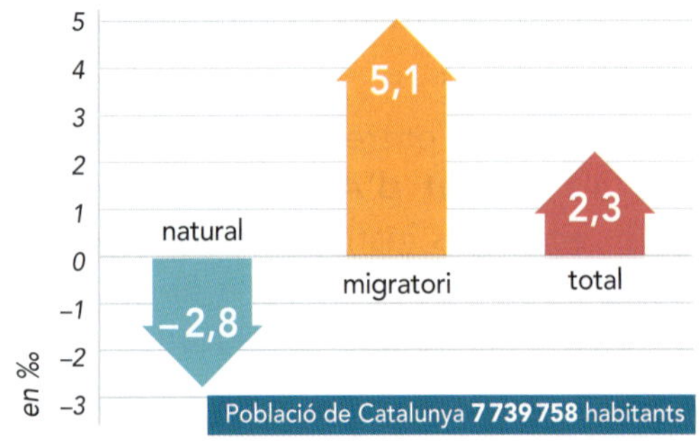

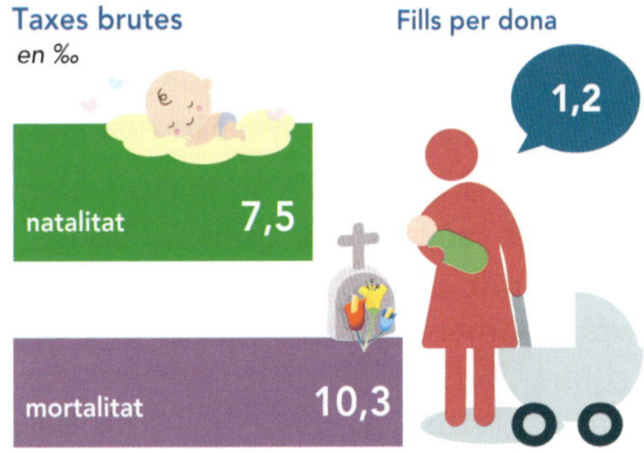

Una població desigualment distribuïda pel territori

La població catalana no es troba distribuïda de manera homogènia al territori. De fet, a Catalunya hi conviuen extenses zones rurals, algunes en procés de despoblament, i importants centres urbans, densament habitats.

La població immigrada, responsable en bona part del creixement del total de la població catalana, s'ha instal·lat tradicionalment en nuclis urbans, que concentren una major oferta de feina i serveis, i també en poblacions del litoral.

Paral·lelament, molts municipis catalans es troben en situació de despoblament i alguns ja han estat abandonats en les últimes dècades. Es calcula que l'any 2020, més de 400 municipis de Catalunya (prop d'un 42%) havien perdut població en els darrers cinc anys i que uns 200 municipis (el 21% del total) corren el risc de despoblar-se.

El 63% dels municipis (574) de Catalunya corresponen a pobles de menys de 2000 habitants, i només hi viu el 4,4% del total de la població catalana.

QUIN ÉS EL FUTUR DELS POBLES DE CATALUNYA?

La majoria d'**àrees rurals de Catalunya estan poc poblades** i això provoca que no s'hi ofereixin els mateixos serveis que a les ciutats. Viure en un poble petit pot comportar un greuge comparatiu respecte de les zones més poblades: l'accés a centres de salut, escoles, comerços...

Davant la falta de serveis i les dificultats per accedir-hi, molta gent (sobretot els joves) decideix fer les maletes i establir-se en ciutats o pobles més grans.

Aquest buidament de població comporta, entre d'altres, l'abandonament d'activitats eminentment rurals (com l'agricultura o la ramaderia) i evidencia el fort envelliment de la població de la majoria de pobles, on sovint només viuen de manera permanent les persones de més edat.

El futur d'aquests pobles es troba, justament, en la seva capacitat per **atraure població** i, per tant, en els serveis que els puguin oferir.

Envelliment de la població al món rural.

Abandonament de l'activitat agrària.

▶ | El despoblament dels pobles petits

L'evolució de la població als municipis catalans

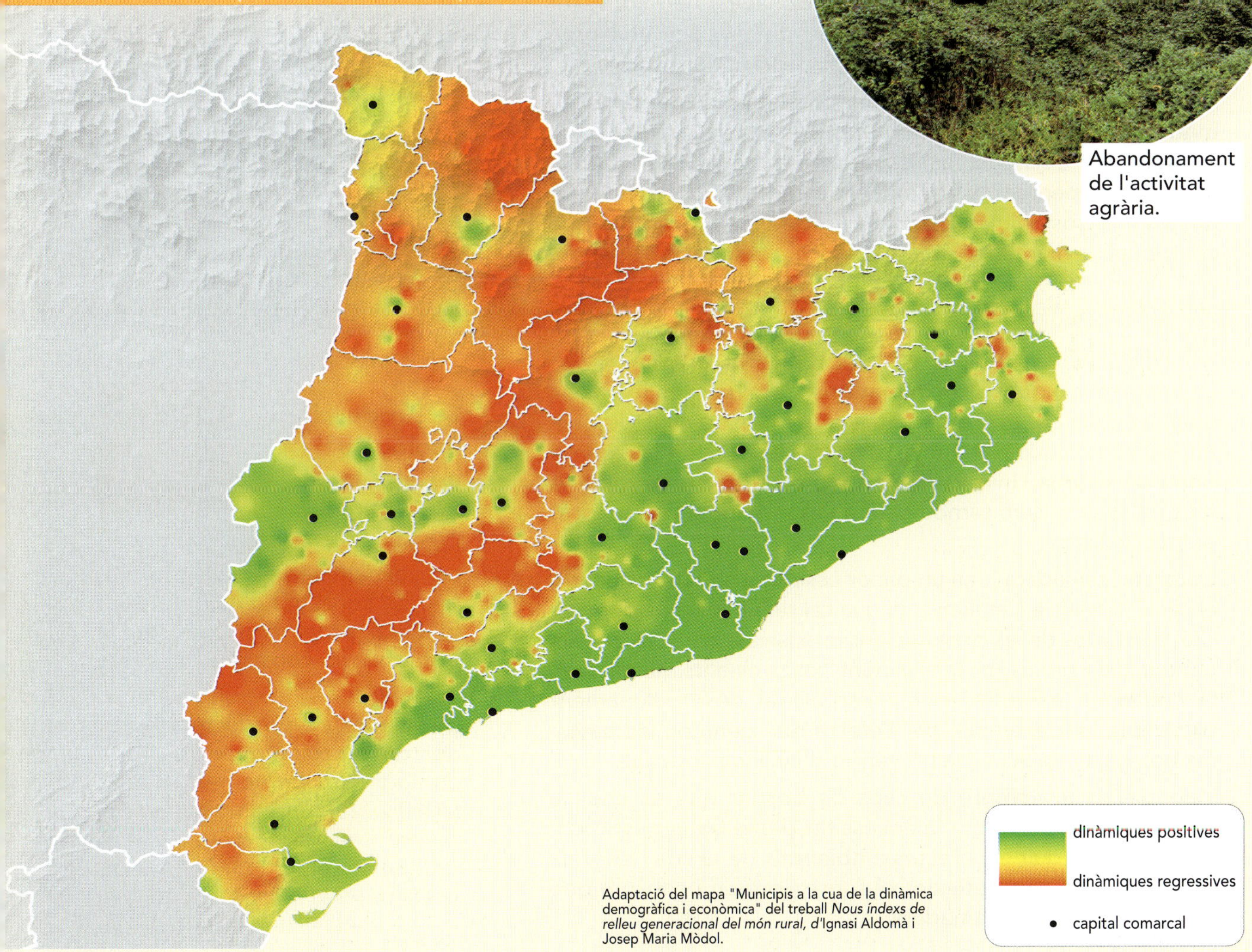

Adaptació del mapa "Municipis a la cua de la dinàmica demogràfica i econòmica" del treball *Nous índexs de relleu generacional del món rural*, d'Ignasi Aldomà i Josep Maria Mòdol.

3. Quin futur té el sector primari a Catalunya?

El **sector primari** té un pes molt reduït en el conjunt de l'economia catalana. Així i tot, és un sector imprescindible en la mesura que s'ocupa de la producció d'aliments i juga un paper primordial en la supervivència dels territoris rurals, en termes de conservació del medi ambient, de paisatge i d'ocupació d'animals, i ens fa reflexionar sobre l'origen i consum que fem dels seus productes.

Una agricultura sota els efectes del canvi climàtic

L'agricultura ocupa una important part del territori català (25,8 % del total) i és un dels agents modeladors del paisatge. Tot i que es manté el predomini del secà (70 %) sobre el regadiu (30 %), algunes zones agrícoles estan iniciant projectes per reconvertir-se en regadiu, més rendible econòmicament, en especial a les Terres de l'Ebre o a les àrees de Ponent.

Pel que fa a la superfície ocupada, el principal conreu correspon als cereals (44 %), seguit pel conreu d'olivera (12 %) i la fruita dolça (6 %) que, si bé ocupa menys superfície, té una gran importància econòmica.

No obstant això, la superfície agrícola es troba en retrocés: molts camps de conreu s'han abandonat i s'han convertit en superfície forestal (64 %). Aquest fet implica una gran **pèrdua de diversitat** i un increment del **risc d'incendis**.

A més, l'agricultura es troba sotmesa als efectes del **canvi climàtic**. L'augment de temperatures comportarà canvis en la productivitat dels conreus, especialment en episodis de sequera. Cal repensar l'actual model de consum i potenciar propostes més sostenibles, com l'**agricultura de proximitat**, que contribueix a mantenir l'activitat agrícola al territori i a moderar l'empremta ecològica pel que fa a producció i transport.

Una ramaderia que necessita un canvi de model

La importància del **sector ramader** a Catalunya es fa palesa quan es constata el gran nombre que hi ha de caps de bestiar porcí, i és que Catalunya produeix el 27 % de la carn de porcí de tota la Unió Europea i exporta arreu del món. A més, el seu consum també està a l'alça, i només és superat pel de pollastre.

L'activitat ramadera juga un paper essencial en la lluita contra el canvi climàtic a Catalunya, ja que cal reduir les emissions de CO_2 derivades de les explotacions intensives, així com el tractament dels purins, potencialment contaminants. Tanmateix, la ramaderia extensiva poc contribuir al desenvolupament sostenible, per exemple, per l'efecte que generen les pastures ben gestionades en la prevenció d'incendis forestals.

Veient el gran nombre de caps de bestiar que es crien a Catalunya, es fa evident la necessitat d'una bona gestió encaminada a reduir els efectes ambientals de la cria i engreix d'animals, així com reflexionar sobre l'origen i consum que fem dels productes ramaders.

La producció ecològica a Catalunya

12 PRODUCCIÓ I CONSUM RESPONSABLES

En els darrers anys, l'alimentació ecològica està consolidant-se com una alternativa de consum i d'estil de vida. El 2020 prop d'un 30 % de la població ja consumia aliments ecològics.

El nombre de productors i productores ecològiques es troba en augment. En només 10 anys (2010-2020), s'ha triplicat el nombre de productors i elaboradors ecològics, tots ells certificats pel CCPAE.

Una pesca molt fràgil

Catalunya té una llarga tradició pesquera i és una activitat fonamental per entendre el seu passat i present.

Si bé la pesca continental es troba reduïda a una activitat eminentment secundària i recreativa, no és així per a la pesca marítima i per a l'aqüicultura.

A Catalunya es practiquen dos tipus de pesca marítima:

- La **pesca industrial** és la pesca d'arrossegament i la d'encerclament, que tenen un evident impacte sobre el medi per la destrucció del fons marí que provoquen i pel gran volum de descart que impliquen, ja que llencen un gran volum d'animals que de vegades ja són morts.
- La **pesca artesanal** sol utilitzar arts de pesca més selectives (palangre, nansa, tresmall...) i es considera més sostenible perquè genera menys descarts, no malmet el fons marí, gasta menys combustible, no fa captures tan grans i ocupa més llocs de treball. Tanmateix, a Catalunya només representa l'1,5 % de les captures.

Al mar Mediterrani, el 96 % de les espècies de peix i marisc amb interès pesquer són sobreexplotades o es troben en mal estat, i a Catalunya ja han desaparegut importants reserves pesqueres.

Aquest fet suposa un innegable problema tant ambiental com social, ja que de la pesca en depèn la supervivència de moltes famílies. És per això que moltes confraries de pescadors estan portant a terme plans de gestió per regular la seva activitat i evitar l'esgotament dels recursos marins.

Captures de pesca a Catalunya per modalitat el 2019

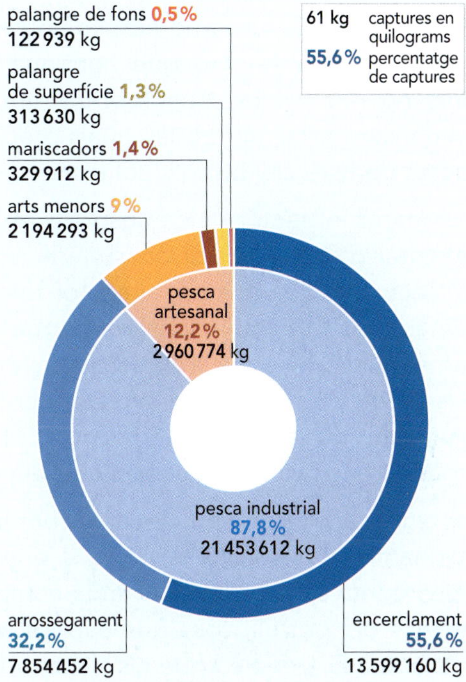

Les dones i la mar

La pesca ha estat i és una activitat tradicionalment masculina, ja que la majoria de pescadors solen ser homes.

Però les dones han estat sempre presents al mar, pescant, i a la costa, desenvolupant moltes feines del sector.

El seu paper és de vital importància i són responsables de tasques com la reparació i la fabricació de les arts de pesca (xarxaires o apedaçadores), la comercialització del peix o la indústria conservera, però també en treballs dalt les embarcacions i al port. Sense oblidar, evidentment, el seu treball domèstic en les famílies.

Dones que surten a la mar
tiching.com/785474

Una de les feines més comunes de la dona en el món de la pesca era teixir les xarxes.

4. Catalunya està preparada per a la transició energètica?

L'evolució del model energètic català

L'any 2020, només el 19,8% de l'energia produïda a Catalunya procedia de fonts renovables. D'acord amb la llei catalana de canvi climàtic aquest percentatge s'hauria d'incrementar fins a un 50% l'any 2030. A més, el consum energètic no para d'augmentar des del principi de segle XXI, especialment d'energia derivada del consum de combustibles.

Ara per ara, Catalunya no només no produeix suficient energia renovable sinó que continua abastant-se de fonts no renovables, que representen prop del 94% del consum total, i entre les quals predominen els productes derivats del petroli, utilitzats en els transports.

Justament, el sector dels transports representa el 45% del total d'energia final consumida, molt per davant del sector de la indústria, el sector terciari i el consum domèstic. Cal tenir present, però, que aquestes dades només fan referència a l'energia invertida en la propulsió dels vehicles i que, si s'avaluen totes les activitats relacionades amb el transport, el pes del sector supera la meitat del consum d'energia a Catalunya.

Per altra banda, si bé el mercat automobilístic està evolucionant cap al **vehicle elèctric**, la gran majoria de vehicles continuen funcionant amb combustibles fòssils, derivats del petroli, cosa que suposa un gran impacte ambiental. És per això que els transports tenen una importància cabdal en el canvi de model energètic.

L'objectiu: obtenir una major sostenibilitat

La transició energètica es basa en un **canvi en el model energètic**, és a dir, en la manera en què produïm i consumim l'energia. A Catalunya, es planteja la necessitat de reduir el consum energètic i de substituir els combustibles fòssils per l'electricitat, entesa com a font d'energia produïda a partir de recursos renovables.

Ara bé, el fet que l'electricitat sigui considerada com una font d'energia neta no implica que la seva producció quedi exempta d'impacte ambiental. Si els punts de generació d'energia es troben allunyats dels de consum implica fer línies elèctriques de gran distribució que tenen un impacte ambiental en el territori.

En conseqüència, el nou model energètic que es proposa a Catalunya es basa en el que es coneix com a **generació distribuïda**, una organització que apropa els punts de generació energètica als de consum, per minimitzar l'impacte de les infraestructures de transport.

La producció i el consum energètic a Catalunya el 2020

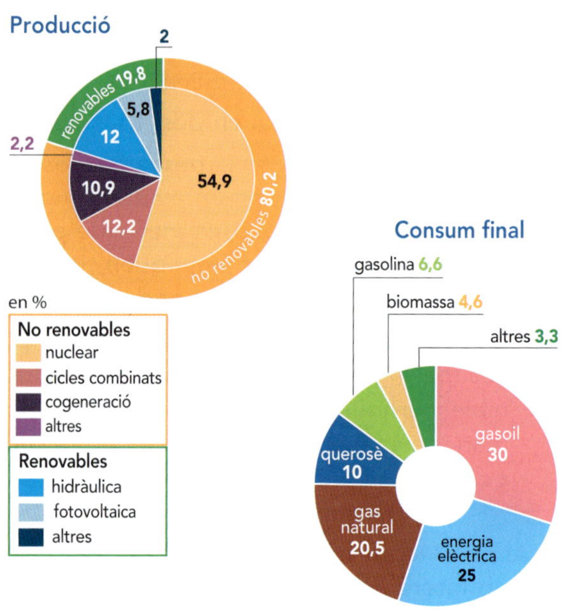

Què és la generació distribuïda?

També coneguda com a generació descentralitzada, generació dispersa o energia distribuïda, consisteix bàsicament en la generació d'energia elèctrica per mitjà de moltes petites fonts d'energia en llocs tan propers com sigui possible a les càrregues.

La definició més global de la generació distribuïda vindria a dir que és aquella que es connecta a la xarxa de distribució d'energia elèctrica i que es caracteritza per trobar-se instal·lada en punts propers al consum.

NO AL PATÍ DE CASA MEVA

7 ENERGIA ASSEQUIBLE I NO CONTAMINANT

Això és el que significa l'acrònim anglès NIMBY (*Not it my back yard*), un fenomen que explica els moviments de rebuig i protesta davant determinats projectes per part dels habitants d'un indret quan es fa pública la ubicació, per exemple, d'infraestructures necessàries per a l'avenç del conjunt de país i societat, però que ningú vol tenir a prop.

A Catalunya s'han donat, al llarg de les últimes dècades, nombroses situacions semblants, sovint al voltant de projectes energètics. Si bé en la societat catalana hi ha consens sobre la necessitat d'invertir en energies renovables, determinades propostes han provocat veritables conflictes territorials.

Els parcs eòlics i solars a Catalunya

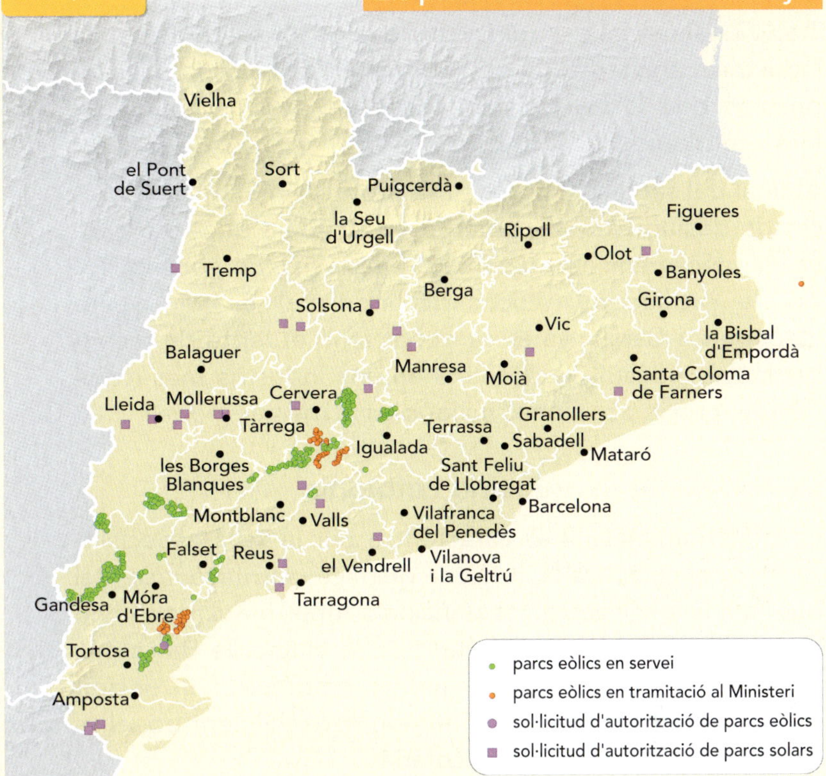

Massificació eòlica a la Terra Alta

L'any 2021, a la comarca de la Terra Alta ja s'hi havien instal·lats 148 molins eòlics. En aquests parcs s'hi produeix prop del 25 % de l'energia eòlica de Catalunya, tot i que la població de la comarca només representa el 0,14 % del total.

Un nou projecte preveu la instal·lació de 96 nous molins de vent en 15 parcs eòlics. Els veïns ho rebutgen, partint de l'experiència dels parcs ja instal·lats, al·legant que els parcs eòlics no han contribuït ni econòmicament ni socialment al territori, ja que només donen feina al 0,3% de la població ocupada de la comarca, tradicionalment basada en la producció de vi.

Parc eòlic a la Terra Alta.

Megaparc eòlic Tramuntana a l'Alt Empordà

Al començament del 2021, es va proposar un projecte de construcció d'un parc eòlic marí format per uns 80 molins de vent d'uns 260 m d'alt situats a 13 km mar endins, a la badia de Roses.

Aquest parc de generació elèctrica podria produir prop del 90 % de la demanda d'electricitat de tota la província de Girona, que fins ara depèn completament d'altres zones per proveir-se.

La principal crítica al projecte gira al voltant del seu emplaçament, rodejat per diferents zones d'especial sensibilitat ambiental.

Parc eòlic marí.

5. Com és la nova indústria catalana?

El passat industrial de Catalunya

Tradicionalment, l'economia catalana es fonamentava en la indústria, caracteritzada pel predomini del tèxtil i de les indústries que la van succeir, metal·lúrgiques, químiques i farmacèutiques.

Al final del segle XX, però, es va produir un important procés de **desindustrialització** i **deslocalització** que va provocar el tancament de nombroses empreses. En conseqüència, la producció i l'ocupació industrial es van veure afectades, i Catalunya es va trobar amb el repte de reconvertir una indústria ja obsoleta en una indústria més robotitzada, que la posicionés millor dins el mercat global.

L'evolució de la indústria catalana

La indústria catalana es caracteritza per la seva especialització en el camp de la indústria química i farmacèutica. Pel que fa a la localització, les principals zones industrials ja no només es concentren al voltant de la ciutat de Barcelona sinó que en els darrers anys moltes empreses han decidit establir-se en comarques d'interior, especialment aquelles dedicades a la indústria alimentària.

Catalunya ha iniciat una reconversió cap a l'anomenada **Indústria 4.0**, basada en un ús intensiu de les tecnologies (especialment, de la digitalització) que transformen els processos productius.

Aquesta nova branca és més intensiva en serveis, està més especialitzada i internacionalitzada, i destina una quantitat elevada de la facturació a invertir en R+D (recerca i desenvolupament) i en la formació dels treballadors.

La consolidació del sector quaternari

L'intens desenvolupament tecnològic i la gran especialització dels sectors de la indústria i els serveis han propiciat l'aparició del que pot ser considerat un nou sector d'activitat econòmica: el **sector quaternari**, un nou model d'integració indústria i serveis, la qual cosa fa que els serveis formin part de la producció industrial, i viceversa.

Aquesta permeabilitat entre els dos sectors és el que explica com algunes empreses tecnològiques internacionals que a Catalunya tenien fàbriques de producció, ofereixin ara serveis de tecnologia i digitalització.

Tanmateix, és un sector encara en procés d'implantació i consolidació i, per tant, té un pes relativament baix en el conjunt de la indústria catalana, que continua immersa en una situació de decreixement i reconversió.

La producció industrial a Catalunya

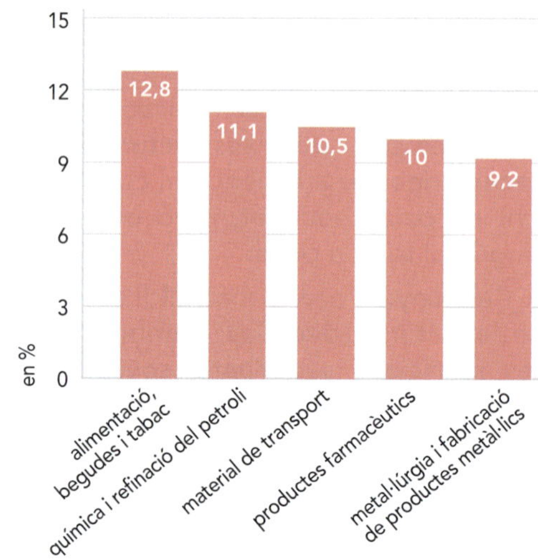

L'efecte cadena en les indústries catalanes

La indústria genera un efecte d'arrossegament sobre els altres sectors de l'economia. Això és especialment intensiu en models econòmics en els quals la indústria està molt relacionada amb els serveis.

Aquest **arrossegament entre indústries i sectors** queda palès quan apareixen notícies que informen del tancament de fàbriques.

Per exemple, quan una fàbrica que dona feina a 5 000 persones tanca, aquest tancament acaba deixant al carrer 20 000 persones que treballen en altres indústries o serveis que proveeixen directament la planta afectada.

Manifestació pel tancament d'indústries.

QUINA ÉS LA IMPORTÀNCIA DELS PARCS TECNOLÒGICS?

9 INDÚSTRIA, INNOVACIÓ I INFRAESTRUCTURA

Aquestes darreres dècades, al voltant de les principals ciutats catalanes s'han construït **parcs tecnològics**, unes instal·lacions destinades a acollir empreses d'alt nivell d'innovació i recerca científica i tecnològica.

Si bé poden dedicar-se a temes diferents, el fet de trobar-se properes les unes a les altres afavoreix el naixement de sinergies entre elles, cosa que contribueix al seu alt grau d'innovació i competitivitat.

A més, els centres tecnològics sovint ofereixen espais que poden ser d'ús comú o bé per llogar i que faciliten la feina a empreses emergents, com ara les *start-ups*, que no disposen de la capacitat econòmica per invertir en equipaments propis.

Elements d'un parc tecnològic

Les dones en la ciència i la tecnologia

5 IGUALTAT DE GÈNERE

Una vegada més, la bretxa de gènere també està present en els àmbits científics i tecnològics. Aquesta desigualtat comença a forjar-se des de ben petites, quan les nenes no disposen de referents femenins per a moltes feines científiques.

Com a resultat, encara són poques les noies que decideixen estudiar enginyeries, per exemple, de manera que al mercat laboral continuen estant en clara inferioritat numèrica.

Dones i ciència

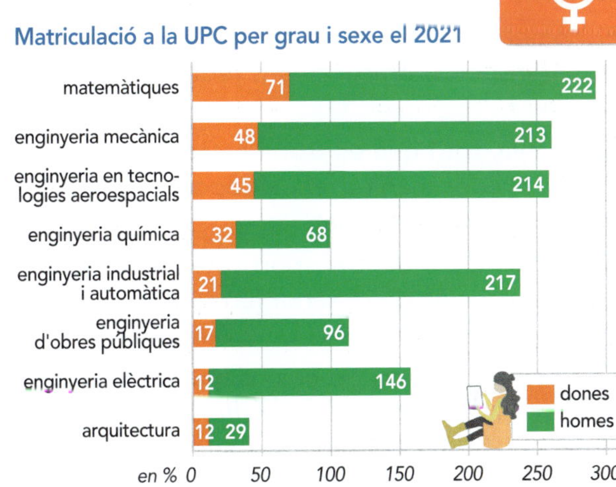

6. Com afecta la digitalització dels serveis a Catalunya?

Els serveis són un sector imprescindible per a l'economia catalana

L'estructura productiva de Catalunya depèn de les **activitats terciàries**: el 74,4 % del valor afegit brut que es genera deriva del sector serveis, un valor semblant al del conjunt espanyol i lleugerament superior a la mitjana europea. Pel que fa a l'ocupació, els serveis són responsables del 75,3 % de l'ocupació total a Catalunya.

En les últimes dues dècades, aquest sector ha anat incrementant la seva importància gràcies a l'especialització i externacionalització d'activitats que abans pertanyien al sector industrial i, per altra, per l'augment dels serveis relacionats amb el turisme i les activitats professionals, científiques i tecnològiques.

L'ocupació en el sector serveis a Catalunya el 2019

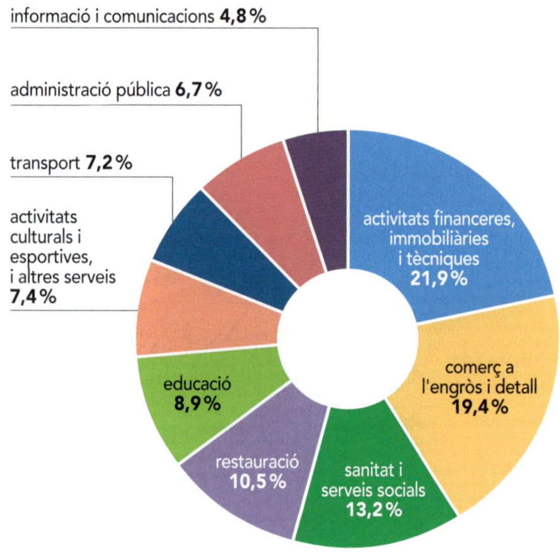

Els serveis s'adapten al món digital

Catalunya és una regió capdavantera a Europa en **digitalització**, no només pel que fa a la connectivitat (cobertura de banda ampla mòbil), sinó pel seu capital humà altament format en les TIC i pel creixement dels serveis digitals, tant en l'àmbit de l'administració pública com en el sector privat, especialment al voltant del **comerç electrònic (*e-commerce*)**.

A conseqüència d'aquesta digitalització del comerç i els serveis, Catalunya ha vist com se li obren noves oportunitats de negoci en països allunyats, fet que n'amplia el mercat i contribueix a la seva competitivitat internacional.

El comerç electrònic a Catalunya

El comerç electrònic

El comerç electrònic mostra una gran dependència dels transports, pràcticament reduïts al transport per carretera.

Catalunya, tot i que es troba estratègicament situada en el corredor mediterrani europeu, depèn excessivament del transport rodat.

Només un 2,2 % del transport total de mercaderies es realitza a través de la xarxa ferroviària, molt lluny del 23,7 % de la mitjana de la Unió Europea.

En l'actual escenari de crisi climàtica, l'expansió del comerç electrònic obliga a reflexionar i buscar solucions per fer un **comerç que avanci cap a la sostenibilitat**.

El teletreball a Catalunya

Empleats de manera regular o ocasional

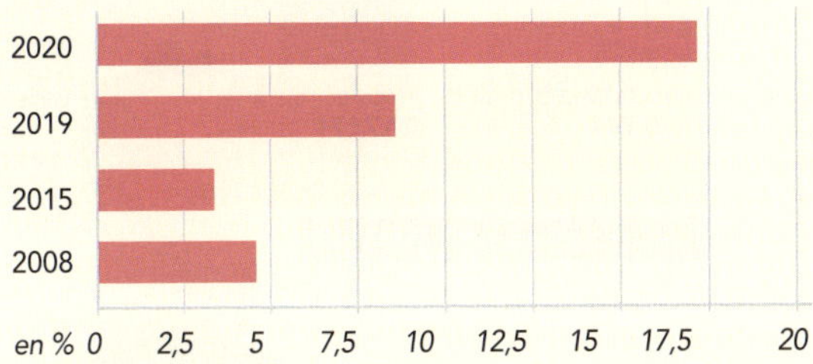

Per zona

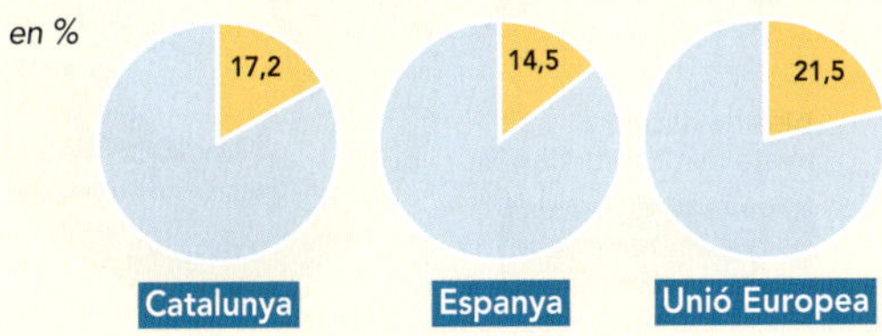

Per tipus de treball

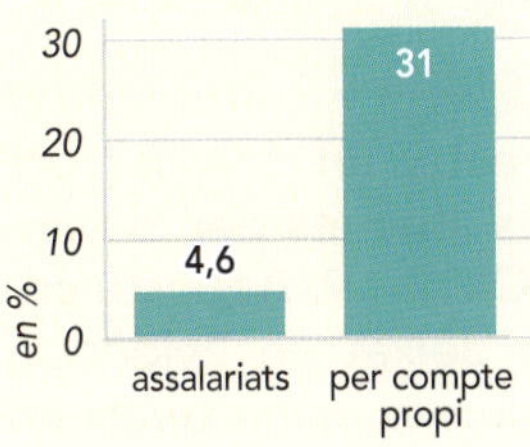

Assalariats per sexe

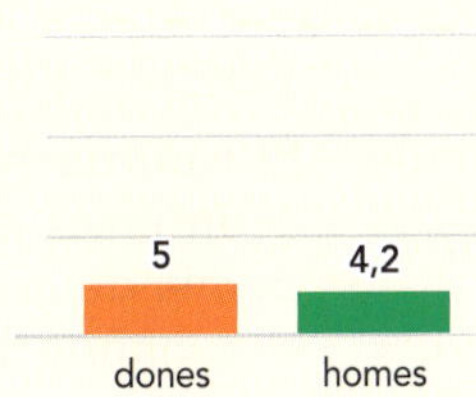

8 TREBALL DECENT I CREIXEMENT ECONÒMIC

El teletreball

Encara que ja formava part dels plans organitzatius de moltes empreses, l'arribada de la crisi sanitària ocasionada per la COVID-19 ha accelerat l'aplicació del **teletreball** en moltes feines i empreses.

En el cas de les dones, s'ha demostrat com el teletreball, lluny de permetre una millor qualitat de vida i conciliació amb la vida familiar, les ha portat a allargar la seva jornada laboral i a assumir amb més incidència el treball domèstic i la cura i criança dels infants.

Per a moltes dones, el teletreball significa tenir una presència simultània entre feina i cures familiars, sense possibilitat de diferenciar temps ni espais.

La producció km 0

En els darrers anys han aparegut nombroses iniciatives, tant empresarials com ciutadanes, que treballen per substituir l'actual model de producció i consum per alternatives amb un menor impacte mediambiental i social.

I és que, si bé el preu final que els consumidors paguem per un producte importat de l'altra punta del món és inferior al dels que es produeixen aquí, la despesa en termes d'impacte ambiental és tan alta que ens hauria d'obligar a replantejar el nostre consum.

Una bona solució és fomentar el consum de productes elaborats en proximitat (els **anomenats km 0**), ja que tenen una menor empremta ecològica, tant en la seva fase de producció com, especialment, en el transport fins al consumidor.

D'on ve el que mengem?

La venda de proximitat s'identifica amb el logotip que indica el decret que regula aquest tipus de venda, el nom de la Generalitat de Catalunya i la modalitat de venda (circuit curt o directa).

Venda de proximitat circuit curt

Venda de proximitat directa

7. Catalunya pot viure d'un turisme més sostenible?

És sostenible el turisme que ve a Catalunya?

La importància del turisme a Catalunya

Catalunya és una de les **principals destinacions turístiques** de l'estat i d'Europa. El sector turístic aprofita tant l'interès per una ciutat com Barcelona com el potencial dels espais naturals del territori català, especialment a la costa i a les zones de muntanya, que es beneficien alhora d'un clima suau apreciat pels turistes vinguts d'arreu d'Europa.

En termes econòmics, l'activitat turística és la principal activitat del sector serveis a Catalunya i representa un 12 % del seu PIB. És també un sector de gran importància pel que fa al treball, ja que suposa un 13,5 % de l'ocupació.

Els riscos del sector turístic català

El turisme és un **sector estratègic** a Catalunya, tant per la generació d'ocupació i riquesa com per l'efecte d'arrossegament que exerceix en els altres sectors econòmics, que en depenen directament o indirectament. Però, també és un sector que està exposat a **nombrosos riscos** a causa de:

- L'**estacionalitat del turisme**. Una part de l'oferta turística que hi ha a Catalunya es concentra en uns pocs mesos de l'any, com el turisme de platja a la primavera i l'estiu, i el turisme d'esquí a l'hivern. Aquest turisme estacional no ofereix ni una ocupació ni una generació de riquesa estables al llarg de l'any.
- La **inestabilitat econòmica**. El turisme es veu ràpidament afectat pels períodes de crisi, per tant, és una activitat econòmica molt sensible a les fluctuacions del conjunt de l'economia, tant local i nacional com la dels països de procedència dels turistes.

Nous models de turisme per estabilitzar el sector

Davant la fragilitat econòmica, el turisme a Catalunya està cercant noves fórmules per tenir més estabilitat com ara:

- **Potenciar noves zones turístiques**. A les comarques d'interior i on la tradició turística és més recent, es potencien aquestes noves zones turístiques per tal de contribuir al desenvolupament econòmic de les comarques que tradicionalment són més rurals.
- **Diversificar l'oferta de destinacions turístiques**. Es diversifica l'oferta per tal d'atraure un turisme de més qualitat i que generi majors ingressos econòmics.

Però, per sobre de tot, hi ha consens sobre la necessitat de protegir un element clau en el turisme com és el **medi ambient**, ja que s'entén que, de la seva qualitat, en depèn tant la preservació dels valors naturals com el manteniment de l'activitat turística.

El sector turístic a Catalunya el 2019

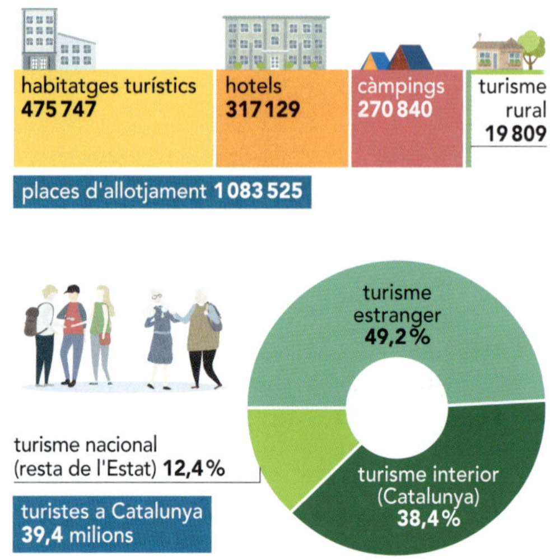

Turisme en temps de pandèmia

El turisme ha estat un dels sectors econòmics més afectats per la pandèmia de la COVID-19. Aquesta crisi sanitària ha deixat en evidència els greus problemes estructurals de l'economia catalana, altament dependent del turisme i els serveis.

El 2020, Catalunya va rebre un 80 % menys de turistes internacionals que l'any precedent, cosa que ha suposat el pitjor registre de la història.

Amb la reducció del turisme internacional i les restriccions de mobilitat, el sector es troba en una situació crítica i busca alternatives en el mercat local per sobreviure.

Tanmateix, els seus efectes són clars pel que fa al mercat laboral, de per si molt precari, en què s'han destruït més del 7 % dels llocs de treball.

Terrasses tancades en temps de pandèmia.

DOS MODELS DE TURISME PER A CATALUNYA

El turisme de masses

Alguns municipis de Catalunya depenen en excés de les activitats turístiques i d'altres en reben la cara menys amable.

Per exemple, la ciutat de Barcelona, amb una població d'1,6 milions d'habitants, pateix el que s'anomena **turisme de masses**, ja que rep uns 28 milions de turistes a l'any.

Els municipis de costa veuen com la seva població es multiplica exponencialment els mesos d'estiu amb l'arribada d'un gran nombre de turistes, fet que suposa també un fort impacte per al medi o que genera problemes d'abastament d'aigua.

Massificació de turisme a les platges

El turisme responsable

Ecoturisme per gaudir de la natura.

Com a alternativa al turisme de masses, cada cop hi ha més propostes turístiques amb valors que promouen un impacte més reduït al territori, que fan compatible l'activitat turística amb la preservació mediambiental, és l'anomenat **turisme responsable**.

Aquestes propostes de petit abast ajuden a crear una ocupació més estable i més constant al llarg de l'any, ja que no depenen tant de l'estacionalitat de les activitats que proposen i reverteixen directament al territori.

També contribueixen a reduir **la petjada ecològica** de l'activitat turística, ja sigui sota marques turístiques com l'**ecoturisme** o des d'iniciatives locals que fomenten el consum de proximitat i el desenvolupament sostenible del territori on s'emplacen.

Les dones i el turisme a Catalunya

Si observem l'ocupació que genera el sector turístic a Catalunya veurem que un 57 % dels llocs de treball estan ocupats per dones.

Podríem pensar que és un sector eminentment femení, però la veritat és que la gran majoria d'aquests llocs de treball són de feines poc qualificades i més demandants en mà d'obra.

En canvi, de tots els llocs de treball relacionats amb la gestió, només un 25 % estan ocupats per dones. Aquest fet mostra de nou les enormes dificultats amb què es troben les dones catalanes a l'hora d'ocupar places de responsabilitat, també pel que fa al sector del turisme.

8. Quin lloc ocupa Catalunya a Europa?

Catalunya no només ocupa un lloc destacat en l'economia de l'Estat sinó que s'ha consolidat com una de les regions més competitives d'Europa i manté relacions comercials a escala internacional. No obstant això, encara li queda un llarg camí a recórrer en nombrosos camps, des de la sostenibilitat fins a la reducció de les desigualtats socials. Com es posiciona Catalunya amb relació als països de la UE?

Creixement econòmic i desigualtats socials

El producte interior brut de Catalunya es troba per sobre la mitjana europea: en paritat de compra, el PIB per habitant de Catalunya ascendeix a 30 923 euros, mentre que per al conjunt de la UE es queda en 29 900 euros i cal tenir en compte que, per al conjunt de l'Estat, aquesta xifra no supera els 25 200 euros.

Tanmateix, la riquesa que es genera a Catalunya és distribuïda de manera irregular, cosa que crea **profundes desigualtats socials** en la ciutadania. De fet, Catalunya registra una major desigualtat de la distribució de la renda (6,0) tant en relació a la mitjana dels països de la Unió Europea (5,2) com d'Espanya (5,8).

Indústria i innovació

D'acord amb els objectius que marca la Unió Europea pel que fa al desenvolupament sostenible, les economies europees han d'evolucionar cap a estructures resilients i que compaginin benestar humà i desenvolupament sostenible. Per fer-ho, promou un **model industrial sostenible** marcat per una major **innovació tecnològica** i de **recerca**.

En aquest sentit, Catalunya presenta uns valors similars als del conjunt de la Unió Europea quant a l'ocupació en sectors industrials innovadors, però li cal una major inversió en recerca i desenvolupament per assolir el 2,23 % de despesa sobre el total del PIB de la mitjana europea, ja que ara per ara només hi dedica un 1,44 %.

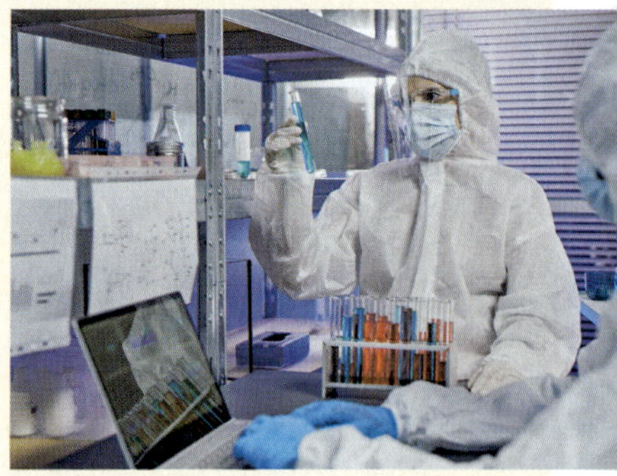

Centre d'investigació i recerca.

Intercanvis comercials

Catalunya és capdavantera a Espanya pel que fa a les exportacions i representa un 25,4 % del total estatal, i és especialment important en el sector de l'alimentació i la indústria farmacèutica.

Encara que el comerç internacional hagi guanyat més pes en les darreres dècades, Catalunya continua mantenint un volum important de comerç intern amb altres regions espanyoles.

Els països de la **Unió Europea** són el destí principal de les **exportacions catalanes** (el 64,8 % del total). Les importacions procedents de països de la Unió Europea representen el 56,8 % del total d'importacions a Catalunya.

RÀNQUING DE PAÏSOS DE DESTINACIÓ DE LES EXPORTACIONS CATALANES

Països	Exportacions (en milions €)	% sobre el total d'exportació
1. França	11 450,8	17,3
2. Alemanya	6 882,5	10,4
3. Itàlia	5 777,5	8,7
4. Portugal	4 212,9	6,4
5. Regne Unit	3 302,3	5,0
6. Suïssa	3 070,4	4,8
7. Xina	2 727,1	4,1
8. Estats Units	2 426,5	3,7
9. Països Baixos	1 748,3	2,6
10. Polònia	1 425,2	2,2

Energia

Respecte a la Unió Europea, i al conjunt d'Espanya, Catalunya encara es troba lluny pel que fa al consum d'energies renovables.

Segons dades de l'any 2019, a Catalunya només un 9,9 % del consum total d'energia corresponia a energies renovables, molt lluny del 18,4 % espanyol i del 19,7 % de mitjana de la Unió Europea.

A més, manté un grau de dependència superior a la resta de fonts energètiques, especialment quant a combustibles fòssils, dels quals en depèn un sector tan estratègic com són els transports.

Central tèrmica del Port de Barcelona.

Acció climàtica

Reducció de les emissions de CO_2.

El canvi climàtic requereix una acció urgent i coordinada de les administracions i actors privats per tal de revertir-ne els efectes.

En gran part, les emissions de gasos amb efecte d'hivernacle són les causants de l'escalfament planetari mundial i, si bé Catalunya no és de les regions europees que més hi contribueixen, sí que és de les que es troba en tendència a l'alça, a diferència del que passa al conjunt de països de la Unió Europea.

Entre els anys 1990 i 2019, Catalunya ha incrementat en un 20,9 % el volum total d'emissions de gasos amb efecte d'hivernacle, mentre que les xifres per al conjunt de la UE mostren una reducció del 26 % d'aquestes emissions.

Igualtat de gènere

Catalunya, tot i que es troba ben posicionada tant en l'àmbit europeu com global, encara es troba lluny d'assolir plenament la igualtat de gènere. Així ho mostra l'**Índex d'igualtat de gènere**, indicador que mesura la distància en què es troba una societat per assolir la plena igualtat entre dones i homes.

Catalunya presenta un grau d'assoliment del 72,5 en una escala sobre 100 (similar al 72 d'Espanya), mentre que la mitjana europea es situa en el 67,9. La consecució de l'objectiu d'igualtat, però, varia en funció de la dimensió considerada.

ÍNDEX D'IGUALTAT DE GÈNERE EL 2018 (Índex de 0 a 100)

Dimensions	Catalunya	Unió Europea
Treball	75,4	72,2
Coneixement	63	63,6
Activitats de cura (temps)	80,6	70
Activitats socials (temps)	67,3	61,6
Poder polític	66,4	53,5
Estat de salut	95	92,2
Accés a la salut	99,4	98,1

Primera edició, 2022

1 2 3 4

DL B 2.801-2022/ ISBN: 978-84-682-8441-5/Núm. d'Ordre V.V.: QC44.

Atles
Temàtic del Món

1. Un món de migrants

2. El sector primari

MAPES: Les principals produccions ramaderes • L'explotació dels recursos marins • L'agricultura i l'alimentació

GRÀFICS: Els principals països ramaders • Els principals països pesquers • El consum mundial d'aliments • Les terres de conreu i la població

3. Els nivells mundials d'industrialització i les àrees industrials principals

4. Natura i societat

MAPES: L'accés a l'aigua potable • L'escalfament global • El desboscament mundial

GRÀFICS: Les principals amenaces per a la biodiversitat • Els residus sòlids urbans • La desertificació • Les emissions anuals de CO_2

5. El desenvolupament humà desigual

MAPES: La discriminació de la dona • La despesa en educació per països • La bretxa digital

GRÀFICS: La població subalimentada (1990-2020) • La despesa en investigació i desenvolupament (I+D) • L'evolució de l'IDH (1990-2020) • L'ocupació vulnerable

Institut Cartogràfic Llatí

Vicens Vives

1. Un món de migrants

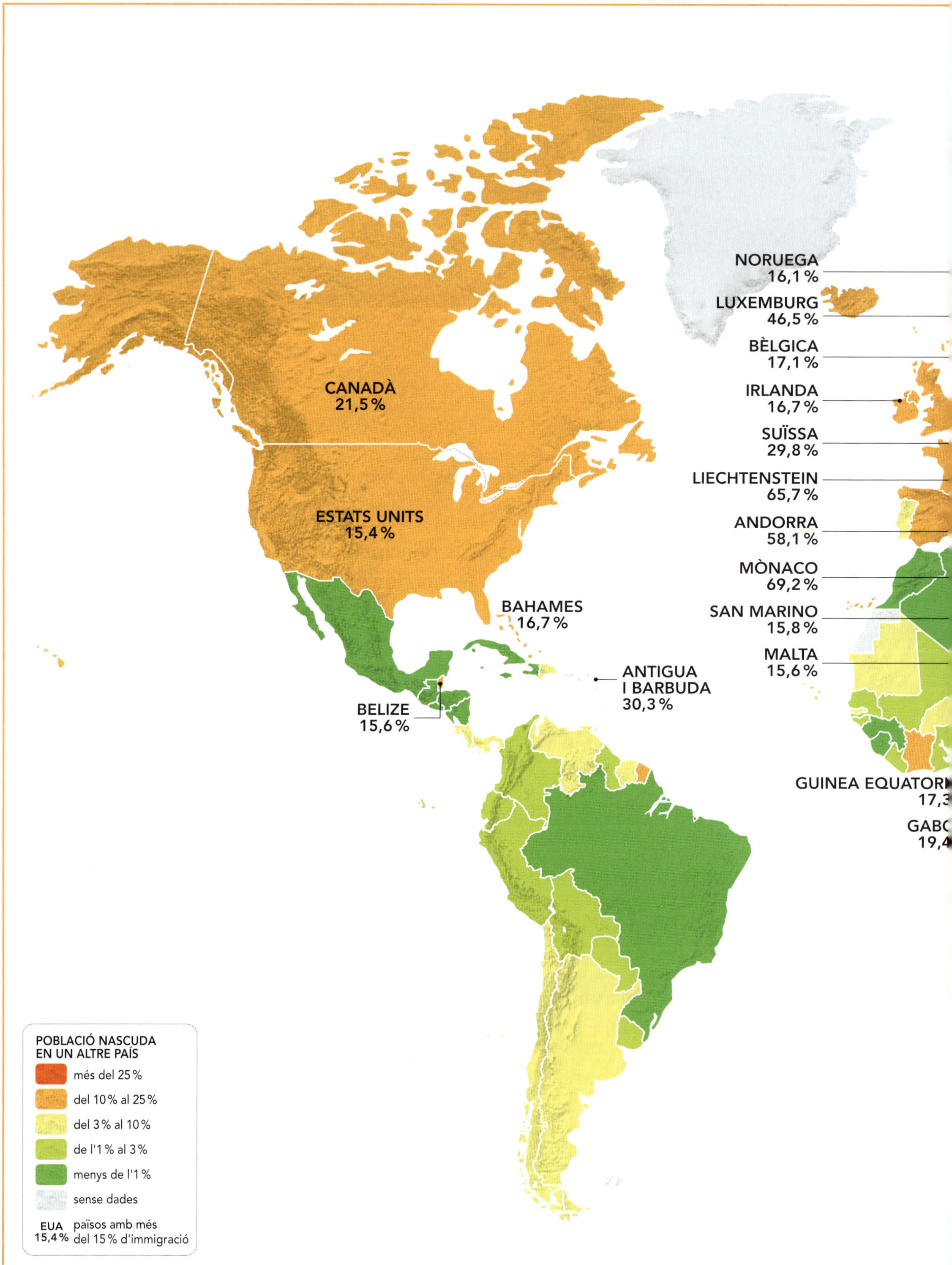

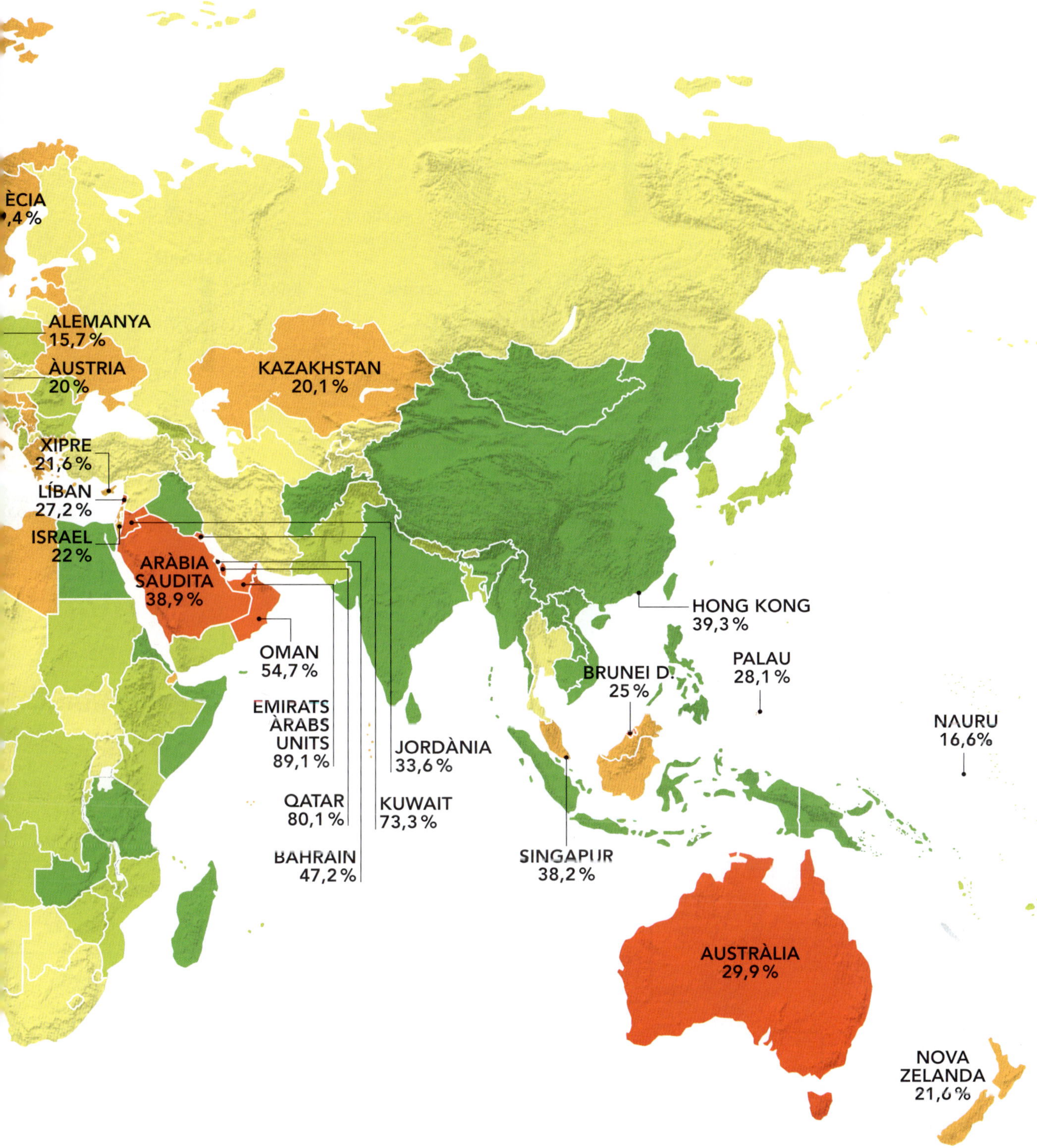
ÈCIA
,4 %
ALEMANYA
15,7 %
ÀUSTRIA
20 %
KAZAKHSTAN
20,1 %
XIPRE
21,6 %
LÍBAN
27,2 %
ISRAEL
22 %
ARÀBIA
SAUDITA
38,9 %
OMAN
54,7 %
EMIRATS
ÀRABS
UNITS
89,1 %
QATAR
80,1 %
BAHRAIN
47,2 %
JORDÀNIA
33,6 %
KUWAIT
73,3 %
HONG KONG
39,3 %
BRUNEI D.
25 %
PALAU
28,1 %
NAURU
16,6%
SINGAPUR
38,2 %
AUSTRÀLIA
29,9 %
NOVA
ZELANDA
21,6 %

2. El sector primari

LES PRINCIPALS PRODUCCIONS RAMADERES

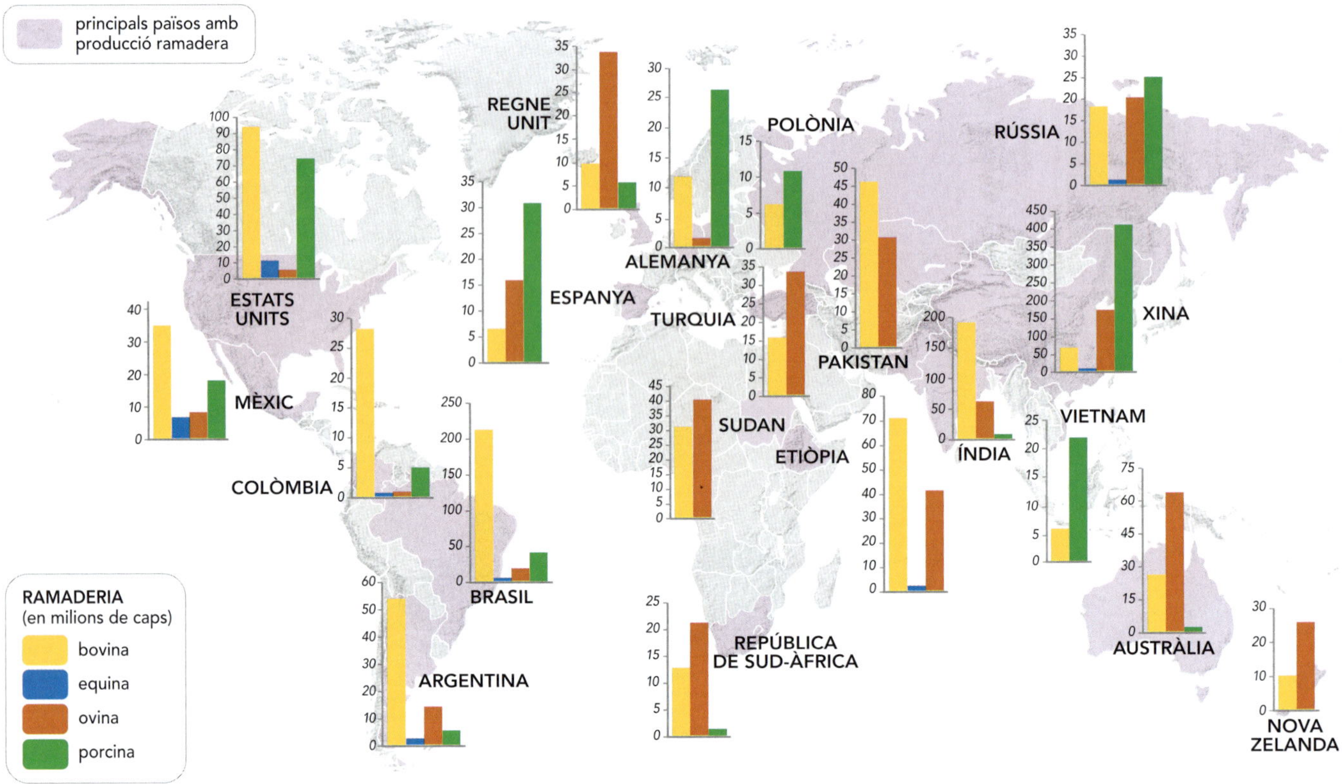

L'EXPLOTACIÓ DELS RECURSOS MARINS

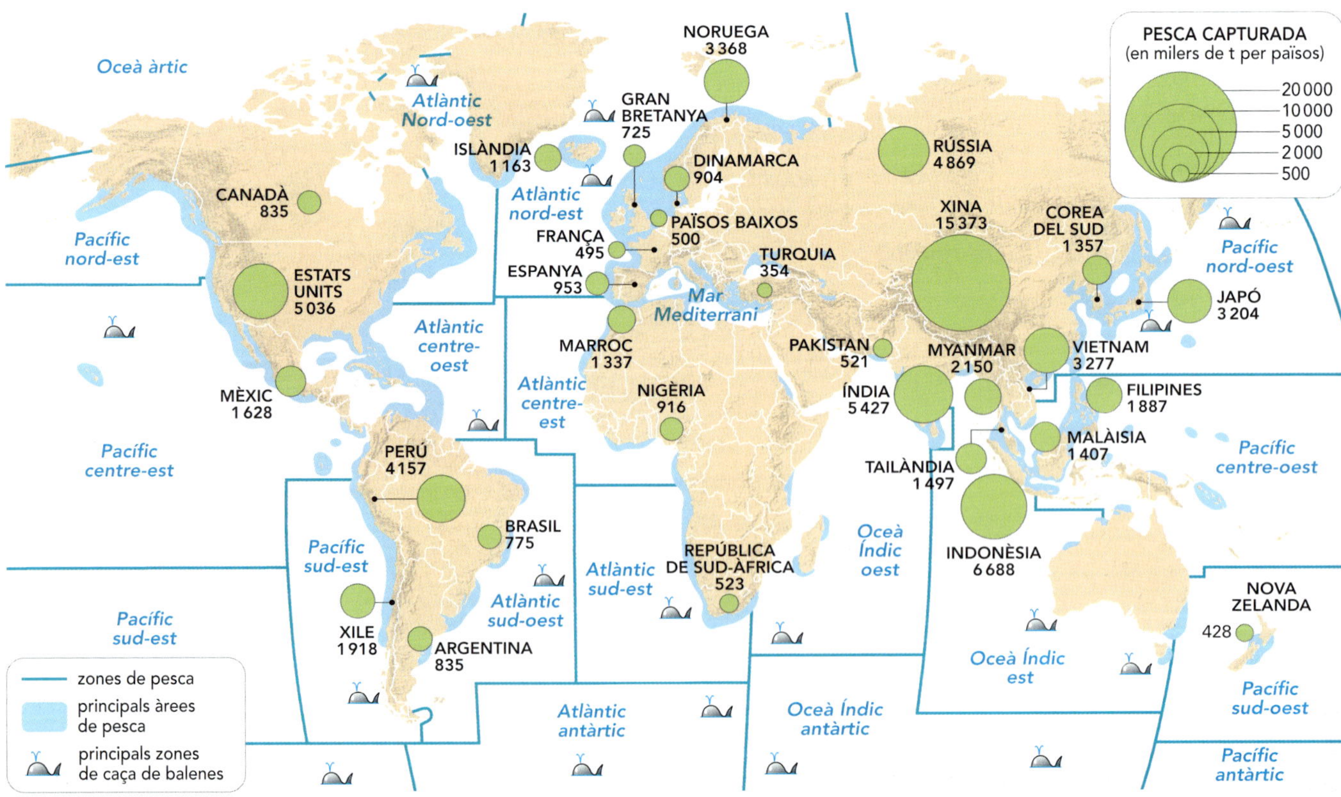

L'AGRICULTURA I L'ALIMENTACIÓ

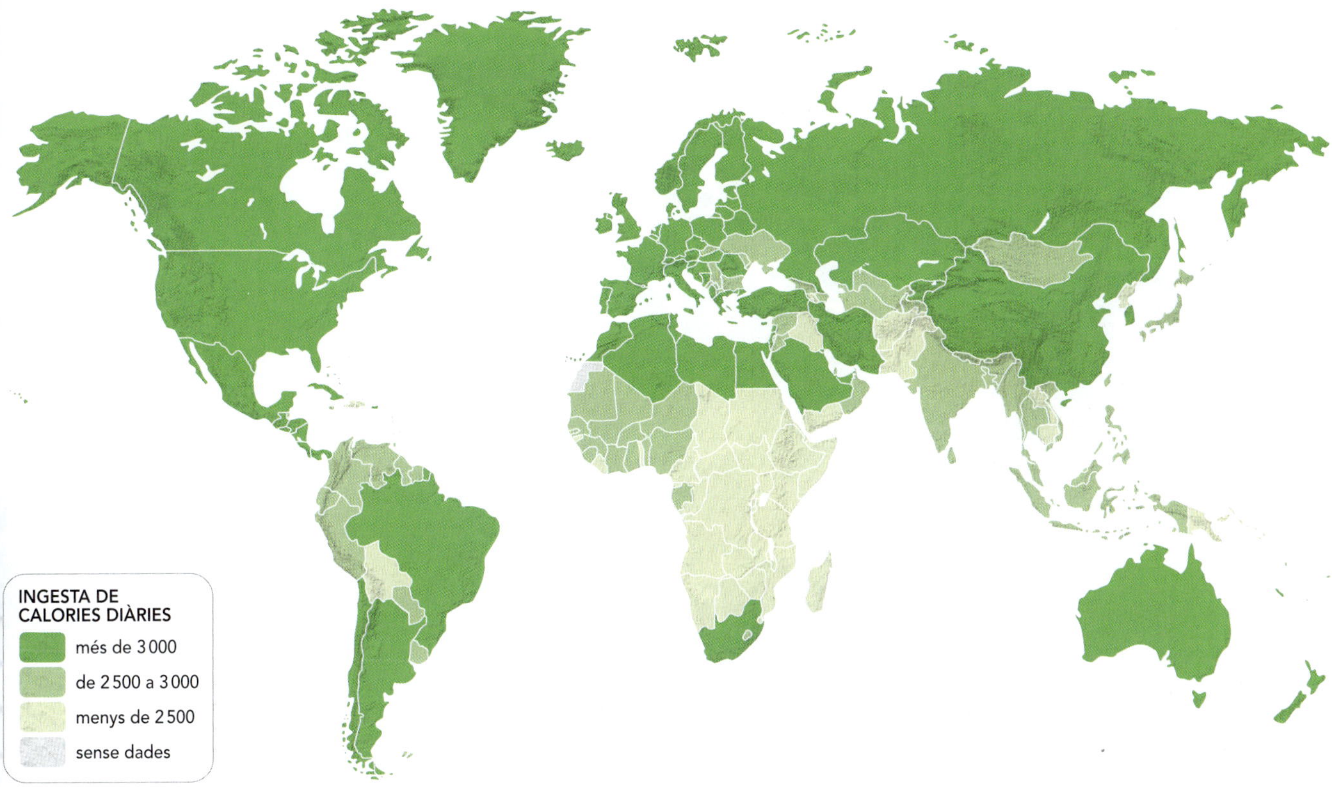

ELS PRINCIPALS PAÏSOS RAMADERS

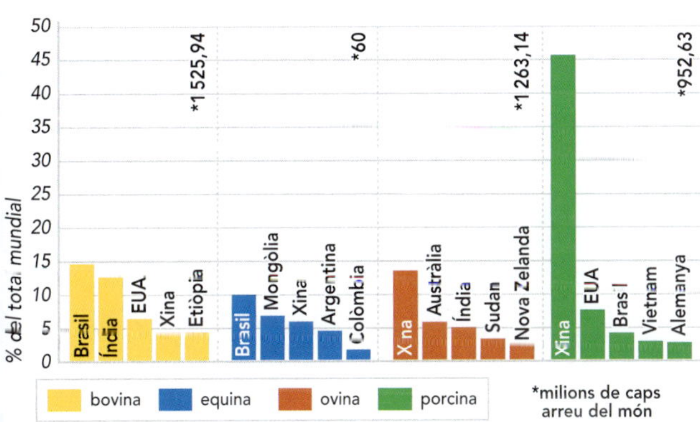

EL CONSUM MUNDIAL D'ALIMENTS

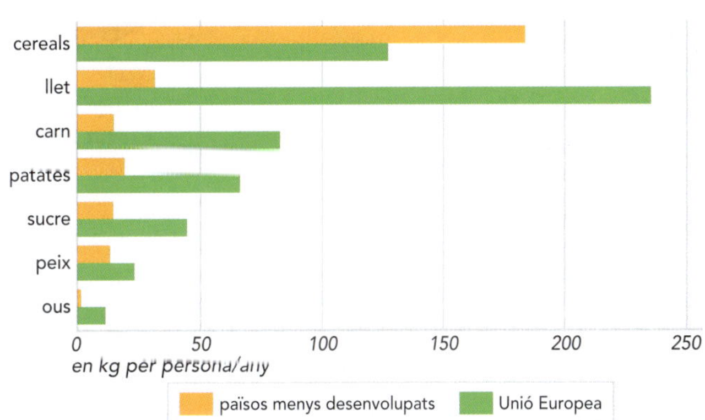

ELS PRINCIPALS PAÏSOS PESQUERS

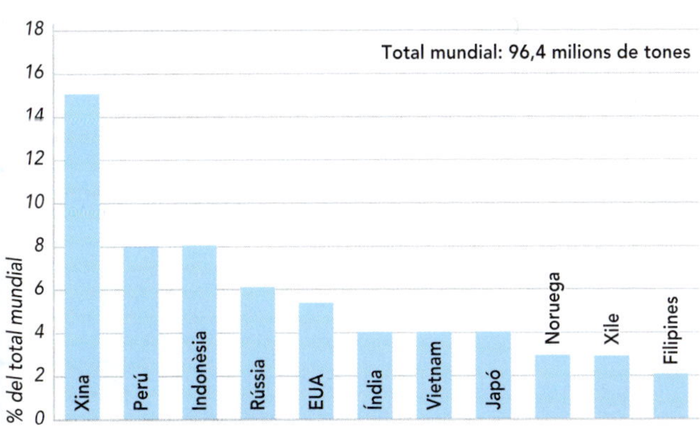

LES TERRES DE CONREU I LA POBLACIÓ

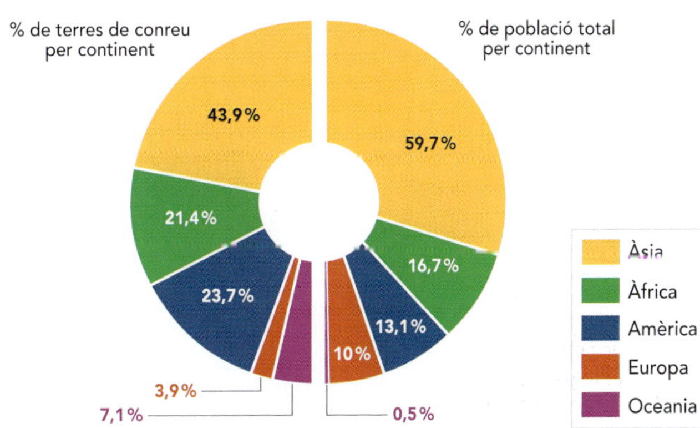

3. Els nivells mundials d'industrialització

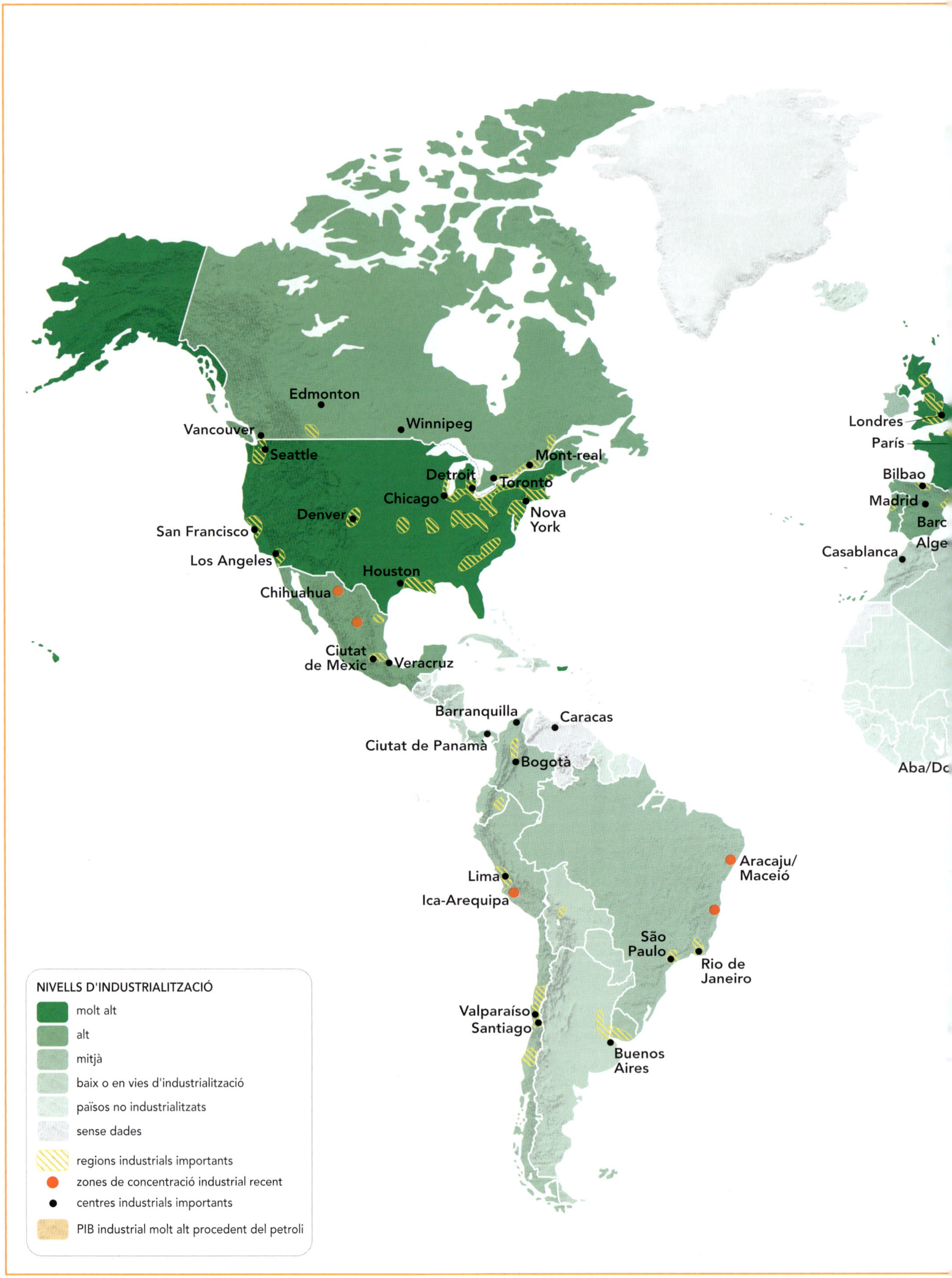

i les àrees industrials principals

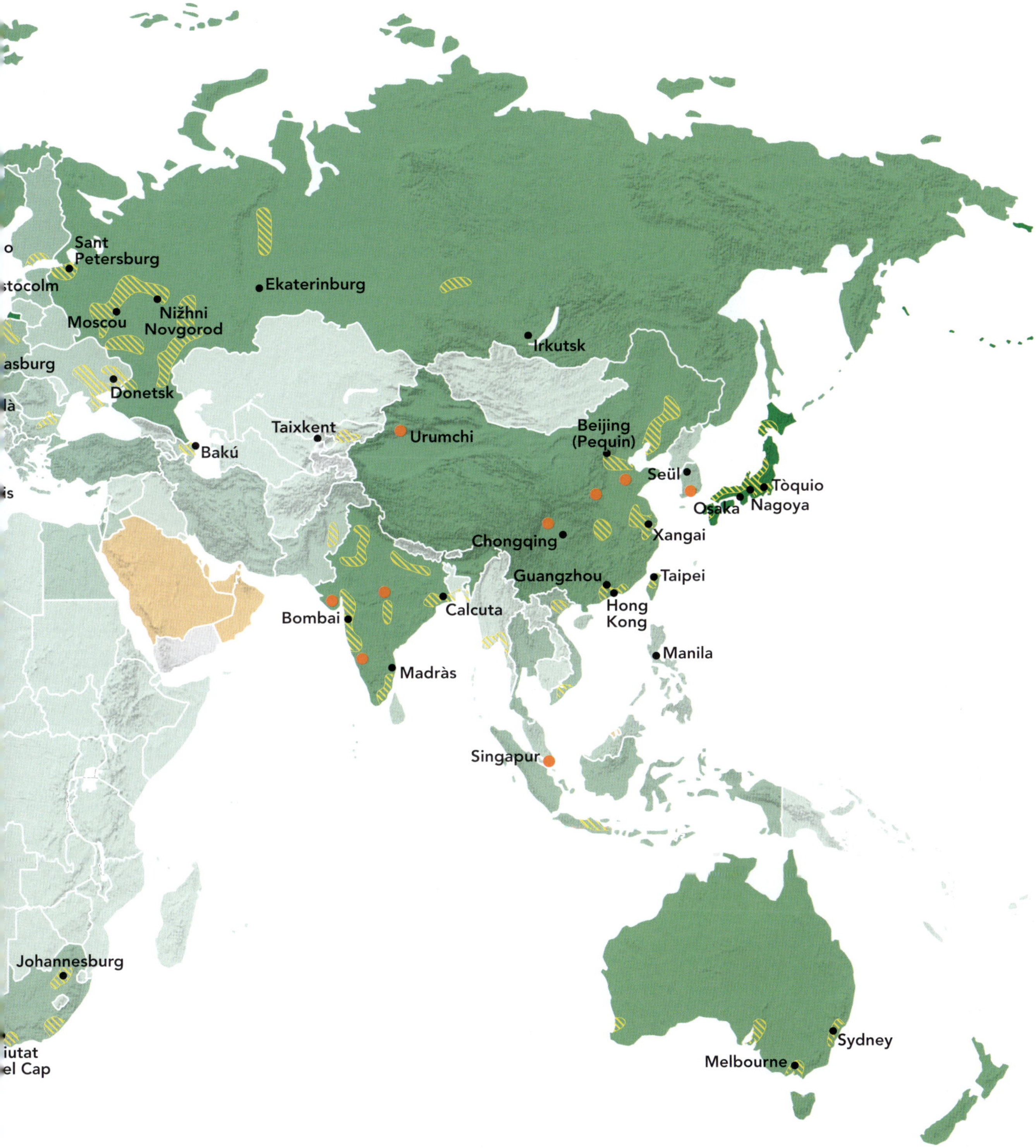

4. Natura i societat

L'ACCÉS A L'AIGUA POTABLE

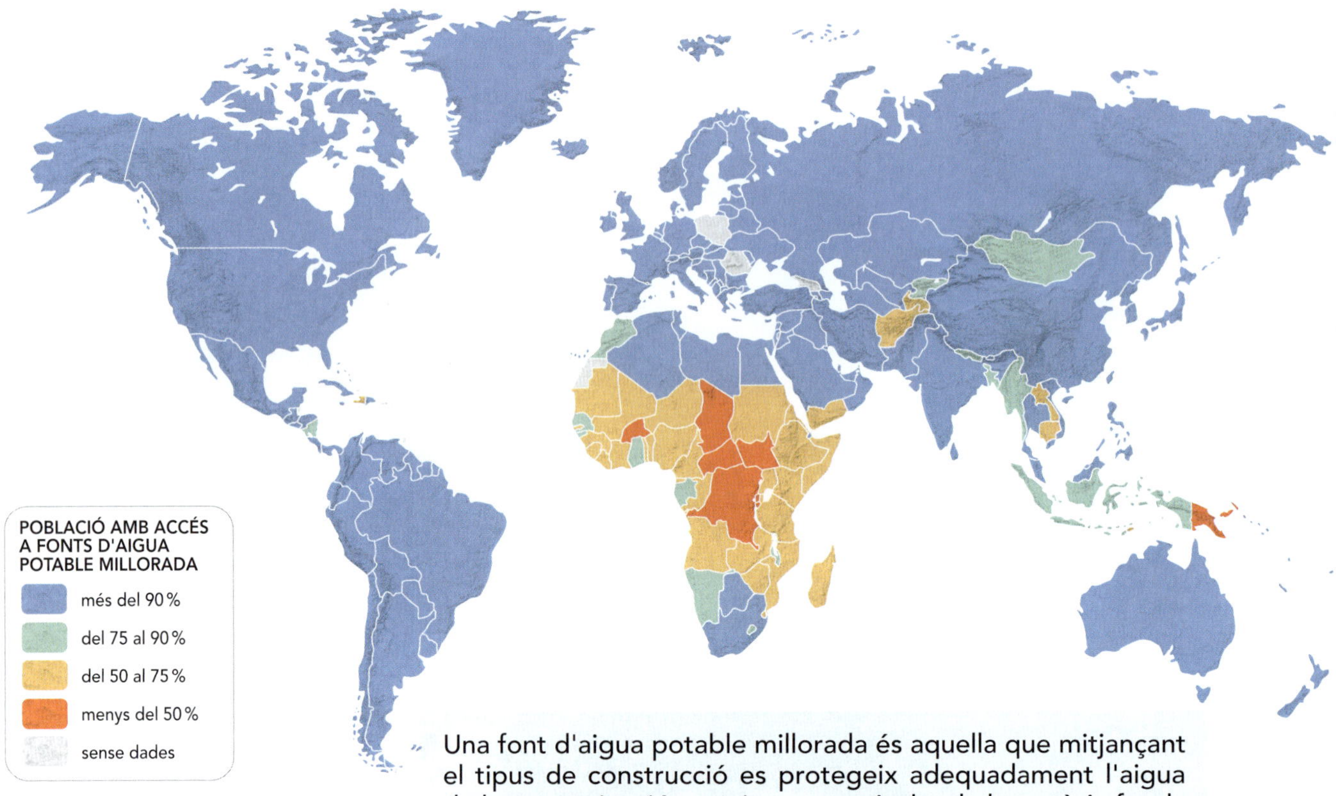

Una font d'aigua potable millorada és aquella que mitjançant el tipus de construcció es protegeix adequadament l'aigua de la contaminació exterior, en particular de la matèria fecal.

L'ESCALFAMENT GLOBAL

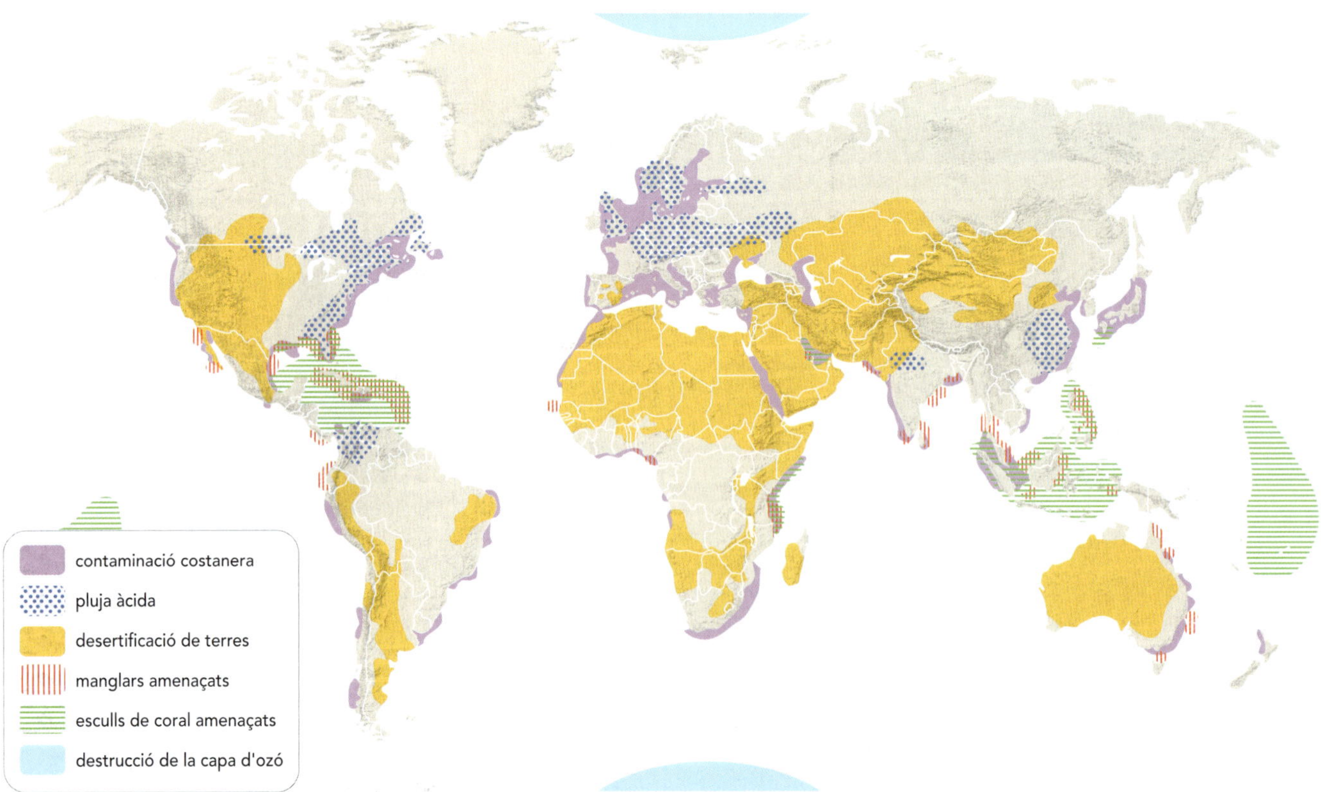

EL DESBOSCAMENT MUNDIAL

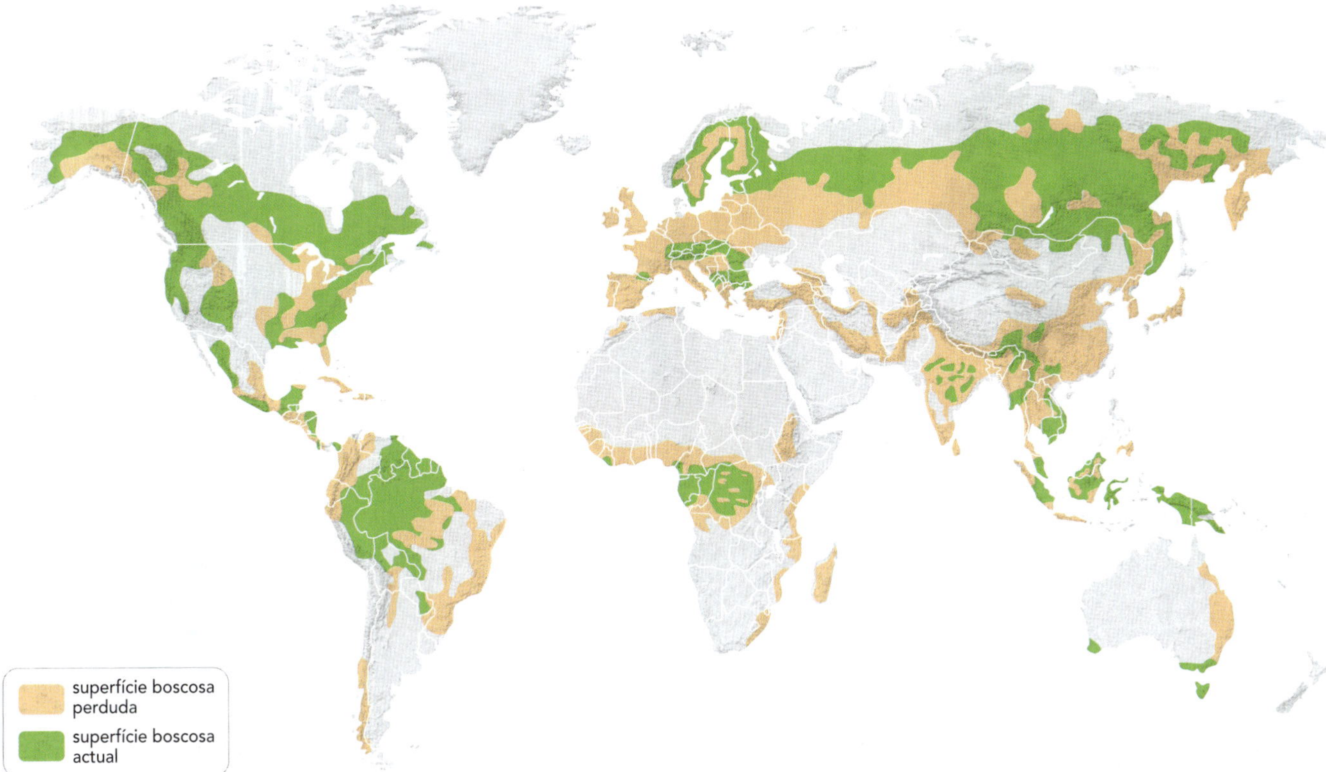

LES PRINCIPALS AMENACES PER A LA BIODIVERSITAT

1. Pèrdua d'hàbitat, alteració i fragmentació
2. Sobreexplotació de poblacions d'espècies silvestres
3. Canvi climàtic
4. Contaminació
5. Espècies invasives

LA DESERTIFICACIÓ

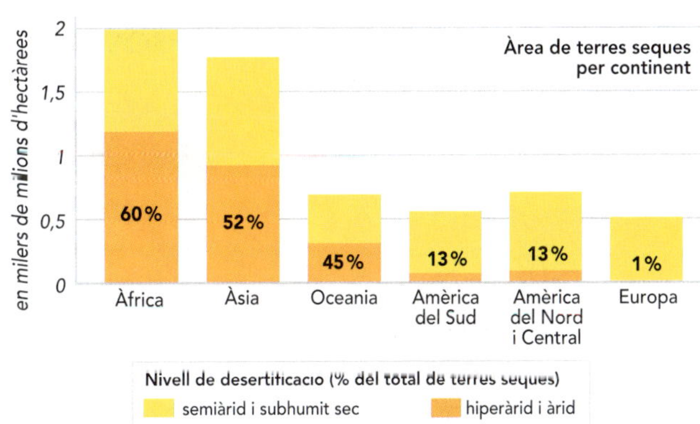

ELS RESIDUS SÒLIDS URBANS

Composició dels residus municipals segons el nivell d'ingressos
en % del total

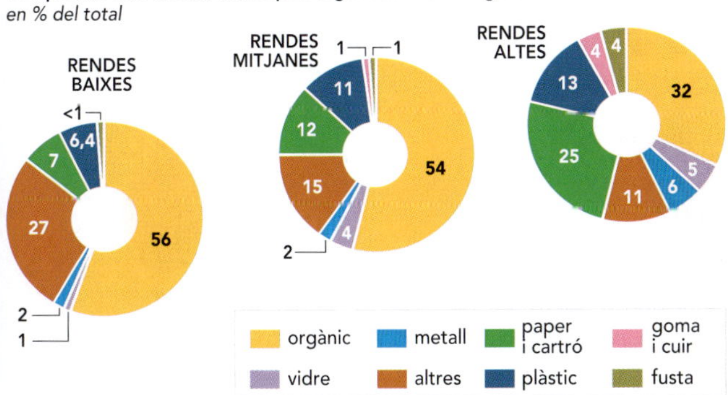

LES EMISSIONS ANUALS DE CO_2

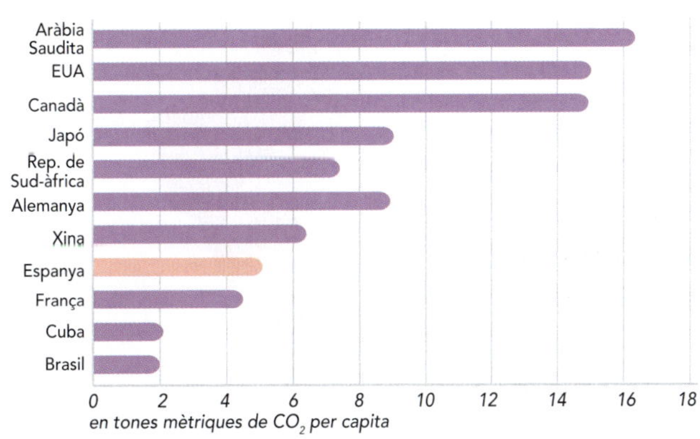

5. El desenvolupament humà desigual

LA DISCRIMINACIÓ DE LA DONA

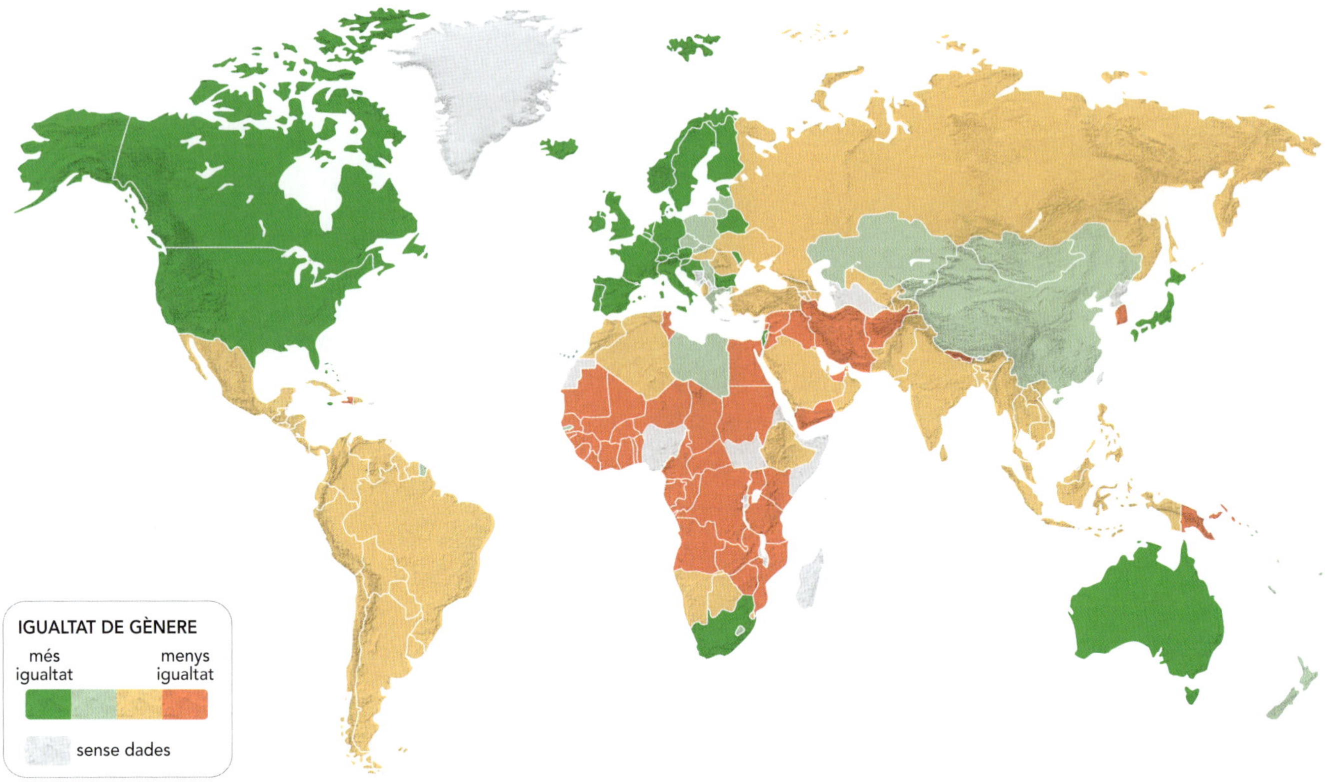

LA DESPESA EN EDUCACIÓ PER PAÏSOS

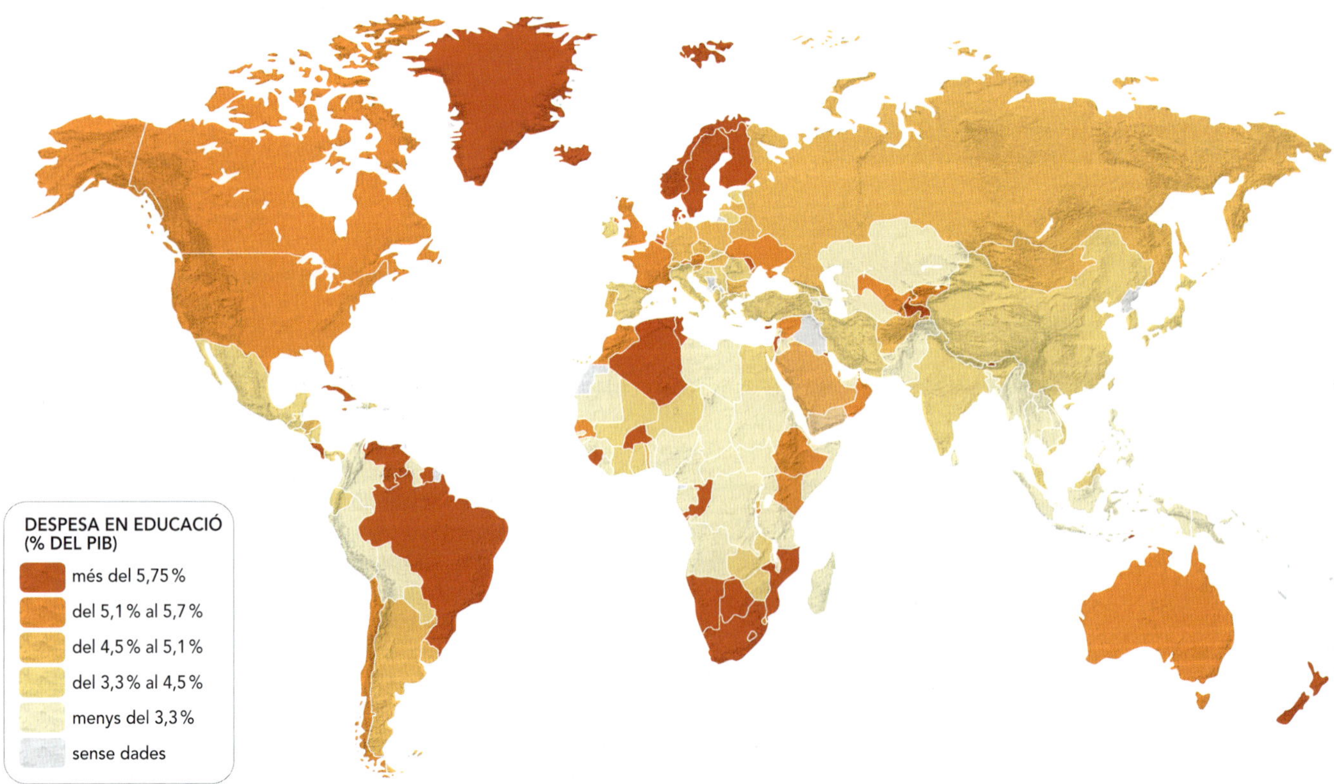

LA BRETXA DIGITAL

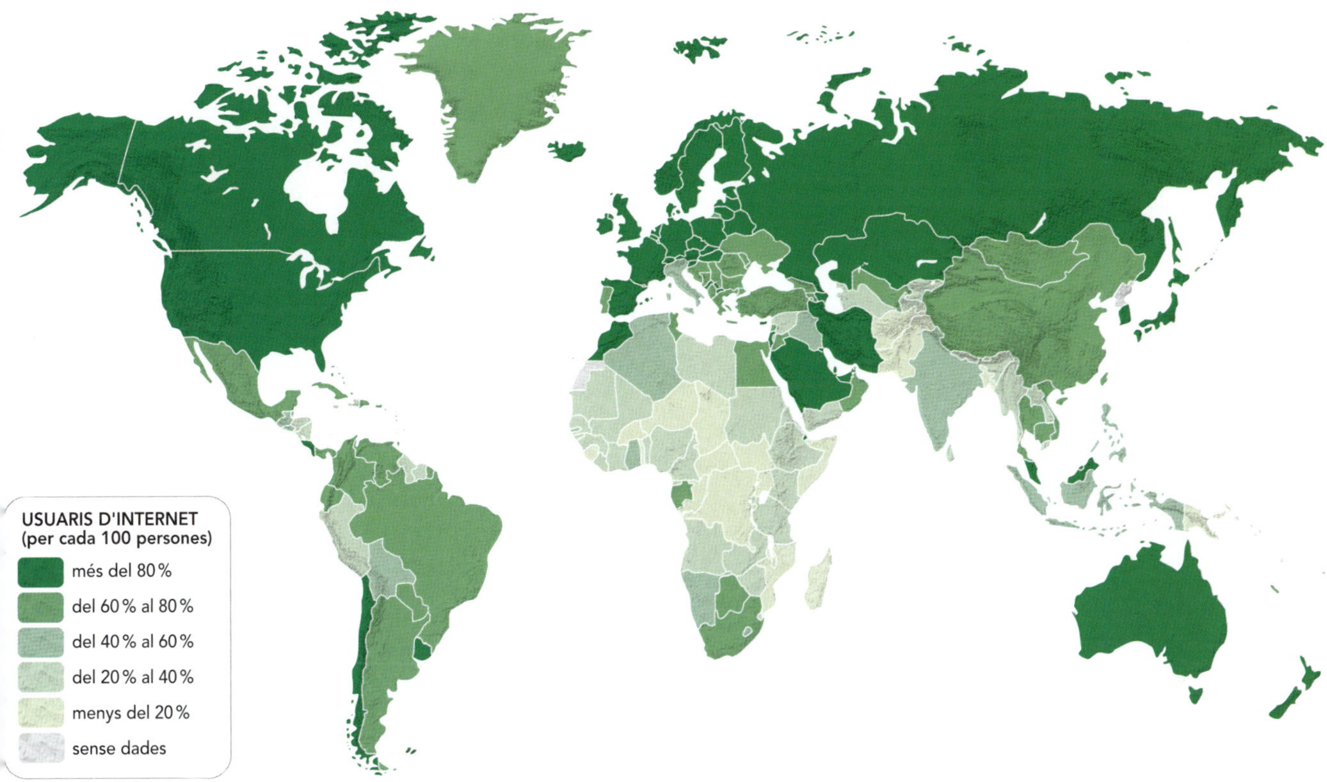

LA POBLACIÓ SUBALIMENTADA (1990-2020)

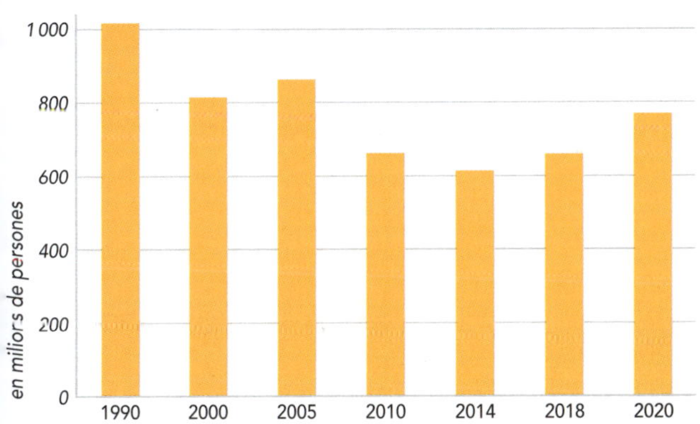

L'EVOLUCIÓ DE L'IDH (1990-2020)

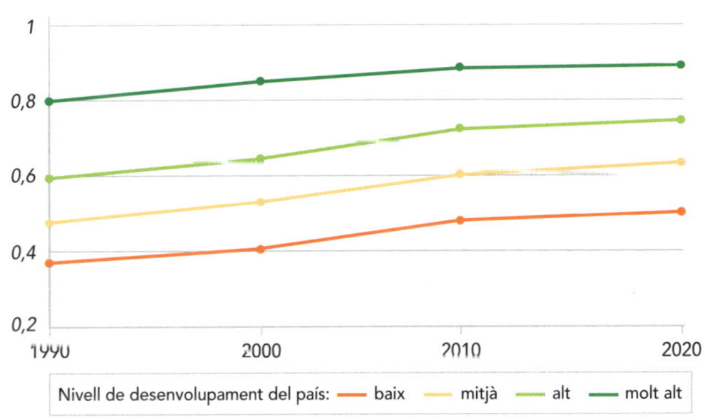

LA DESPESA EN INVESTIGACIÓ I DESENVOLUPAMENT (I+D)

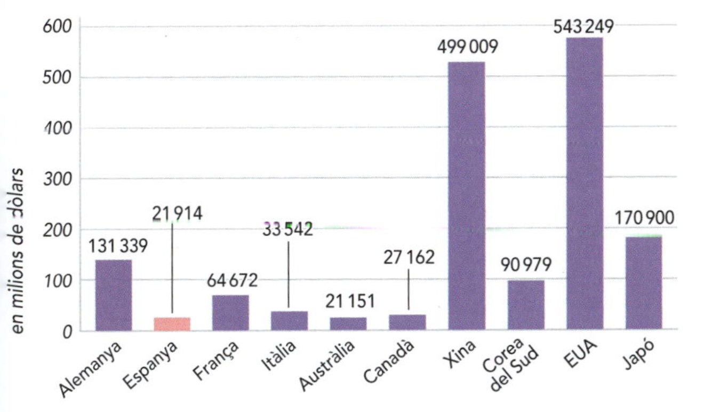

L'OCUPACIÓ VULNERABLE

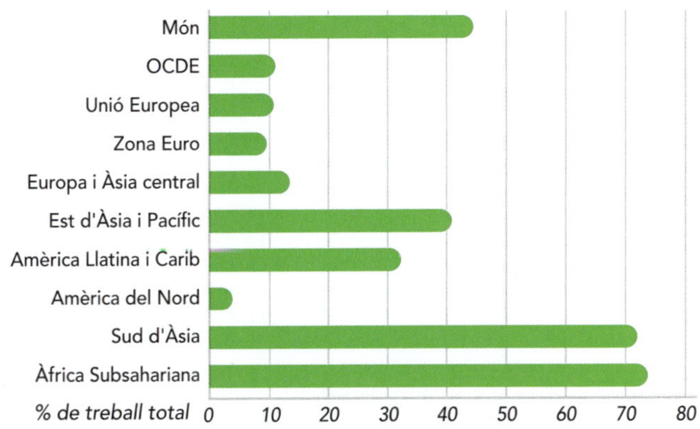